AF351958

APOSTOLADO

HACER MISIÓN

TRAS LOS PASOS DE

CRISTO

Estudios y Conferencias Teológicas

ANASTASIO (YANNOULATOS)
Arzobispo de Tirana, Durrës y de toda Albania

Profesor Emérito de la Universidad Nacional Kapodistriana de Atenas
Miembro Honorario de la Academia de Atenas

Traducido por Juan Ramón Saravia Krohne
e-mail: jrsaravia@edicionestheosis.com
www.edicionestheosis.com

Corrección de estilo por Jorge Alberto Rodríguez Gómez
e-mail: lengua.aplicada@gmail.com
www.LenguaAplicada.com

Impreso en 2019
© Anastasio (Yannoulatos), Arzobispo de Tirana, Durrës y toda Albania
© Ediciones Theosis S.A.S.
ISBN Impreso: 978-958-52217-0-3
ISBN Digital: 978-958-52217-1-0

Este libro fue impreso originalmente en griego, con el título:
Ἱεραποστολή στά ἴχνη τοῦ Χριστοῦ
© Anastasio (Yannoulatos) Arzobispo de Tirana, Durrës y de toda Albania, y el Servicio Apostólico de la Iglesia de Grecia (Ἀποστολική Διακονία τῆς Ἐκκλησίας τῆς Ἑλλάδος),
Iasio 1, 115 21 Atenas, Tel.: (30) 210-7272381, Fax: 210-7272380
e-mail: apostoliki-diakonia@ath.forthnet.gr
www.apostoliki-diakonia.gr
Primera impreción 2007
K.A. 99.18.053
ISBN 978-960-315-581-2

Publicación en inglés: Mission in Christ's Way,
Publicado por: Holy Cross Orthodox Press
50 Goddard Avenue
Brookline, MA 02445
USA
© Holy Cross Orthodox Press
ISBN-13: 978-1-935317-07-4
ISBN-10: 1-935317-07-5

Índice

Carta Preliminar de Su Toda Santidad
Patriarca Ecuménico Bartolomé I

 uestra Beatitud Anastasio, Arzobispo de Tirana y de toda Albania, amado y muy querido hermano en Cristo, cocelebrante de nuestra humilde modestia, saludamos fraternalmente en el Señor a vuestra respetuosa Beatitud, plenos de alegría.

Multifacética y abundantemente fructífera ha sido, sin duda alguna, la contribución de vuestra carismática y muy querida Beatitud hacia la Iglesia Ortodoxa. Especialmente después de haberse revestido de la dignidad sacerdotal y episcopal, la cual vio y vivió desde el principio como servicio de sacrificio, a semejanza de Cristo.

Por lo tanto, no nos encontraremos lejos de la realidad al enfatizar el protagónico papel que vuestra Beatitud ha desempeñado en la regeneración y reactivación, en estos tiempos, de la práctica y servicio misionero, como la obra más esencial y la expresión más obligatoria de la autoconciencia de la Iglesia, dirigida a todos los hermanos y hermanas creados por Dios que se encuentran fuera de la Fe, en todos los continentes del planeta. Y aunque desde el principio, varias tentadoras reacciones y dificultades levantaron orgullosamente su cabeza, no obstante, la abundante gracia del Señor lo fortaleció a Usted y a los demás bien intencionados y pioneros

trabajadores del Evangelio, de tal manera, que ahora el cristianismo ortodoxo se está dando a conocer y es aceptado como fe personal, por pueblos que anteriormente vivían en oscuridad y en la sombra de la muerte. Más aún, ahora santuarios sagrados del Señor son construidos en lugares donde antes reinaba la sacrílega desolación de la idolatría y el oscurantismo ateo, tan destructor de almas.

La invaluable experiencia acumulada por vuestra honorable Beatitud, sirvió como base para las clases que dictó en la Escuela de Teología de la Universidad de Atenas, pero sirvió, también, como motivación de realizar una larga serie de conferencias y de escribir artículos relacionados con estos temas, los cuales muy excelentemente ha recopilado en el presente tomo, bajo el muy acertado título: "Apostolado, hacer misión tras los pasos de Cristo – Estudios y conferencias teológicas".

Felicitamos muy fraternalmente a vuestra Beatitud, muy bendecida por Dios, por esta preciosísima obra, y oramos al glorificado Dios Trino, y proclamado por usted a las naciones en África, Albania y por todo el mundo, gracias a su servicio en la presidencia de la organización misionera Apostolikí Diakonía. Que nuestro verdadero Dios fortalezca con sus gracias místicas, una y otra vez, a vuestra Beatitud, dándole salud inquebrantable y fortaleza espiritual, para que pueda continuar la restauración de nuestra amada Iglesia hermana de Albania. Obra difícil se ha puesto usted sobre sus hombros, obedeciendo al llamado de la Madre Iglesia, la cual mucho confió en usted, y de forma absoluta ha justificado sus expectativas debido, también, a la severidad de estos tiempos, tan carecientes de luz esperanzadora.

Por todas estas razones nuevamente lo felicito de corazón, y extiendo a su más reverente Beatitud un beso santo en Cristo Jesús, permaneciendo en el amor y honor que están en Él.

4 de noviembre de 2006
Amado hermano en Cristo
de vuestra reverente Beatitud,
Bartolomé de Constantinopla

Prefacio

s un hecho que el mundo ortodoxo frecuentemente desconsidera un mandamiento básico de Cristo, el de "id pues, y haced discípulos a todas las gentes" (Mt. 28:19), apareció, sin embargo, en el escenario de las discusiones teológicas entre ortodoxos al final de la década de 1950. Apareció una chispa en 1958 durante una conferencia en Thessaloniki del Organismo de Juventud Ortodoxa llamado Syndesmos. En seguida, gracias a la iniciativa de la revista *Porefthendes* ("Id, pues" – Mt. 28:19), se convirtió en llama que encendió velas pascuales en muchas almas, no solamente en las de los jóvenes. Más tarde esta llama se transmitió a muchos sectores de la Iglesia Ortodoxa, creando fogones de firmes actividades misioneras. Aquí es donde históricamente se encuentra la gran diferencia con previos, simples y ocasionales intentos misioneros concernientes a la obligación de hacer misión ortodoxa en el extranjero.

Un peligro que apareció desde el primer momento fue la impresión de que esto se trataba de un simple entusiasmo juvenil, en busca de aventuras en tierras lejanas, y que al rato se abandonaría. Al mismo tiempo, una corriente fría que apelaba las necesidades internas, pedía extinguir esta nueva llama misionera que acababa de aparecer.

Por lo tanto, fue necesario desde el puro principio trabajar en la intención de formular cimientos teológicos de esta obligación de dar testimonio ortodoxo a "las naciones", a aquellos que están por fuera de las murallas del mundo cristiano. Y esto para comprobar que la misión está entrelazada con la misma naturaleza de la Iglesia.

Las conferencias y estudios comprendidos en este tomo están relacionadas primordialmente con esta intención teológica. Algunas de estas fueron preparadas principalmente para la audiencia ortodoxa, y otras sirvieron como contribución ortodoxa al pensamiento teológico inter-cristiano en relación con la misión.

El estudio "Hágase Tu voluntad – Apostolado, hacer misión tras los pasos de Cristo" es el primero publicado en este tomo, para enfatizar desde el principio que el tema de la misión es interés de todos, y no solamente de algunos especialistas. Hacer misión está conectado con esta oración básica: "Hágase tu voluntad, así como en el cielo también sobre la tierra", la cual Cristo mismo puso en boca de cada creyente. Al mismo tiempo condensa nuestra búsqueda teológica de la misión, y está dirigida no solamente al mundo ortodoxo, sino también al mundo (οἰκουμένη - ecúmene)[1] cristiano.

Los demás textos están expuestos en orden cronológico indicando, de esta manera, el desarrollo y las ondulaciones que ha habido en las últimas décadas de nuestra problemática teológica.

Unas palabras acerca del título de este tomo: en la década de los 70 habíamos propuesto hacer un cambio de palabras, cambiando el término "misión" (ἱεραποστολή - ierapostolí), por el término bíblico "testimonio" (μαρτυρία - martiría). Enfatizando primeramente su base bíblica: "y seréis mis testigos… y hasta los confines de la tierra" (Hch. 1:8 cf. las palabras μάρτυς = testigo, μαρτυρῶ = doy testimonio, μαρτύριον = martirio); y segundo, enfatizando la conexión que existe en su significado: la del testigo presencial, quien presenta lo que conoce y vive, así como la del mártir, quien está dispuesto a dar su testimonio a través del sacrificio personal, con su disposición al martirio. Esta propuesta, desde entonces, fue aceptada por muchos y ha influido la terminología inter-cristiana, haciendo recordar que al hacer nuestra sagrada obligación misionera, no nos convertimos en "jueces" y fiscales del mundo, sino testigos de la verdad y del amor.

Cabe la pena mencionar otra propuesta nuestra en los círculos inter-cristianos: la frase "liturgia después de la Liturgia" (ver al final del Capítulo 4).

Los estudios, conferencias y sermones incluidos en esta presente colección constituyen el "testimonio" de una problemática teológica personal

---

1. Ecúmene (*οἰκουμένη - oikouméne*): palabra griega que significa la totalidad del mundo habitado por seres humanos (N. del T.).

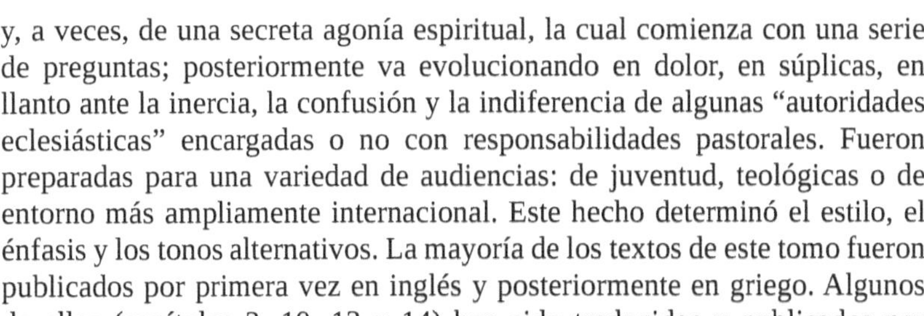

y, a veces, de una secreta agonía espiritual, la cual comienza con una serie de preguntas; posteriormente va evolucionando en dolor, en súplicas, en llanto ante la inercia, la confusión y la indiferencia de algunas "autoridades eclesiásticas" encargadas o no con responsabilidades pastorales. Fueron preparadas para una variedad de audiencias: de juventud, teológicas o de entorno más ampliamente internacional. Este hecho determinó el estilo, el énfasis y los tonos alternativos. La mayoría de los textos de este tomo fueron publicados por primera vez en inglés y posteriormente en griego. Algunos de ellos (capítulos 2, 10, 13 y 14) han sido traducidos y publicados por primera vez en griego. Al principio de cada texto está indicada la razón de su escritura, el año de su primera publicación y, también, sus subsecuentes ediciones.

Al agrupar en un solo tomo todos estos textos, omitimos algunas repeticiones las cuales han sido indicadas con los símbolos [...]. No omitimos, sin embargo, todas las repeticiones indicando, de esta manera, cuáles puntos eran más críticos y deberían ser enfatizados una y otra vez durante todos estos años. Algunas ideas básicas (por ejemplo misión, resurrección, espiritualidad ortodoxa) son repetidas y, sin embargo, presentadas en diferentes contextos y tonos. En lugar del epílogo, hay una conferencia dictada durante un aniversario ecuménico cristiano. El hecho de adjuntar estos estudios y conferencias en este volumen, es un recordatorio de la conocida frase musical "variaciones de un tema", lo cual es el motivo básico de la misión. O más metafóricamente nos recuerda, en cierta manera, la auto-contenida naturaleza del Mar Egeo, la variedad y unidad de las Islas Cícladas.

Muchas de las ideas o propuestas que fueron expuestas por primera vez en estos textos fueron en su tiempo mal vistas o enfrentadas con bastante escepticismo. El reto de enfrentar nuevos problemas teológicamente requiere, por lo general, audacia y la aceptación de riesgos. Ahora, sin embargo, han sido mayormente aceptados por el pensamiento ortodoxo, y están siendo enfatizadas por personalidades oficiales. Al mismo tiempo, han contribuido en la toma de importantes decisiones por muchos durante las últimas décadas. Ideas y frases contenidas en esta selección están siendo repetidas por varias personas, sin hacer referencia a su procedencia, o se han convertido en autoevidentes y están siendo usadas como versos en canciones populares. No faltan los incidentes en los cuales estas mismas ideas, distorsionadas, aisladas y fuera de contexto, son utilizadas como trampolín en la fabricación de críticas preconcebidas. "¿Y qué? Al fin y al cabo, con hipocresía o con sinceridad" se cumple el deber de predicar a Cristo por toda la ecúmene, "y esto me alegra, y seguirá alegrándome" (Flp. 1:18). En todo caso, para poder tener un entendimiento correcto de las propuestas e ideas del autor, será necesario tener en mente la totalidad del pensamiento teológico, postura y actividad del escritor.

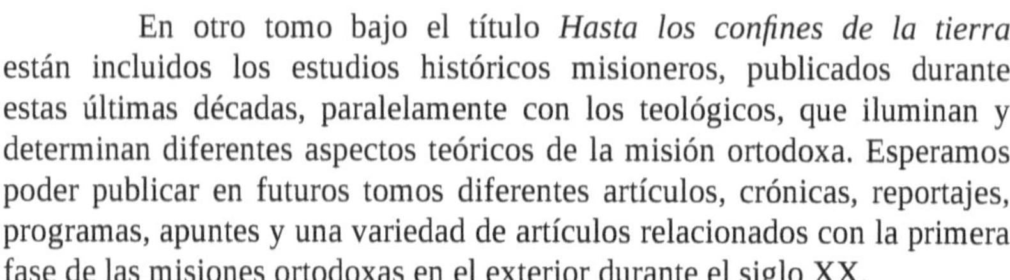

En otro tomo bajo el título *Hasta los confines de la tierra* están incluidos los estudios históricos misioneros, publicados durante estas últimas décadas, paralelamente con los teológicos, que iluminan y determinan diferentes aspectos teóricos de la misión ortodoxa. Esperamos poder publicar en futuros tomos diferentes artículos, crónicas, reportajes, programas, apuntes y una variedad de artículos relacionados con la primera fase de las misiones ortodoxas en el exterior durante el siglo XX.

La carta introductoria de Su Toda Santidad el Patriarca Ecuménico Bartolomé, significa para el escritor una muy especial bendición. Le agradezco de lo más profundo de mi corazón.

Debo calurosos agradecimientos también a numerosos voluntarios co-trabajadores, quienes de varias maneras contribuyeron en la preparación del presente tomo. Principalmente agradezco de corazón a la valiosa "co-trabajadora en el Señor", la Sra. Argyró Kontogeorgi, por su inmenso apoyo gramatical en la preparación de la publicación de estos textos. De igual manera agradezco a la Sra. Theodora Tzola, y a los Señores N. Dimakópoulo y N. Agnato por sus correcciones.

Quiero expresar una y otra vez mi gratitud para con los muchos colaboradores en el Señor, que marchamos juntos durante todos estos años, y quienes de muchas maneras me han sostenido con su apoyo de corazón, con sus valiosas críticas y con sus ofrecimientos tan llenos de sacrificios. Esta marcha de muchos años se puede compendiar con los versos del Salmista: "Los que van sembrando con lágrimas cosechan entre gritos de júbilo. Al ir, van llorando, llevando la semilla; y vuelven cantando, trayendo sus gavillas" (Sal. 126 [125], 5-6).

El reciente esfuerzo misionero, que comenzó como suave brisa del Espíritu Santo al final de la década de 1950, tenía una clara dimensión y contribución teológica y eclesiológica. Enfatizó y reforzó la conciencia de la naturaleza ecuménica de la Ortodoxia y la obligación de hacerla activa. Un testimonio de esto son los textos que siguen en este tomo.

Ciertamente se necesitará una constante reflexión teológica, experiencia personal y participación en el trabajo de la misión, para hacer estable e incrementar seriamente el testimonio de la Ortodoxia bajo estas condiciones contemporáneas, "hasta los confines de la tierra", "hasta que el Señor venga".

Tirana, 11 de noviembre de 2006

† Anastasio

Arzobispo de Tirana, Durrës

y de toda Albania

Prólogo Para la
Edición en Español

urante el siglo veinte, predominaba en el mundo occidental la opinión que la Iglesia Ortodoxa de Oriente no se interesaba por la misión en el exterior, es decir por la difusión del Evangelio en pueblos que todavía no habían conocido a Cristo. Por esta razón, hubo una sorpresa en 1959, cuando entró en circulación en Grecia una revista misionera llamada *Porefthendes* ("Id, pues"), publicada en griego e inglés, por un grupo laico de teólogos jóvenes. "Id, pues" son las primeras palabras del último mandamiento de Cristo "Id, pues, y haced discípulos de todas las naciones" (Mt. 28:19). El artículo central de esta edición, con el título "El mandamiento olvidado", analizaba el texto evangélico, acentuando que se trata de un claro mandamiento de Cristo a su Iglesia, el cual muchos habían olvidado. Enfrentó las oposiciones que circulaban en los círculos Ortodoxos con relación a la posibilidad y a la necesidad de hacer misión en nuestros tiempos. A esto le siguieron discusiones y deliberaciones teológicas en los círculos Ortodoxos. En 1961 fue fundado el Centro Misionero Inter-Ortodoxo llamado "Porefthendes", con el objetivo de que se continuara de una manera más sistematizada la obra de la reavivación del interés por la misión Ortodoxa en el exterior.

El ambiente espiritual que se creó relacionado con el deber del testimonio Ortodoxo en el mundo, fue adoptado por bastantes importantes autoridades eclesiásticas. Fue característico el manifiesto que circuló en 1971, publicado por el organismo oficial de la Iglesia de Grecia, el "Apostolikí Diakonía", con el título "Indiferencia por la misión significa negación de la Ortodoxia". La intención de despertar de manera general el interés por este tema continuó con investigaciones teológicas, que analizaban los datos bíblicos e históricos relacionados con el deber de la transmisión del Evangelio a nuevas fronteras. La reavivación de este interés misionero tuvo dos características: 1) Acoplar el esfuerzo práctico con el pensamiento teológico, para que el entusiasmo misionero pueda tener fundamentos teológicos y eclesiológicos. 2) Respeto por las particularidades religiosas y culturales de los pueblos hacia los cuales sería dirigido el esfuerzo misionero. Este respeto se manifestó con un sistemático estudio de las religiones.

**

Durante las décadas de 1970 y 1980, presté mis servicios de Obispo como Director General de la "Apostolikí Diakonía de la Iglesia de Grecia", y también como profesor de Historia de las Religiones en la Universidad Nacional Kapodistriana de Atenas. Durante la década de 1980, tuve en especial la responsabilidad de Arzobispo Activo de África Oriental (Kenia, Uganda, Tanzania), perteneciente al Patriarcado de Alejandría, y estuve a cargo de la organización de la misión en el exterior. En todas estas ocupaciones de responsabilidad y de actividad, los estudios de teología, de religiones y de misiones, demostraron ser muy valiosos.

En 1992, el Patriarcado Ecuménico de Constantinopla me confió el exigente apostolado de ser Arzobispo de la Iglesia Ortodoxa Autocéfala de Albania, teniendo como objetivo el restablecimiento y reconstrucción de una Iglesia que había sido totalmente destruida por una despiadada y prolongada persecución ateísta (1967-1990). Estando en esta posición, se me dio varias veces la oportunidad, durante las "Asambleas de los Primados de las Iglesias Ortodoxas Autocéfalas", de recalcar que al mismo tiempo que se acentúa la importancia de la unidad de la Ortodoxia, es necesario también el deber misionero dirigido al mundo contemporáneo. Este deber se menciona claramente en los Mensajes de las Asambleas de los Primados Ortodoxos de 2008 y 2014 realizados en Constantinopla.

Culminación de todo este movimiento espiritual, que aspiraba el despertar de la conciencia misionera de la Iglesia Ortodoxa, fue el hecho que en los textos del Santo y Gran Sínodo de las Iglesias Ortodoxas, que se llevó a cabo en Creta en junio de 2016, hay en tres textos oficiales una clara mención sobre del deber misionero: a) "El apostolado de la Iglesia Ortodoxa en el mundo contemporáneo", b) en la Encíclica Sinódica del Santo y Gran Sínodo, y c) en su Mensaje Sinódico. Más concretamente, el Mensaje "del Santo y Gran Sínodo de la Iglesia Ortodoxa hacia el pueblo ortodoxo y hacia

todo ser humano de buena voluntad", enfatiza que "[…] participando en la Divina Eucaristía y orando por el mundo, tenemos el deber de continuar la liturgia después de la Divina Liturgia, y de dar nuestro testimonio de fe a los que están cerca y los que están lejos, de acuerdo con el claro mandamiento que el Señor nos dio antes de su ascensión: "y de este modo seréis mis testigos en Jerusalén, en toda Judea y Samaria, y hasta los confines de la tierra" (Hch. 1:8). La reevangelización del pueblo de Dios en las contemporáneas sociedades secularizadas, y la evangelización de aquellos que todavía no han conocido a Cristo, son un incesante deber de la Iglesia".

Si uno se pone a pensar que en los principales temas del Santo y Gran Sínodo, temas definidos desde la década de 1960 y que fueron consecutivamente tratados en las décadas siguientes, que en ellos no existía ninguna mención especial al tema de la misión exterior, entonces se podrá dar uno cuenta del excepcional progreso que se ha llevado a cabo.

Esta presente antología de textos esclarece la búsqueda teológica e histórica, y el relativo esfuerzo que se llevó a cabo en el mundo Ortodoxo durante el espacio de sesenta años, para que el deber misionero constituya ya un elemento claro de su autoconsciencia, con decisiones bien tomadas.

La presente traducción al español contiene los textos incluidos en la edición al inglés *Mission in Christ´s Way*, Holy Cross Orthodox Press, World Council of Churches Publications, Brookline, Geneva, 2010, 316pp.

Mis debidos calurosos agradecimientos a Juan Ramón Saravia, quien tradujo este libro del griego y del inglés al español, y a Jorge A. Rodríguez por la revisión final del texto.

Esperamos que los textos de este libro contribuyan a informar a las personas que se interesan por los desarrollos teológicos del mundo Ortodoxo, y también por la contribución Ortodoxa en la búsqueda misionera del mundo entero.

El escritor tiene completamente el convencimiento, adoptado por el Santo y Gran Sínodo de los Ortodoxos, de que "la Iglesia, Una, Santa, Católica y Apostólica, no vive únicamente para sí misma, sino que cualquier cosa que haga, que tenga, que ofrezca, lo hace para toda la humanidad, para la elevación y la restauración del mundo. Por eso la Iglesia debe incesantemente dar el testimonio del Evangelio, y repartir por toda la ecúmene los dones de Dios: la verdad, el amor, la paz, la justicia, la reconciliación y la experiencia de la cruz y de la resurrección, la esperanza de la eternidad".

Estos convencimientos empapan los textos que siguen.

Tirana, diciembre de 2018
† Anastasio
Arzobispo de Tirana, Durrës y de toda
Albania

1

"Hágase Tu Voluntad" Apostolado, Hacer Misión tras los Pasos de Cristo

(1989)

• Principal ponencia en el Congreso Mundial de Misiones del Consejo Mundial de Iglesias, en San Antonio, Texas, 1989. • "Address by the Conference Moderator," (Conference on World Mission and Evangelism, San Antonio, TX, 1989) *International Review of Mission 78* (1989), pp. 316-328. • *The San Antonio Report, Your Will Be Done. Mission in Christ´s Way*, ed., Fr. R. Wilson, Geneva: WCC, 1990, pp. 100-114. Address of the Moderator, Conference on "World Mission and Evangelism", San Antonio, 1989. • German: "Dein Wille geschehe-Mission in der Nachfolge Christi," *Dein Wille geschehe-Mission in der Nachfolge Jesu Christi.* Welt-missionskonferenz in San Antonio, 1989, Hrsg. J. Wietzke, Otto Lembeck, Frankfurt a. M., 1989, pp. 217-235. • German: *Jahrbuch 6 des Evangeleischen Missionswerkes in Sudwestdeutchland.* Mission bei uns gemeinsam mit den Partnern, Stuttgart, 1989, pp. 82-88. • «Γενηθήτω τό θέλημά Σου – Ιεραποστολή στα ίχνη τού Χριστού ("Hágase tu voluntad – Apostolado, hacer misión tras los pasos de Cristo)» Σαν Αντόνιο, Η.Π.Α., Πάντα τά Έθνη 9 (1990) 33, pp. 35-38. • Francés: "Que ta volontée soit fait – Une misión conforme au Christ," *Supplement a SOP*, Courbevoie, France, 1990, No. 140b. • Swedish: "Ske Din vilja – Mission pa Kristi satt", *Till Hela Varlden – pa Kristii satt*, Uppsala, Svenska Mission radet, (1990), pp. 7-17. • *The Ecumenical Movement, An Anthology of Key Texts and Voices*, eds. M. Kinnamon and B.E. Cope, Geneva: WCC, 1997, pp. 388-392. Este informe fue caracterizado como "la mas sólida conulbución teológica" en la anteriormente mencionada World Missionary Conference (Dr. Wietzke, Director de Evangelisches Missionswerke en Hamburg). "La presentación de Anastasio fue la que proveo el marco teológico para el tema de la conferencia. Su empuje general fue verdaderamente ecuménico en todo el sentido de la palabra." (Prof. Dr. D. J. Bosch, Director del International Academic Journal, *Missionalia*, "Your Will Be Done? Critical Reflection of San Antonio," *Missionalia* 17:2 (1989), p. 127. • Ιεραποστολή στα ίχνη τού Χριστού. Θεολογικές μελέτες καί ομιλίες, (Apostolado, hacer misión tras los pasos de Cristo. Estudios y conferencias teológicas), Atenas, 2007, cap. 1, pp. 25-50. • "Mission in Christ´s Way, An Orthodox Understanding of Mission", Holy Cross Orthodox Press, Brookline, 2010, cap. 1, pp. 1-37.

l orgullo humano, expresado ya sea en su forma individual, social o racial, envenena y destruye la vida en el mundo, y lo hace ya sea de forma global o en las pequeñas comunidades en las que vivimos. La voluntad humana obstinadamente exalta su autonomía. La soledad se incrementa, las pesadillas se multiplican y los temores se amontonan. Antiguos y nuevos ídolos son erigidos en la conciencia humana. Danzan a su alrededor. Les ofrecen adulación y los veneran de manera extasiada. Y sin embargo, al mismo tiempo, de vez en cuando se escuchan nuevas y sensitivas voces a favor de una era justa y pacífica. Se asumen nuevas iniciativas; una nueva conciencia de una comunidad mundial está en crecimiento.

Todas estas realidades salen a la luz en nuestros encuentros ecuménicos; son a veces alarmantes y a veces esperanzadoras. Nos abruman nuestros problemas. Los analizamos y tratamos de solucionarlos, pero cuando creemos haber resuelto uno, surgen otros tres. Nuestro temperamento continúa balanceándose como péndulo, entre la esperanza y el desespero.

Los fieles del mundo continúan orando: "Hágase Tu voluntad, así como en el cielo también sobre la tierra", proclamando calmadamente pero con resolución que, por encima de todas las voluntades humanas, existe una voluntad redentora, vivificadora, plena de sabiduría y poder, y que al final será la que prevalecerá. La escogencia del tema de nuestro congreso es esencialmente una protesta, creo yo, y un rechazo de aceptar cualquier cosa que luche en contra del amoroso plan de Dios y, al mismo tiempo, es una expresión de esperanza y optimismo para el futuro del mundo.

A. Realidad y expectativa

En la petición "Hágase tu voluntad, así como en el cielo también sobre la tierra" prevalece la firme certeza que la voluntad del Padre es *ya una realidad*. Millares de otros seres, los ángeles y los santos ya están armonizados con ella. La realización de la voluntad de Dios no es simplemente un anhelo; es *un evento* que ilumina todo lo demás. El centro de la realidad es Dios, es Su reino. En ella está fundamentada el realismo de la fe. Todo esfuerzo cristiano sobre la tierra está basado en esta ontología.

Para algunos, mencionar la palabra "cielo" puede parecer algo anacrónico. Usualmente buscamos respuestas inmediatas, realistas y de este mundo basadas, claro está, en nuestra capacidad de percepción. Olvidamos, sin embargo, que la ciencia contemporánea y la tecnología han hecho importantes saltos hacia delante con respecto a un cielo material. Hace unas décadas, buscamos resolver los problemas de comunicación de la humanidad usando alambres y extendiéndolos sobre la superficie de la tierra. Más tarde usamos ondas inalámbricas, siguiendo también la misma superficie de nuestro planeta. Pero ahora con la nueva tecnología hemos descubierto que podemos comunicarnos mejor sobre la tierra, enviando ondas inalámbricas hacia el cielo. De igual manera, si en nuestras reflexiones teológicas, eclesiásticas y misioneras, volvemos nuestra mirada hacia la realidad del "cielo", de la cual nos habla constantemente las Escrituras, ciertamente encontraremos nuevas respuestas a los problemas y dificultades del mundo.

Nuestra Iglesia nunca ha dejado de mirar hacia esa dirección, afirmando con oración y celebración, la supremacía de la voluntad de Dios. Pero para que esta fe pueda arrojar algo de luz sobre estas masas de problemas que nos oprimen, será necesario una referencia teológica sobre el sentido y significado de las dos propuestas que forman nuestro tema. Intentaré primeramente hacer un acercamiento sinóptico, basado en la tradición ortodoxa de veinte siglos.

Permítanme hacer un paréntesis. En 1964, cuando los ortodoxos fueron invitados por primera vez a una asamblea similar a esta en México, del Comité Mundial de Misión y Evangelización, me acuerdo que éramos solamente tres representantes. En San Antonio (Texas) hemos sido alrededor de cien participantes. Ya se ha llevado a cabo una seria búsqueda teológica común y un intercambio de experiencias, las cuales esperamos que continúen creativamente aquí también.

1. "Hágase Tu voluntad".

En la oración que el Señor nos enseñó, esta petición es la continuación de otras dos peticiones con las cuales forma un grupo: "Bendito sea Tu nombre, venga Tu reino, hágase Tu voluntad". La principal característica de las tres es su perspectiva escatológica. Todas comienzan a realizarse acá abajo, para ser perfeccionadas en gloria en el reino venidero.

El verbo de la petición está en voz pasiva. ¿Quién es exactamente el sujeto de la acción? Una respuesta preliminar diría: es Dios. En esta petición, la intervención de Dios es solicitada para la implementación de Su voluntad, para el establecimiento de Su reino. Él tiene la iniciativa; Él es quien actúa; Él realiza Su propia voluntad. A Dios pertenece el principal y decisivo rol de lo que le pasa a la humanidad y a la creación entera. Una segunda interpretación ve cómo la voluntad de Dios se realiza sobre la tierra, dependiendo de la manera como la humanidad se conforma a los mandamientos de Dios (cf. Mt. 7:21; 12:50 y Jn.9:31). La humanidad está llamada a "hacer" la voluntad del Padre. Este es el punto expresado en la comprensión que impregna el Antiguo Testamento, y que continúa como rasgo dominante de la literatura judía. En Él, nuestra participación en el cumplimiento de la voluntad de Dios y nuestra obediencia están enfatizadas.

Existe, sin embargo, una tercera interpretación, una compuesta, que ve conjuntamente a Dios y a los seres humanos como sujetos de la acción, que considera que la voluntad divina se realiza por la cooperación divino-humana. De esta manera, las dos visiones anteriores están entretejidas. Ciertamente, para que Su voluntad sea hecha, la intervención de Dios es esencial. Pero los seres humanos, al conformarse con Sus preceptos, al expresar la voluntad de Dios en el aquí y ahora, contribuyen a experimentar y hacer venir el reino en tiempo histórico, hasta que llegue su consumación final en el último día.

"Así como en el cielo también sobre la tierra". En el versículo que sigue, puede uno distinguir varios aspectos estrechamente conectados: uno ético, uno social, uno misionero, uno ecuménico y todavía uno más que llamaremos ontológico. La mayoría resumen descriptivamente lo que San Juan Crisóstomo dijo: "Porque Él no dijo, 'Que Tu voluntad sea hecha en mí, o en nosotros' sino 'sobre toda la tierra', para que pueda desaparecer el error y se pueda establecer la verdad, que todo mal sea expulsado y que retorne la virtud, y que nada separe de ahora en adelante al cielo y la tierra"[1]. La oración que el Señor puso en nuestros labios y corazones apunta a un cambio todavía más radical: la "celestificación" de la tierra. "Que todas las personas y todas las cosas se conviertan en cielo" (Orígenes)[2].

Con la frase "Hágase Tu voluntad", de la oración del Señor, le estamos suplicando al Padre que Él llevará a cabo Su plan de salvación del mundo entero y, al mismo tiempo, estamos pidiendo Su gracia para poder ser liberados de nuestra propia voluntad y aceptar alegremente la Suya. Más aún, no solamente nosotros como individuos, sino que la humanidad entera pueda aceptar Su voluntad y participar en su realización.

2. A nivel personal.

Después de pentecostés, esta oración en labios de la Iglesia es sobresaltada aún más por los eventos de la Cruz y la resurrección. Se hace más claro que la voluntad divina ha sido revelada en su totalidad por la palabra, vida y sacrificio de Jesús Cristo. Desde entonces, cada miembro de la Iglesia es llamado a avanzar en pro de la realización de esta voluntad,

---

1. San Juan Crisóstomo, *Comentario sobre San Mateo el Evangelista, Homilía 19, 5, PG 57:280*, En: Paris, (J. P. Migne, ed., Patrologiae Cursus Completus, Series Graeca, 1844-46).

2. Orígenes, *Sobre la Oración*, 26, 6, ΒΕΠΕΣ 10:279, Atenas. *(Bibliotheke Helenon Pateron kai Ekklesiastikon Syngrapheon* [Biblioteca de los Padres Griegos y Autores Eclesiásticos]).

"para promover 'la voluntad' del Padre, tal como la promovió Cristo, que vino a hacer 'la voluntad' de su Padre y terminarla íntegramente; porque es posible, al estar unidos con Él, llegar a ser 'un espíritu' con Él" (Orígenes)[3].

La petición "Hágase Tu voluntad" nos conduce al mismo tiempo a Getsemaní, a ese decisivo momento de la historia del nuevo Adán, de nuestro primer-nacido hermano. "Padre mío, si esta copa no puede pasar sin que yo la beba, hágase tú voluntad" (Mt. 26:42). Esta oración, en la cual la conformidad de la voluntad humana con la divina alcanza su punto máximo, ilustra a nivel personal el significado de la frase del Señor "Hágase Tu voluntad". Para todos aquellos que están decididos a ser conformados a la voluntad de Dios, quienes luchan por su realización sobre la tierra, les llegará el momento de experimentar personalmente el dolor, aflicción y humillación que frecuentemente acompañan la aceptación de la voluntad de Dios.

La repetición de "Hágase Tu voluntad", por parte de Cristo durante el contexto de Su Pasión, arroja luz a la segunda fase de nuestro tema: "hacer misión tras los pasos de Cristo".

B. Apostolado, hacer misión tras los pasos de Cristo

Con esta frase frecuentemente tenemos la tendencia de concentrarnos en algún punto en particular de la vida de Cristo como, por ejemplo, la Pasión, la Cruz, su compasión por los pobres, etc. Ciertamente, no es extraño poner a veces un énfasis particular en un solo aspecto, sobre todo cuando este aspecto en la práctica es con frecuencia pasado por alto. El pensamiento ortodoxo, sin embargo, y la experiencia de la Iglesia católica insiste en lo que es universal (καθ'ὅλου - *kathólou*).[4] Sucede lo mismo sobre la verdad de la persona de Cristo. Y esto hace distinción entre la visión y el sentimiento de la "Iglesia, una, santa, católica y apostólica" por un lado, y el pensamiento cismático y herético que se adhiere únicamente a ciertas partes. Sobre esta relación teológica quisiera indicar cinco puntos centrales.

---

3.   Ibid., 26, 3, ΒΕΠΕΣ 10:277. Cf. Jn. 4:34; 1 Cor. 6:17.

4   Al mencionar "Iglesia católica", el autor no se refiere a la Iglesia Católica Romana, sino a la Iglesia entera y universal. La palabra *"católica"* (καθολική), es un adjetivo que no solamente quiere decir "universal", sino que tiene otros significados más profundos como "entera", "completa", "aceptada y reconocida por todos", "que no le hace falta nada de la gracia de Dios para la salvación de los fieles". Los términos *"católica"* y *"ortodoxa* (ὀρθόδοξη)"*, (que significa "correcta fe", "correcta doctrina", "correcta manera de glorificar a Dios"), son adjetivos calificativos, pero han sido utilizados, tanto por la Iglesia de Roma como por la Iglesia Ortodoxa, como sustantivos nominativos. En este texto se utiliza la palabra *"católica"* como el adjetivo mencionado arriba (N. del T.).

1. La Relación Trinitaria y la anáfora[5].

Jesús Cristo se encuentra en una continua relación con el Padre y el Espíritu Santo. Es el enviado (*Apestalmenos*) del Padre. El Espíritu Santo le abre el camino, trabaja con Él, lo acompaña, sella Su obra y la continua por los siglos de los siglos. A través de la predicación de Cristo llegamos a conocer al Padre y al Espíritu Santo. La predicación de Cristo, sin embargo, quedaría incomprensible si no fuera por la iluminación del Espíritu Santo, imposible de ponerla en efecto sin la presencia del Paráclito (*el Consolador*).

En toda expresión de la vida cristiana, especialmente en la misionera, la obra de Cristo es realizada a través de la presencia del Espíritu Santo; es llevada a cabo en un tiempo histórico por la ininterrumpida acción del Espíritu Santo. El Espíritu Santo nos "recapitula" (ἀνακεφαλαιώνει) a todos en Cristo. Constituye la Iglesia. La fuente y la orientación de cada una de nuestras actividades misioneras toman su composición de la promesa y de la ordenanza del resucitado Señor, en su dimensión y perspectiva Trinitaria: "Como el Padre me envió, también yo os envío. Dicho esto sopló y les dijo: 'Recibid el Espíritu Santo'" (Jn. 20:21-22).

El Cristo-centrismo de la una Iglesia indivisa es entendible únicamente dentro del amplio contexto del dogma Trinitario. La unilateralidad del Cristo-centrismo occidental fue frecuentemente causada por la limitación de la imagen de Cristo al llamado "Jesús histórico". El Cristo de la Iglesia es, sin embargo, el eterno Verbo, "el Hijo Unigénito, que está en el seno del Padre" (Jn.1:18), quien está siempre presente en la Iglesia a través del Espíritu Santo, el resucitado y ascendido, el Juez universal, "el Alfa y la Omega, el Primero y el Último, el Principio y el Fin (Ap. 22:13). La fe y la experiencia de la Iglesia están resumidas en la frase: "el Padre, a través del Hijo, en el Espíritu Santo, crea, provee, salva". Hacer misión tras los pasos de Cristo, es esencialmente misión en la luz de la Santísima Trinidad, en la presencia mística y trabajo conjunto del Padre, Hijo y Espíritu Santo.

2. Asume ser completamente hombre.

Uno de los términos favoritos que utilizó Jesús Cristo para definirse a sí mismo fue "Hijo del hombre". Jesús es el nuevo Adán. La encarnación del Verbo fue *el* evento determinante en la historia de la humanidad, y la Iglesia ha persistido en oponerse a cualquier desviación Docetista[6]. El Símbolo del Credo insiste en la frase "Encarnado por el Espíritu Santo y María la Virgen".

---

5   Parte de la liturgia Ortodoxa en la cual se consagran los dones ofrecidos, el pan y el vino, que se transforman en el Cuerpo y la Sangre de Cristo (N. del T.).

6   Herejía del siglo I, que afirmaba que Cristo era una semblanza y no un hombre real (N. del T.).

La contribución humana existe en Su concepción, gracias a laaceptación de todo corazón a la voluntad divina, en obediencia, humildad y alegría que hizo su Madre, la más pura representante de la raza humana."He aquí la esclava del Señor; hágase en mí según tu palabra" (Lucas 1:38), fue su decisiva declaración.

La distinción absoluta entre materia y espíritu, como fue imaginada por los representantes del antiguo pensamiento griego e indio es rechazada, y la humanidad es elevada en su forma entera. Jesús Cristo no es solamente el salvador de almas, sino del ser humano íntegro, como también de toda la creación material-espiritual. Para el pensamiento clásico, esto es tan duro de entender como lo es el dogma Trinitario. Ciertamente existe con frecuencia la intención de simplificar o sobresaltar esto, pero entonces la misión pierde todo su poder y toda su perspectiva. La misión cristiana no significa abandonar, de una u otra manera, la parte material del hombre para poder salvar así algunas almas. Significa transformar de otra manera y con otra dinámica al tiempo presente, a la sociedad, al universo material. Esta perspectiva exige un dialogo creativo con las culturas contemporáneas, con personas seculares, con personas inmersas en el materialismo de este mundo, con las nuevas opciones de la física referentes a la materia y la energía, y con toda variante de creación humana.

3. El nuevo elemento radical y eterno: el Amor (Ágape).

Cristo da vuelta a las formas establecidas de autoridad, sabiduría, gloria, religiosidad, éxito, los principios y valores tradicionales, y revela que el vivificante centro de todo es el AMOR. El Padre es amor. El Hijo es el amor encarnado. El Espíritu Santo es el inexhausto dinamismo del amor. Este amor no es un impreciso "principio". Es una "comunión" de personas; es el Ser Supremo, la Santísima Trinidad. Dios es amor porque es una trinidad eterna, una comunión de personas vivas, equivalentes y distintas. Esta comunión de amor (κοινωνία ἀγάπης - *koinonía agápes*) es revelada al mundo por el Hijo. En esta revelación, Él no es solamente el que invita, sino es también el Camino.

Estrechamente vinculadas con el amor están también la libertad, la justicia, la liberación y hermandad de todos los seres humanos, la verdad, la armonía, la alegría, la vida plena. Cada expresión honesta y esfuerzo para estas cosas, en cualquier parte del mundo, en cualquier época o cultura, pero sobre todo, toda amante y verdadera expresión de vida, son rayos de la gracia y del amor de Dios. Jesús no habló de estas grandiosas y santas cosas con un lenguaje indefinido y filosófico, sino las reveló con poder, con señales y con palabras claras, pero sobre todo con Su vida.

Una de las muchas sorpresas que Cristo nos tenía preparadas era el hecho que *se auto identificó con los humildes*, con los "más pequeños",

con los sencillos. De entre personas como estas escogió a Sus compañeros y apóstoles. En su conocido discurso sobre el Juicio Final y universal, se identificó directamente con los despreciados, los enfermos, los pobres, los extranjeros y los afligidos del mundo entero. "Cuanto hicisteis a uno de estos hermanos míos más pequeños, a mí me lo hicisteis" (Mt. 25:31-46).

Esta misma forma de ser permanece determinante también para Su Iglesia, Su Cuerpo Místico, por todos los siglos. Porque esto constituye, en su forma más auténtica, el poder más benevolente que lucha por la dignidad humana, por su valor, por su alivio, por el levantamiento de cada ser humano, a todo lo largo y ancho de la tierra. Preocupación sin excepciones, por todos los pobres y los injustamente maltratados, independientemente de su raza o credo, no es una moda del movimiento ecuménico, sino una tradición fundamental de la Iglesia indivisa, una obligación que sus genuinos representantes siempre han visto como de primera importancia. "En la medida que sobreabundas en riquezas, careces en el amor", predicaba San Basilio Magno, denunciando la inclinación de muchos hacia una "piedad sin gastos"[7]. Tampoco vacilaba en llamar "ladrón", no solamente a la persona que robaba a otro, sino también a aquel que pudiendo proveer vestimenta y ayuda, es negligente de hacerlo. Concluye lacónicamente: "Hace injusticia a tantos, como los que hubiera podido ayudar"[8]. La realidad moderna de la unificación del mundo, extiende estos juicios del plano individual al colectivo, de individuos a grandes masas de personas, a pueblos enteros, a las naciones ricas. Los Santos de la Iglesia no solamente hablaron a favor de los pobres sino, sobre todo, compartieron con ellos su vida. Voluntariamente se hicieron pobres por amor a Cristo quien se hizo pobre, para identificarse con Él.

4. La paradoja de la humildad y del sacrificio en la cruz.

Desde el primer momento de Su presencia en la humanidad, Cristo establece su "abnegación" (κένωσις)[9] como la revelación del poder del amor del Dios Trinitario. Pasó la mayor parte de su vida humana en la sencillez del trabajo diario. Más tarde, durante Su corta vida pública, enfrentó varias disputas y serias acusaciones. El poder del amor está siempre entrelazado con la *humildad*. Lo opuesto al amor, lo llamamos usualmente odio, pero su verdadero nombre es egoísmo. Esto es una negación del Dios Trino, quien es una comunión (κοινωνία) de amor. En esto reside el drama de Lucifer, quien

---

7   San Basilio Magno, Homilía, *A los que se enriquecen*, 1, ΒΕΠΕΣ 54:67.

8   Ibid., Homilía, *Voy a demoler mis graneros*, 7, ΒΕΠΕΣ 54:64-65.

9   Acto de abnegación, de auto negación y de vaciarse a sí mismo, que siendo Dios se hizo hombre, y como hombre voluntariamente accedió ascender a la cruz (N. del T.).

todo lo puede hacer, excepto el hecho de ser humilde, y por eso precisamente es que no puede amar. Cristo deshace las obras del diablo (1 Jn. 3:8), y nos rescata a nosotros encadenados a nuestro egoísmo, a través de la aceptación de la extrema humillación, la Cruz. Con la desmesura de esta humildad, hace abolir sobre la Cruz el orgullo y el egocentrismo diabólico. En esa hora brilla la gloria de Su amor, y la humanidad es redimida.

La vida cristiana significa continua asimilación del misterio de la cruz, en la lucha contra el egocentrismo individual y social. Esta santa humildad, lista en todo momento de aceptar el supremo sacrificio, permanecerá siempre como el poder místico de la misión cristiana. La misión siempre será un servicio que implica la aceptación de peligros, sufrimientos y humillaciones; experimentando simultáneamente la impotencia humana y el poder de Dios. Podrán resistir solamente aquellos que estén preparados de aceptar, con valentía y confianza en Cristo, sacrificio, tribulación, contradicción y rechazo, por amor a Él. Uno de los más grandes peligros para la misión cristiana, es que nos volvemos olvidadizos en la práctica de la cruz, y creamos cristianos que solamente quieren la cruz como ornamento, que frecuentemente crucifican a los demás en lugar de crucificarse a sí mismos.

5. *Todo a la luz de la resurrección y la esperanza escatológica.*

El precepto básico de la misión universal es dado dentro de la luz de la resurrección. Antes del evento de la cruz y la resurrección, Jesús no había permitido a sus discípulos salir al mundo. Si uno no ha vivido la resurrección, no podrá participar en el apostolado universal de Cristo. Si uno ha experimentado la resurrección, no podrá evitar dar testimonio del resucitado Señor, teniendo su mirada puesta en el mundo entero. "Me ha sido dado todo poder en el cielo y en la tierra. Id, pues, y haced discípulos a todas las gentes" (Mt. 28:18-19). La primera frase retrocede nuestro pensamiento a la frase "así como en el cielo también sobre la tierra" de la oración del Señor. Autoridad sobre todo el mundo ha sido concedida al Hijo del hombre, quien cumplió totalmente la voluntad del Padre. Él es el Señor, "Aquel que es, que era y que va a venir, el Todopoderoso" (Ap. 1:8). La fe y el poder de la Iglesia están cimentados precisamente sobre esta certeza. La cruz y la resurrección van juntas. El hecho de conformar la vida de uno a la vida crucificada de Cristo, supone ya el poder místico de la resurrección. Por otro lado, la resurrección es la gloriosa revelación del misterio del poder de la cruz, es la victoria sobre el egocentrismo y la muerte.

Una misión que no pone como su centro la cruz y la resurrección, termina como una sombra, como teatro de sombras. Tanto la gente simple como también los más cultivados, quienes se revuelcan en riquezas, confort y honores, en algún momento llegarán al punto crítico de enfrentarse cara a

cara con la implacable y final pregunta: ¿qué sucede después de la muerte? Es este problema el que atormenta a toda persona pensante, en todos los rincones de la tierra, que la Iglesia tiene el apostolado de revelar el misterio de las palabras de Cristo: "Porque esta es la voluntad de mi Padre: que todo el que vea al Hijo y crea en él, tenga vida eterna y que yo lo resucite el último día" (Jn. 6:40).

Me acuerdo de una experiencia personal, en una remota región de Kenia occidental. Llegamos de noche a una casa que estaba en duelo. Una pequeña niña golpeada mortalmente por malaria, yacía pacíficamente sobre una gran cama como si estuviera dormida. "Era una niña tan buena. Era siempre la primera en saludarme", suspiraba perplejamente su afligido padre. Leímos una corta oración de exequias, seguida de algunas palabras de consolación. Estando solo en el cuarto de la escuela donde nos alojábamos, a la luz de la veladora de aceite, con el sonido de la lluvia que caía sobre las hojas de las palmas de plátano y las tejas de zinc, me recordaba de los eventos del día. Lejos en la oscuridad sonaba un tambor. Era en la casa que estaba de duelo. Me preguntaba en mi cansancio. ¿Por qué está usted aquí? Llegaron a mi mente, de manera confusa, varias cosas que por lo común se hablan con relación a la misión: predicación, amor, educación, civilización, paz, desarrollo. De pronto un destello de luz iluminó en la neblina de mi cansado cerebro la esencia del asunto: usted trae el mensaje, la esperanza de la resurrección. Todo ser humano tiene un valor único. Volverán a levantarse. En esto yace la dignidad, el valor y la esperanza humana. ¡Cristo ha resucitado! Usted les enseña a celebrar la resurrección en el misterio de la Iglesia; que gusten un anticipo de ella. Entonces vi, como en una visión fugaz, a la pequeña niña africana apresurándose a saludarme de primera, como era su costumbre; ayudándome a determinar más precisamente el meollo de la misión cristiana: a infundir a las personas con la verdad y la esperanza de la resurrección; de enseñarles a celebrarla. Y esto lo hacemos en la Iglesia.

Lo que anhelan nuestros hermanos y hermanas de los aislados rincones de África y Asia, o de los alrededores de nuestras grandes y ricas ciudades, en su depresión y soledad, no son vagas palabras de consolación, algunos bienes materiales o algunas migajas de civilización. Anhelan, de manera secreta o conscientemente, dignidad humana, esperanza y trascender la muerte. A fin de cuentas, están buscando al Cristo vivo, al perfecto Dios-hombre (Θεάνθρωπος – *Theánthropos*), al camino, la verdad y la vida. Todos los seres humanos, de cualquier edad y clase social, ricos y pobres, desconocidos y famosos, iletrados y eruditos, en lo más profundo de su ser ansían celebrar la resurrección y la "celestificación" de la vida. Es en este prospecto que *hacer misión tras los pasos de Cristo* alcanza su culminación.

C. Plenitud y catolicidad

Las consecuencias de tales entendimientos teológicos son polifacéticas. Ya se han determinado las diferentes unidades, dentro de las cuales serán estudiados grupos de problemas críticos de nuestros tiempos: (a) retornando al Dios vivo; (b) participando en el sufrimiento y la lucha; (c) "la tierra es del Señor"; y (d) hacia renovadas comunidades de misión. Mucho estudio, amasado con oración, se ha realizado hasta el día de hoy, en pequeños y grandes grupos, en conferencias y congresos. La tercera parte de este resumido informe se enfocará en sólo dos puntos centrales.

1. La tendencia a minimizar requerimientos y costos al hacer la voluntad de Dios

La frase "Hágase Tu voluntad," tal como es repetida por Cristo mismo en Getsemaní, nos ayuda a superar una gran tentación: nuestra tendencia de minimizar las exigencias y costos de hacer la voluntad de Dios en nuestra vida personal. Usualmente nos es más fácil quedarnos en lo general, en lo que concierne especialmente a los demás, en lo que se nos acomoda.

(a) La voluntad de Dios, sin embargo, tal como es revelada en Cristo, es un TODO único e indisoluble ("…enseñándoles a guardar todo lo que yo os he mandado"). "Hágase Tu voluntad" enteramente, no a medias. Las varias supuestas correcciones que de vez en cuando se han hecho, disque para facilitar el Evangelio y para hacer a la Iglesia más aceptable, o supuestamente más efectiva, no fortalecen sino más bien debilitan el poder del Evangelio. Hace un par de años, mientras esperaba en un aeropuerto europeo, llegó a mis manos un folleto admirablemente editado, donde enmarcado decía entre otras cosas: "Bienaventurados aquellos que son ricos. Bienaventurados aquellos que son bien parecidos. Bienaventurados aquellos que tienen poder. Bienaventurados aquellos que son inteligentes. Bienaventurados aquellos que son exitosos, porque ellos poseerán la tierra. Me quedé pensando: cuántas veces, aún en nuestras mismas comunidades, preferimos abiertamente o en secreto, a estos ídolos, a esta mundana y patas arriba representación de las Beatitudes, y hacemos de ellas un criterio para nuestra forma de vida.

El nombre de la ciudad donde se está llevando a cabo este congreso nuestro, nos recuerda no solamente a San Antonio de Padua, a quien se refiere el topónimo, sino también al primer San Antonio, a San Antonio Magno, una de las grandes personalidades de la Iglesia universal, quien trazó un modelo de la perfecta aceptación de la voluntad de Dios. Este grandioso ermitaño, en perfecta obediencia al versículo "Si quieres ser perfecto, anda vende lo que tienes y dáselo a los pobres, y tendrás un tesoro en los cielos; luego sígueme"

(Mt. 19:21), salió a una aventura de libertad y amor. Esta aventura condujo enseguida a la emanación de un nuevo soplo del espíritu en la Iglesia, en un momento histórico en el cual estaba en peligro de conciliarse con el poder secular y el espíritu mundano.

En medio de nuestros muchos intereses sociopolíticos debemos tener en mente y actuar en relación con el entendimiento que "esta es la voluntad de Dios: vuestra santificación" (1 Tes. 4:3). Nuestra *santificación* se lleva a cabo al seguir la voluntad divina en todo, en nuestras obligaciones cotidianas, en nuestros empeños personales, y en medio de las muchas y diversas dificultades y dilemas. No ayuda para nada la antropología simplista que anima a una ingenua moralidad, la cual pasa por alto nuestra tragedia existencial. La existencia humana es un abismo, "pues no hago lo que quiero, sino que hago lo que aborrezco… pero advierto otra ley en mis miembros que lucha contra la ley de mi razón y me esclaviza a la ley del pecado que está en mis miembros" (Rom. 7:19-23). Muchos de nosotros, desafortunadamente, cuando estamos en situaciones difíciles, mientras recitamos fácilmente "hágase Tu voluntad", en la práctica agregamos "no como Tú quieres, sino como yo quiero". Esta manifiesta o secreta inversión de la voluntad divina en nuestras decisiones es la principal causa del fracaso de muchas misiones e iniciativas cristianas. La fuerte lucha interna por auto purificación y santificación es el requisito y la fuerza mística del apostolado.

La realización de la voluntad de Dios en la ecúmene siempre será promovida por un *continuo arrepentimiento*, para que podamos ser conformados al modelo de Cristo, para ser hechos uno con Él. Por eso es que en la tradición ortodoxa los monasterios tienen una especial importancia, sobre todo por ser centros de arrepentimiento. Todo lo que acompaña esta lucha –el culto, el trabajo, el consolar a la gente, la educación, la creatividad artística– es el resultado consecuente de la purificación del alma, de una transformación, de una experiencia personal de arrepentimiento. La búsqueda de nuevos tipos de comunidades que sirvan a la misión contemporánea, deberán estar estrechamente ligados a la búsqueda espiritual dentro de la realidad social contemporánea de formas concretas de comunidades que vivirán, profunda y personalmente el arrepentimiento y el anhelo de la venida del reino. La pregunta crítica para una misión *tras los pasos de Cristo* es hasta qué punto podrán otros discernir ante nuestra presencia, algo de la presencia de Él.

(b) Conformarse a la voluntad de Dios no quiere decir una servil sumisión o una expectativa fatalista. Tampoco se lleva a cabo con una obediencia externa, simple y moralista. La aceptación de la voluntad de Dios es una expresión de amor de una nueva relación "en el Amado"; es la restauración de la perdida libertad del ser humano. Significa comunión del ser humano en el misterio del amor del Dios Trinitario. Comunión en la libertad del amor. Es así como llegamos a ser "participes de la naturaleza divina" (2 Pe. 1:4). Conformarse a la voluntad de Dios es, a fin de cuentas, lo que la tradición ortodoxa se conoce como participación en las energías increadas, a través de las cuales el ser humano alcanza la deificación, se convierte en "dios por la gracia10. Las más benditas páginas de misiones cristianas se escribieron fundamentadas en un excesivo amor por Cristo y en la identificación con Él.

(c) La Iglesia continuamente busca renovar esta santa embriaguez de amor, sobre todo con el sacramento de la Divina Eucaristía, el cual permanece como el evento misionero por excelencia en todo lugar de la tierra. Durante la Divina Liturgia el sacerdote celebrante, como representante de toda la comunidad, ora: "Envía tu Espíritu Santo sobre nosotros y sobre estos dones aquí presentes". No solamente "sobre los dones" imploramos que sea enviado el Espíritu Santo, sino también "sobre nosotros", para poder ser "movidos por el Espíritu". La oración entera se mueve muy claramente en una perspectiva Trinitaria. Imploramos al Padre que envíe al Espíritu Santo para que cambie los preciosos dones en Cuerpo y Sangre de Cristo, y nosotros al comulgar la Santa Comunión somos unidos a Él; nos convertimos en "un solo cuerpo" y "una sola sangre" con Cristo, para poder llegar a ser fértiles y dar el fruto del Espíritu, convertirnos en "templo de Dios", receptores y transmisores de Su bendito esplendor.

El *entusiasmo por la adquisición del Espíritu Santo*, del cual se habla mucho últimamente en occidente, siempre ha estado fuertemente presente en oriente; pero dentro de un sobrio contexto Cristológico y una perspectiva Trinitaria. La experiencia de la Iglesia está resumida en el ya bien conocido dicho de San Serafín de Sarov: "El objetivo de la vida cristiana es la adquisición del Espíritu Santo". Y continúa el Santo: "la oración, el ayuno, el dar limosnas, y las demás buenas obras y virtudes hechas por amor a Cristo, son simple y exclusivamente medios para la adquisición del Espíritu Santo."[11] Esta presencia del Espíritu Santo es totalmente ajena a cualquier arrogancia espiritual y autosatisfacción. Se conecta profundamente con una continua vivencia del arrepentimiento, con una santa humildad. "Te digo la verdad" escribió un santo monje del Monte Athos, San Siluan, "no encuentro

---

10   San Máximos el Confesor, *Sobre varias preguntas de los Santos Dionisio y Gregorio*, *PG* 91:1084AC, 1092C, 1308.

11   P.A. Botsis, *Philokalia of the Russian Vigilents*, Athens 1983, p. 105 (en griego). Ver: Irina Goraïnoff, *Serafín de Sarov*, Ediciones Sígueme, Salamanca, 2001, pp 96-103.

nada bueno en mí, y he cometido muchos pecados; pero la gracia del Espíritu Santo los ha borrado todos. Y sé que aquellos que luchan contra el pecado, se les ofrece no solamente el perdón, sino también la gracia del Espíritu Santo, que alegra el alma y concede una dulce y profunda paz.[12]

2. No encerrarse en una piedad individualista.

El hecho que la voluntad de Dios se refiere a todo el mundo, al universo entero, *excluye por lo tanto el aislarnos en una piedad individualista*, en una clase de *cristianismo privado*.

(a) La voluntad de Dios abarca íntegramente la realidad humana; se realiza en la totalidad de la historia. No es posible para un cristiano permanecer indiferente a los hechos históricos del mundo, cuando la fe se fundamenta en dos hechos históricos: la encarnación del Verbo de Dios y la Segunda venida de Cristo. La realidad social, la realidad de la humanidad entera es el lugar donde la Iglesia se desenvuelve. Cada expresión de la creatividad humana, las ciencias, las artes, las relaciones de personas como individuos, como pueblos o como grupos varios, deben formar parte de su interés.

Vivimos en una crítica encrucijada histórica, en la cual se está formando una nueva cultura, la cultura electrónica. Las ciencias aplicadas, en especial la astronáutica, la biomedicina, la genética, entre otras, están creando y poniendo sobre la mesa nuevos problemas. La mitad de la población mundial está aglomerada en enormes centros urbanos. El agnosticismo contemporáneo está carcomiendo el pensamiento y el comportamiento de los habitantes de estas ciudades. El paso de la "palabra escrita" a la "palabra electrónica" está abriendo inimaginables posibilidades de acumulación de cada vez más conocimientos a nivel mundial, y creando una nueva forma de raciocinio humano. Un nuevo mundo está emergiendo. Un nuevo tipo de ser humano está siendo formado. La Iglesia, el Cuerpo místico de Cristo –quien es "el que es, el que era y el que ha de venir"–, tiene un compromiso y deber de marchar junto con la humanidad hacia el futuro, junto con la sociedad entera, dentro de la cual se encuentra como "levadura", "signo" y "sacramento" del reino del Amor que ha venido y que está viniendo. Todo lo que la Iglesia dispone, lo tiene a favor del mundo entero, para irradiarlo, para ofrecerlo.

No obstante, si una tentación consiste en no ver el deber mundial cuando

---

12 Archimandirte Sophrony, *Starets Silouan, Moine du Mont-Athos.* (Traducido del ruso por el Hieromonje Symeón) Siteron, 1973, p. 318. Ver: Archimandrita Sophrony, *San Silouan el Athonita,* Ediciones Encuentro, Madrid, 1990.

oramos "hágase Tu voluntad", la opuesta sería el mantenernos ocupados únicamente con temas universales y ser indiferentes a realidades concretas; el ser sensibles sobremanera para algunas situaciones, e indiferentes a otras. Hablar, por ejemplo, de injusticias que suceden en alguna parte de África o de Suramérica, y mostrar indiferencia a injusticias que suceden en Europa, como por ejemplo en Albania, donde cuatrocientos mil cristianos son reprimidos, donde la constitución nacional les prohíbe cualquier manifestación de fe, incluso el más básico derecho de creer.[13]

En varios rincones de nuestro planeta, millones de hermanos seres humanos son tiranizados por necesidad, enfermedad, opresión, injusticia, falta de libertad, violencia armada. Todos ellos son células del mismo cuerpo, del gran cuerpo de la humanidad, al cual nosotros también pertenecemos. Su sufrimiento es también sufrimiento de Cristo, quien asumió en sí mismo a la humanidad entera; es dolor de la Iglesia, Su Cuerpo místico, y es también –debe serlo– sufrimiento de todos nosotros.

La voz profética, tanto para lo inmediato y concreto, como para lo mundial, permanece siempre como obligación de la Iglesia, aun si esto molesta a algunas personas que no desean ofender las cosas mal establecidas. En muchas circunstancias, la Iglesia hoy día está obligada, tanto "adentro" como "afuera" a repetir la protesta bíblica: Ay de aquellos que hablan de justicia, pero que en la práctica buscan solamente sus propios derechos y privilegios. Ay de aquellos que se celebran gritando "paz, paz", mientras martillan las cadenas de los indefensos. Ay de las naciones ricas que continuamente celebran la libertad y el amor, pero que con sus sistemas empobrecen y disminuyen la libertad de otros pueblos. Ay de quienes se presentan como abogados y representantes de Dios, mofándose –deliberada o involuntariamente– del elemento más fino de la humanidad: el dar testimonio de Jesús Cristo.

(b) El Evangelio, además, no puede ser pertenencia únicamente de algunos pueblos, que tuvieron el privilegio de haberlo escuchado desde los primeros tiempos. Al poner en nuestros labios la oración "Hágase Tu voluntad", el Señor "nos ordenó a cada uno de nosotros que rezamos, pensar también en la ecúmene" (San Juan Crisóstomo)[14]. La voluntad divina, tal como fue realizada y revelada en Cristo, tiene que ponerse en conocimiento en cada rincón de la tierra, en cada pliegue del mundo, en cada expresión de nuestra multi-centrada civilización contemporánea.

---

13   Se recuerda que esta conferencia fue dada en 1989, antes de ser abolido el régimen comunista totalitario en Albania.

14   Juan Crisóstomo, *Homilía* 19 PG 57:280.

Una conferencia misionera mundial como la nuestra no puede relegar a una nota de pie de página, el hecho que millones de hombres y mujeres como nosotros no han escuchado, ni siquiera una sola vez en sus vidas, el mensaje cristiano; que cientos de pueblos aún no tengan, después de veinte siglos de historia cristiana, el Evangelio traducido a su lengua materna.

Distinciones entre naciones cristianas y no-cristianas ya no son tan válidas en nuestros días. En todas las naciones hay una necesidad de re-evangelizar a cada generación. Toda Iglesia local se encuentra en misión en su respectivo espacio y contexto geográfico y cultural. Sus horizontes, sin embargo, fuera del lugar en el cual está funcionando, deben extenderse en la catolicidad de la Iglesia, "desde un extremo de la tierra hasta el otro". Salvo algunas diferencias culturales, todos nosotros enfrentamos más o menos, los mismos básicos problemas humanos. Todas las Iglesias locales que expresen la vida de "la Iglesia, una, santa, católica y apostólica" están en un estado de mutua interdependencia e intercambio, tanto para recibir como para enviar. La distinción entre Iglesias que reciben o envían es cosa del pasado. Todas pueden, y deben, tanto recibir como enviar. De acuerdo con los dones y carismas de los que goce cada Iglesia local (personalidades, conocimientos, experiencias, facilidades económicas), puede contribuir en el desarrollo de la misión mundial "hasta los confines de la tierra" (Hch. 1:8). Ya es tiempo que todo cristiano sea consciente que la misión es también su obligación, y que participe en ella visualizando a la humanidad entera. Así como no puede existir Iglesia sin vida litúrgica, de igual manera no puede haber Iglesia viva sin vida misionera.

(c) Aquellos que están fuera de la fe cristiana, todos aquellos que no han conocido todavía la totalidad de la voluntad de Dios, no cesan por lo tanto de moverse en el resplandor místico de Su gloria; la voluntad divina se dispersa a través de toda la historia, de toda la ecúmene. Influye también, por lo tanto, sus vidas, se preocupa por ellos, los abraza. Se manifiesta de diferentes maneras –como providencia divina, como inspiración, como orientación, etc. En el movimiento ecuménico de estos últimos años, hemos luchado fuertemente por alcanzar un entendimiento teológico acerca de personas de otros credos; es muy necesario que este difícil pero a la vez esperanzador diálogo, sea continuado por esta presente conferencia.

Claro está que para la Iglesia, la voluntad de Dios, tal como la vivió Cristo en toda su plenitud, continúa siendo su esencial patrimonio y contribución para el mundo. No sería, por lo tanto, una señal de respeto hacia los demás, llegar a un supuesto acuerdo en un sobrenombre común, el cual minimizaría nuestras convicciones acerca de Cristo. Sería, por el contrario, una injusticia el quedarnos callados acerca de la verdad que constituye el fundamento de la experiencia de la Iglesia. Una cosa es la imposición por la fuerza, lo cual es inaceptable y siempre ha sido anticristiano, y otra cosa es mantener silencio o un menosprecio, lo cual acaba en una doble traición: primero, la de nuestra propia fe y, segundo, el derecho que tienen las demás personas de conocer la verdad entera.

Jesús Cristo también se movilizó entre gentes de otras creencias, beneficiándolas (recordemos las historias de la mujer de Canaán y del centurión), admirando y elogiando su espontánea fe y bondad: "Os aseguro que en Israel no he encontrado en nadie una fe tan grande" (Mt. 8:10). Hasta utilizó como símbolo de Sí mismo al representante de otra comunidad religiosa, "el buen samaritano". Su ejemplo permanece determinante: un servicio y un sincero respeto hacia todo elemento valioso que cada hombre haya preservado en sí mismo de "a imagen de Dios" (Gn. 1:27). Ciertamente, en las circunstancias de hoy día, nuestro deber se ha tornado más claro y extenso: marchar a la par con todo aquello que no milita en contra de la voluntad de Dios; entender las más profundas perspicacias religiosas que se han desarrollado en otras civilizaciones con la asistencia del Espíritu; cooperar en las aplicaciones concretas de la voluntad de Dios, como justicia, paz, libertad, amor, tanto a nivel de la comunidad universal, como a nivel local.

(d) En el ámbito de la voluntad de Dios se mueve, no solamente el llamado mundo espiritual, sino también todo el universo físico. Ya se han agregado a la lista de intereses inmediatos de la Iglesia, asuntos como el respeto por el reino animal y vegetal, el uso correcto de la naturaleza, la preocupación por la conservación del balance ecológico, la lucha por prevenir una catástrofe nuclear y de preservar la integridad de la creación. Esto no es una desviación, como afirman algunos que desean ver a Cristo salvando únicamente almas escogidas, y a su Iglesia como una tradicional y religiosa peculiaridad de algunos pueblos. Todo el mundo, no solamente el "género humano", sino el universo entero ha sido llamado a participar en la restauración que se llevó a cabo con la obra redentora de Cristo. "Esperamos, según nos lo tiene prometido, nuevos cielos y nueva tierra, en los que habite la justicia" (2 Pe. 3:13). Es Cristo, el todo Soberano y Verbo del universo, quien sigue siendo la llave para entender la evolución del mundo. Todo lo existente encontrará en Él su origen y cabeza. El asombroso plan, "el misterio de su voluntad", que se nos ha dado a conocer "según el benévolo designio", es un plan "para realizarlo en la plenitud de los tiempos, hacer que todo tenga a Cristo por cabeza, lo que está en los cielos y lo que está en la tierra" (Ef. 1:9-10).

Es obvia la correspondencia con la frase de la Oración del Señor. La transformación de la creación, como victoria sobre la deformación que el pecado trajo al mundo, se encuentra dentro de la perspectiva más amplia y dentro de los intereses inmediatos de la misión cristiana. [...]

* * *

A lo largo y ancho de toda la tierra nosotros, los millones de cristianos de toda raza, clase, cultura y lengua, repetimos "hágase Tu voluntad, así como en el cielo también sobre la tierra". La repetimos a veces con dolor, con fe, con esperanza, a veces mecánicamente y con indiferencia; pero rara vez la conectamos íntimamente con la obligación misionera. La conjunción de las dos frases "hágase Tu voluntad" y "hacer misión, tras los pasos de Cristo", ofrece a nuestra conferencia una dinámica especial. El entendimiento de las dimensiones misioneras de esta oración fortalecerá en el mundo cristiano la convicción que la misión consiste en participar en la realización de la voluntad de Dios sobre la tierra. Dicho de otra manera, la voluntad de Dios exige nuestra propia activa participación, trabajando conjuntamente con el Dios Trinitario.

Al participar en la vida del Cristo resucitado, viviendo la voluntad del Padre, siendo movidos por el Espíritu Santo, tendremos una decisiva palabra y rol en la formación del curso de la humanidad. El Señor está a la mano. La historia del mundo no está avanzando hacia un vacío. Se está desplegando hacia un fin. Existe un plan. La voluntad de Dios prevalecerá sobre la tierra. Las oraciones de los Santos no permanecerán sin responder. Habrá un juicio universal por parte del Señor del amor. En esa última hora, todo habrá perdido su importancia, su valor, excepto el amor desinteresado. La última palabra le pertenece a Cristo. El misterio de la voluntad divina alcanza su culminación en la *recapitulación* (ανακεφαλαίωσις), de todas las cosas en Él.

Continuamos la lucha con perseverancia. Celebramos el evento que está por venir. Saboreamos anticipadamente esa hora final de todas las cosas. Festejando en el culto litúrgico, con esta visión, con esta esperanza.

Señor, líbranos de nuestra propia voluntad e incorpóranos en la tuya. "Hágase Tu voluntad".

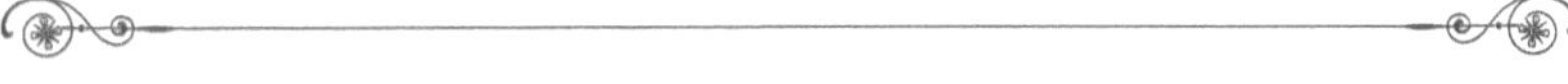

2

Ortodoxia y Misión

(1964)

Parte del informe ante la General Assembly of Orthodox Youth *"Syndesmos,"* (*Asamblea General de Juventud Ortodoxa "Syndesmos"*), Kuopio, Finlandia, Julio 28-30, 1964. • "Orthodoxy and Mission", *St. Vladimir´s Seminary Quarterly*, 8 (1964), pp. 1139-1148, con la anotación: "representa brillantemente el creciente sentimiento de responsabilidad misionera entre la joven generación de líderes de Juventud Ortodoxa en Europa". • Francés: "Missions Orthodox", *Parole et Mission*, Paris 8 (1965), pp. 5-18. • Filandés: Ortodoksisen Kirkon lähetystyö": *Aamun Koitto*, Joensuu 1964, 234-239. • Sueco: "Grekisk-orthodox Kyrko-missionstänkande", *Svensk Missionstidskrift*, Uppsala, 53 (1965), pp. 15-27 (traducción por B. Sharpe). • Ελεύθερη απόδοση στα ελληνικά, Αδιαφορία για την Ιεραποστολή σημαίνει άρνηση της Ορθοδοξίας *(Indifererncia hacia la misión significa negación de la ortodoxia)*, Αποστολική Διακονία, Atenas 1971, 3ª ed. 1973. • Alemán: *Eine Kirche erwächt zur Mission*. Reinpreso de *Yahrbuch Evangelischermission*, Hamburg 1970. "Mission aus der Sicht eines Orthodoxen". *Neue Zeitschrift für Mission-wissen-schaft – Nouvelle Revue des sciences missionaires*, 26 (1970), pp. 241-252. • Ἰεραποστολή στα ἴχνη τοῦ Χριστοῦ. Θεολογικές μελέτες καί ὁμιλίες, (Apostolado, hacer misión tras los pasos de Cristo. Estudios y conferencias teológicas), Atenas, 2007, cap. 2, pp. 51-66. • "Mission in Christ´s Way, An Orthodox Understanding of Mission", Holy Cross Orthodox Press, Brookline, 2010, cap. 2, pp. 39-64.

a historia demuestra que la conciencia de la Iglesia respecto del llamado a la misión siempre ha estado viva en la Iglesia Ortodoxa. Hubo razones externas sin embargo, tales como la ocupación turca de los países en los Balcanes que duró cuatro siglos; la toma del poder del comunismo durante el siglo 20; y la emigración a países que eran primordialmente de otras creencias religiosas, han obligado a los ortodoxos a recluirse temporalmente en sí mismos –para poder así preservar su fe– y a formar hasta cierto punto, comunidades cerradas. Esta táctica, entendible y de alguna manera necesaria, se volvió habitual con el paso de los años, y frecuentemente tomó la forma de aislacionismo. Ahora sin embargo, un creciente número de personas han llegado a la convicción que la indiferencia o el estancamiento con respecto a deber de una misión mundial (οἰκουμενική - ecuménica) equivale a la negación de la misma Ortodoxia.

A. Misión: la indudable obligación de los Ortodoxos

1. Ecumenicidad y apostolicidad: elementos esenciales de la eclesiología Ortodoxia.

(a) "Creo en la Iglesia, una, santa, católica y apostólica" repetimos incesantemente en casi todos los oficios litúrgicos. Esta es una declaración que los obispos deben profesar públicamente antes de su ordenación. ¿Cómo, entonces, puede ser posible que un fiel, y en especial un clérigo, haga juicios o que tome decisiones de algo, considerando únicamente "su propia" provincia, o "sus propias" necesidades? La perspectiva entera de la Iglesia una, y de la totalidad de sus necesidades es lo que siempre debemos tener ante nuestros ojos. El estar absorbidos egoístamente por "nuestras propias necesidades", y ser indiferente por los demás, indica que nuestra creencia en la Iglesia única está reducida meramente a una formalidad verbal.

En cualquier momento que nos referimos a "nuestra Iglesia", si es que queremos vivir sinceramente como ortodoxos, estamos llamados a pensar en la Iglesia que se extiende "de extremo a extremo del universo", tal como decimos en la Oblación de la Santa Eucaristía (*Liturgia de San Basilio Magno*). No existen diferentes Iglesias, como por ejemplo la Iglesia *de* Grecia, la Iglesia *de* Rusia, la Iglesia *de* Rumania, *de* Japón, *de* Uganda, y así sucesivamente. Existe únicamente *una* Iglesia Ortodoxa: la Iglesia "que está en" Grecia, *en* Rusia, *en* Rumania, *en* Uganda (cf. "la Iglesia de Dios que está (en) Corinto" 1 Cor. 1:2 y 2 Cor. 1:1); es la Iglesia que debe extenderse por todas partes. La Ortodoxia no es una confederación de iglesias, sino "la Iglesia, una, santa, católica y apostólica", a la cual el Señor confió la continuación de Su obra redentora, la salvación del mundo entero en sus propias verdaderas dimensiones. La Iglesia es "apostólica", no simplemente por la sucesión apostólica que tiene, sino porque preserva ese fuego y fervor apostólico de predicar el Evangelio "a toda la creación" (Mc. 16:15), y porque inspira a sus miembros para que sean "testigos (de Cristo) en Jerusalén, en toda Judea y Samaria, y hasta los confines de la tierra" (Hch. 1:8).

(b) La concientización de que la Iglesia es "Su cuerpo, la plenitud del que lo llena todo en todo" (Ef. 1:23), y de que el plan de Dios es "hacer que todo tenga a Cristo por cabeza (ἀνακεφαλαιώσασθαι)[1], lo que está en los cielos y lo que está en la tierra" (Ef. 1:10), impone al creyente de liberarse de su provincianismo y de su cerrada mentalidad, para que pueda vivir en oración y con la añoranza de que todo se recapitule en Cristo. Esta profunda nostalgia no puede permanecer simplemente en la superficie, como un sentimentalismo y una expectativa, sino que debe expresarse como una activa participación a un vivo llamado, al continuo crecimiento del "Cuerpo místico de Cristo".

Por lo tanto, esta misión universal y ecuménica desde el punto de vista ortodoxo, es nada menos que el resultado inmediato de un fundamental artículo del Credo, y de un entendimiento básico de lo que la Iglesia es. Si la Ortodoxia no abraza esta definición de la ecumenicidad de la Iglesia –no vacilemos en admitirlo–, ella simplemente se está negando a sí misma.

2. Ortodoxia – Resurrección – Misión.

Es difícil entender la genuina Ortodoxia aparte de un vigoroso esfuerzo por la misión mundial, porque es imposible imaginarse una Ortodoxia que no esté enfocada en la resurrección del Señor. La resurrección y la misión ecuménica están íntimamente relacionadas. El mandamiento respecto de la misión hacia el mundo entero está directamente relacionada con el triunfo del Señor a través de Su resurrección. El mismo hecho que se la haya otorgado "todo poder en el cielo y en la tierra" (Mt. 28:18) debe ser proclamado "a toda la creación" (Mc. 16:15). Antes de la resurrección, antes de la consumación de su obra salvadora, los discípulos no estaban permitidos pasar las fronteras de Israel. Jesús les recomendó, "no toméis camino de gentiles, ni entréis en ciudad de samaritanos" (Mt. 10:5). Pero después de Su resurrección, ya no les permitió confinar su predicación dentro de estos límites: "Id, pues, y haced discípulos a todas las gentes" (Mt. 28:19; Hch. 10:1-48, y 15:7-8).

La resurrección es el punto de partida de la expansión de la misión, desde Israel hacia el mundo entero. Los que continúan moviéndose

---

1   El acto de recapitular, de compendiar, de reunir y encabezar todo.

solamente dentro de las fronteras de Israel –o ya sea dentro del nuevo Israel de la gracia– parecería que insisten en seguir viviendo en los días anteriores a la resurrección. La orientación del misterio de la redención es hermosamente expresado en el verso que electrifica a la congregación en el Oficio de Vísperas del Sábado anterior a la Pascua, "Levántate Dios juzgando a la tierra, porque Tu heredarás en todas las naciones".

La resurrección constituye la columna vertebral del culto ortodoxo. Dentro de este marco, la himnología ortodoxa –la del período de pentecostés, al igual que las Vísperas y Laudes de los Domingos– proclama como el puro centro *par excellence* de la salvación de la humanidad entera, y describe la obligación misionera que emana de este evento histórico único. Los textos Evangélicos que se refieren a este mandamiento: "Id, pues", son leídos frecuentemente, en especial durante las más importantes festividades (Mt. 28:16-20; Mc. 16:9-20; Lc. 24:36-53; Jn. 20:19-31, y Hch. 1:1-8).

Se pregunta uno, por consiguiente, como es posible que alguien que piensa, canta y vive tan intensamente la resurrección y que, sin embargo, permanezca tan indispuesto frente al llamado a una misión mundial, la cual está tan sumamente entretejida con ella. ¿Cómo pueden los ortodoxos predicar la doctrina de la resurrección, habiendo en la conciencia de los fieles una ausencia del deber de proclamar a "todas las gentes" el triunfo de Cristo, la redención de la naturaleza humana?

3. Espiritualidad ortodoxa: el "ser en Cristo" y misión.

(a) Después de su encuentro con el Cristo resucitado, el apóstol Pablo se retiró al desierto arábigo por algunos años, pero después de esta preparación, le fue imposible permanecer en un mismo lugar para dedicarse a la contemplación y alabanza de Jesús. El haber conocido al vivo Señor fue algo tan conmovedor, que constantemente lo incitaba a nuevas aventuras, a nuevos territorios de acción. "Es más bien un deber que me incumbe. ¡Ay de mí si no predico el Evangelio!" (1 Cor. 9:16), escribió a los cristianos de Corinto.

Su pasión por la misión hacia los gentiles no se puede atribuir a una simple tendencia extrovertida de escapar de las dificultades con Israel, ni tampoco a un autoengaño que la obra misionera hacia ellos estaba ya completada. Simplemente "conocía" a través de la revelación "el misterio de Cristo" (Ef. 3:2-4), que "los gentiles son coherederos, miembros del mismo cuerpo y partícipes de la misma promesa en Cristo Jesús por medio del Evangelio" (Ef. 3:6). Por consiguiente, él estaba seguro de sí mismo cuando dijo "me debo a griegos y a bárbaros; a sabios y a ignorantes" (Rom. 1:14). Él sentía que tenía que compartir con otros el precioso don que había recibido, es decir, la experiencia personal del Señor resucitado, de la "vida en Cristo".

Esta vida en Cristo que todo lo abarca, la cual expresó proverbialmente diciendo "con Cristo estoy crucificado; y ya no vivo yo, sino que Cristo vive en mí" (Gál. 2:19-20), definió la espiritualidad del apóstol Pablo, y debería también ser fuente y criterio de la espiritualidad de la Ortodoxia, de acuerdo con la tradición ortodoxa de tantos siglos.

(b) El mandamiento del Señor, "Permaneced en mí, como yo en vosotros… Si guardáis mis mandamientos, permaneceréis en mi amor" (Jn. 15:4, 10), sigue siendo el objetivo principal de la vida espiritual ortodoxa. Por lo tanto, "permanecer en Cristo" significa que intentamos pensar, sentir y desear tal como lo hace Cristo. Significa además que tratamos de tener "la mente del Señor" (1 Cor. 2:16), "el afecto entrañable de Cristo Jesús" (Flp. 1:8), y que nuestra existencia entera está arraigada en las profundidades de Su amor.

Intentemos, por lo tanto, reflexionar un momento sobre cuál sería la visión de nuestro Señor respecto del mundo. ¿Sería posible que su horizonte estuviera limitado a nuestra ciudad, nuestra nación, al llamado "mundo cristiano"? ¿Acaso no "creó de un solo principio (de una sola sangre) todo el linaje humano" (Hch. 17:26)? ¿Acaso no quiere "que todos los hombres se salven y lleguen al conocimiento pleno de la verdad" (1 Tim. 2:4)? ¿Acaso no se interesa por los millones de personas que viven como "extraños a las alianzas de la promesa, sin esperanza y sin Dios en el mundo" (Ef. 2:12)? Estamos forzando seguramente al apóstol a repetir una vez más "que hay entre vosotros quienes desconocen a Dios. Para vergüenza vuestra lo digo" (1 Cor. 15:34). Todo esto indica muy claramente, que uno no puede confrontar con corazón frío e indiferente el drama de la humanidad tan distanciada de Dios, si es que verdaderamente desea "permanecer en Cristo".

Ya por terminar, nuestro concepto de misión dentro de una perspectiva global no puede significar algo menor al hecho de sintonizar nuestros corazones con Jesús, para así poder vivir verdaderamente el "permanecer en Cristo". En esto es que se encuentra la verdadera motivación de la misión. El concienzudo creyente *debe tener siempre en mente la evangelización del mundo entero*. No puede pensar diferente a la mente de Cristo. No puede amar de una manera diferente a como lo hace su Señor. No puede tomar decisiones con criterios diferentes a aquellos del Evangelio. Cree con fe que no existe tesoro más valioso para el hombre, a la verdad revelada por el Verbo de Dios. Se siente de tal manera y con la convicción que las personas que más sufren injusticia en nuestros tiempos, son aquellos que están privados de la Palabra. Siente además, que su "honor" y su "amor" no podrán ser genuinos, si no trata de realizar algo concreto –lo mejor que pueda– hacia esta dirección. Su interés por la misión está tan presente en su corazón, que le es imposible obrar de otra manera. Tiene como fuente las palabras del

Señor: "Si me amáis, guardaréis mis mandamientos" (Jn. 14:15). "El que tiene mis mandamientos y los guarda, ése es el que me ama; y el que me ame, será amado de mi Padre; y yo le amaré y me manifestaré a él" (Jn. 14:21). La persona que ama y que está siendo amada obedece enteramente el Evangelio, porque quiere vivir en Cristo.

B. Atributos fundamentales de la misión Ortodoxa

Existen muchos temas sobre los cuales deberían hacerse serios estudios referentes a este intento misionero ortodoxo, el cual hasta ahora está comenzando (1964). Enseguida mencionaremos algunos atributos fundamentales que deberán caracterizar esta reanimación misionera.

1. Expresión de arrepentimiento e interés por la Iglesia entera.

(a) Hay quienes expresan su opinión diciendo que, "teniendo nosotros tantos problemas en casa, la misión en lugares distantes viene siendo como un objeto de lujo". Todo lo contrario, nosotros creemos que la misión es un asunto de arrepentimiento y que debe concernirle a toda comunidad ortodoxa, a todo creyente. El abrir y ampliar nuestro horizonte no es menos crucial para nuestro propio desarrollo, como lo es para el beneficio de las personas que reciben la misión. Es un asunto de arrepentimiento, un cambiar la forma de pensar y actuar de acuerdo con el fundamental mandamiento del Señor, así como de la verdadera tradición ortodoxa.

Nunca hemos podido deshacernos de nuestros problemas internos, y nunca lograremos hacerlo. Cuando los apóstoles salieron hacia los gentiles (hacia nuestros ancestros) los problemas de la Iglesia de Palestina estaban lejos de ser resueltos. Los santos Atanasio Magno, Juan Crisóstomo y Fotios tuvieron que afrontar grandes problemas dentro de la Iglesia, pero estos problemas no les impidieron mostrar un excepcional interés personal por la cristianización de otras regiones extranjeras. El problema interno más serio consiste en si estamos listos para "guardar" todo lo que el Señor nos "ha mandado" (Mt. 28:20), o si vamos a crear nuestra propia interpretación del Evangelio, agregando o removiendo mandamientos de acuerdo con nuestra propia comprensión y las necesidades contemporáneas de cada quien.

Es seguro que en cada país existe hoy un amplio campo para actividad misionera. Pero Dios nos llama no solamente para aquellos que nos están necesitando, sino para aquellos que tienen la mayor necesidad. Como siervos del Señor de este mundo, debemos constantemente estar en la búsqueda para descubrir en qué lugar, y de cual manera es que concretamente podremos servirle.

(b) El problema no es solamente crear algunos grupos misioneros. La pregunta es cómo puede la Iglesia entera ser movilizada por esta visión de misión hacia el mundo entero.

La participación de cada creyente deberá ser buscada con la misma insistencia y énfasis a la que se da por su participación en el culto. Debe ser buscada como consecuencia del "Credo" que continuamente profesa. Todos pueden ayudar; todos tienen responsabilidad, como miembros vivos de la Iglesia; este deberá ser el estribillo que debemos repetir continuamente. Es cuestión de organización el saber la manera particular sobre cómo ayudar.

Urge asignar cada año, un día especial o una semana dedicada a la misión, en todas las Iglesias Ortodoxas, durante las cuales se estimulará la conciencia misionera de los fieles ortodoxos, a través de predicaciones, oraciones y el esfuerzo de recolectar fondos. Deberá ponerse un énfasis especial en la oración y en las aportaciones financieras que provienen de sacrificios personales.

(c) En este esfuerzo misionero, deberá buscarse la colaboración de todas las Iglesias Ortodoxas. Es imposible ofrecer la Ortodoxia separadamente, en un mundo que se está convirtiendo en un barrio global. Esta propuesta presenta, claro está, muchas dificultades internas. Es menester, sin embargo, seguir adelante y enfrentar el problema de manera sistemática y persistente, en lugar de abandonarlo. La colaboración inter-ortodoxa es ya una realidad esperanzadora en muchos campos.

2. Incorporación, no solo adaptación.

(a) Antiguamente había surgido mucha crítica, en parte justificada, sobre la tendencia de muchas misiones de crear colonias espirituales o dependencias de sus propias iglesias, en lugar de crear nuevas iglesias locales, vivas y arraigadas en el alma y la vida de la gente local. Afortunadamente, la tradición ortodoxa sobre este punto siempre ha estado muy clara: Sincero respeto por la identidad de los individuos y las gentes, y santificación de sus características para que puedan llegar a ser verdaderamente ellos mismos. Esto es lo que sucedió con la cristianización de Etiopía y del mundo Eslavo. Esto es lo que practicaron misioneros ortodoxos posteriores en grandes naciones (como por ejemplo Nikolai Kasatkin en Japón), o en pequeñas tribus primitivas (como Inocencio Veniaminov con los Aleutianos de Alaska). Tácticas como estas no son el resultado de la inteligencia humana. Consistían más bien en una consecuencia teológica, en una extensión del hecho que Aquel que fue enviado por el Padre, "puso su Morada entre nosotros" (Jn. 1:14), y se unió con la humanidad. La "encarnación" del "Verbo" de Dios en el lenguaje y las costumbres de un país es la primera tarea de todo misionero ortodoxo.

El gran evento de pentecostés (Hch. 2:6-11), durante el cual "cada uno les oía hablar en su propia lengua" sobre "las maravillas de Dios", sigue siendo para los ortodoxos la base para toda táctica misionera. La traducción de las Sagradas Escrituras y de la Divina Liturgia en el idioma de cada pueblo ha sido la ininterrumpida tradición de la Iglesia oriental. Los misioneros rusos siguieron este mismo camino y prepararon traducciones en los idiomas de hasta las más pequeñas tribus de Siberia, de la península de Kamchatka y de Alaska. Cuando esta forma de trabajo fue abandonado durante algún tiempo, el esfuerzo misionero sufrió estancamiento.

El ejemplo de Nicolás Ilminski es muy ilustrativo. Puso a disposición de la misión los servicios y frutos de los estudios científicos de lingüística y etnología, para ayudar a descubrir los métodos más convenientes de acercamiento a tribus primitivas, y para traducirles el Nuevo Testamento a sus propias lenguas. Esto demuestra cuanta atención debe ponerse en las misiones ortodoxas, especialmente cuando se trata de tribus primitivas, en el campo de la lingüística descriptiva, la cual ha hecho un asombroso progreso en nuestros tiempos. La contribución de lingüistas griegos, así como de misioneros que tengan un profundo conocimiento del idioma del texto original, podría ser de especial importancia para la traducción del Nuevo Testamento. Según investigaciones recientes, existen más o menos 1500 idiomas y dialectos en los cuales no existe todavía una traducción total de nuestro sagrado libro.

(b) Este es el primer paso. El final del camino de una misión ortodoxa deberá ser sin embargo: el desarrollo de una Iglesia autóctona, la cual santificará y hará buen uso de todos los elementos puros de las tradiciones locales, y que conservará y mantendrá la personalidad del pueblo. Desde este punto de vista, es un deber del misionero entender la civilización de otros pueblos. No deberá de ninguna manera, sin embargo, intentar apuntar a ser una pasiva imitación o absorción. El ejemplo de los dos hermanos Tesalonicenses, de los santos Cirilo y Metodio, al igual que toda la trayectoria del desarrollo de la Iglesia Rusa, –la cual comenzó con la asimilación del patrimonio espiritual bizantino, pero que posteriormente continuó su propio camino, aportando su propia expresión y contribución–, es una guía de gran importancia.

Primero que todo, debemos tener un sincero respeto por el pasado de cada pueblo. El apóstol Pablo, inicialmente confirma que "(Dios) en las generaciones pasadas permitió que todas las naciones siguieran sus propios caminos", continúa complementando su pensamiento diciendo que "si bien no dejó de dar testimonio de sí mismo, derramando bienes, enviándoos desde el cielo lluvias y estaciones fructíferas, llenando vuestros corazones de sustento y alegría" (Hch. 14:16-17). Es por lo tanto una orden, no solamente pedagógica sino también teológica, el estudiar como Dios dio testimonio de sí mismo a cada pueblo en particular. Posiblemente la combinación de las frases: "no dejó de dar testimonio de sí mismo" y "sustento y alegría", podría ayudarnos a adquirir un mayor entendimiento del significado religioso que tienen algunas festividades de pueblos que todavía viven en condiciones primitivas.

3. Rendir culto y autonomía.

(a) El culto ortodoxo, escribió el Profesor Seeberg de la Universidad de Berlín, es el único que puede ser fácilmente comprendido y asimilado por el hombre oriental. La atmósfera mística de nuestro culto conmueve de una forma muy profunda al hombre entero. Cuando es traducida correctamente y adaptada al carácter de cada pueblo, puede ayudarlos profundamente a acercarlos al misterio de la redención. La vida litúrgica jugó un papel esencial en la cristianización de Rusia. Lo testimonia el asombro de los delegados rusos que presenciaron el esplendor de la Liturgia bizantina en la Catedral de Santa Sofía, y más adelante el esplendor espiritual de los monasterios por todo el vasto imperio.

(b) La autonomía administrativa de las Iglesias Ortodoxas locales es también de gran importancia en esta época, en la cual las ideas nacionalistas en numerosos pueblos de África y Asia están en pleno vigor. La unidad de la Iglesia Ortodoxa no está basada en una uniformidad superficial de idioma o civilización, sino en la unidad de la fe, de la vida sacramental y de culto litúrgico.

Es muy interesante, desde el punto de vista misionero, que durante los primeros siglos de la Iglesia indivisa, había en uso como unas 40 diferentes liturgias, y como 70 idiomas litúrgicos. Lo que se busca no es cómo poder evitar voces diferentes, sino cómo convertir esta variedad de voces en una armoniosa doxología[2] de Dios. Así como cada fiel tiene su propia personalidad, encaminada a una santificación y no a una absorción, de manera similar, cada nación tiene su personalidad peculiar, la cual debe desarrollarse autónomamente basados, claro está, en la preciosa tradición de la *una* Iglesia. En el jardín de Dios existe un lugar –debe existir– para toda clase de flores.

El desarrollo de una Iglesia local de acuerdo con la tradición ortodoxa nos presenta muchas dificultades. Estos problemas continuamente nos obligan a examinar y discernir entre lo que es eterno, es decir todo aquello

---

2   Palabra griega que significa glorificación (N. del T.).

que hace parte de la tradición de la "Iglesia una, santa católica y apostólica", y lo que es temporal, o sea aquello que forma parte de las tradiciones de la Iglesia local y de cierta gente en particular, y que, por lo tanto, no constituye regla para todos los demás pueblos.

4. *Características básicas del misionero ortodoxo.*

Adicionalmente a este enfoque general acerca de la misión, nos es necesario también examinar la clase de espiritualidad que debe caracterizar al misionero ortodoxo.

(a) Dado que el trabajo de un misionero es continuar el ministerio terrenal de nuestro Señor, debe aceptar entonces la forma de vida de su Maestro. Debe seguir los pasos del primer misionero enviado por Dios, Aquel que "tampoco… ha venido a ser servido, sino a servir y a dar su vida como rescate por muchos" (Mc. 10:45); quien "siendo de condición divina, no codició el ser igual a Dios, sino que se despojó de sí mismo, tomando condición de esclavo. Asumiendo semejanza humana y apareciendo en su porte como hombre, se rebajó a sí mismo, haciéndose obediente hasta la muerte y una muerte de cruz" (Flp. 2:6-8). Así como "puso Su morada entre nosotros" Su gente y nos manifestó Su gloria (Jn 1:14), de igual manera el misionero es llamado a vivir entre la gente y manifestar la gloria de Dios y el misterio de la Encarnación.

(b) Para que el misionero sea siempre un testimonio de la presencia del Señor, deberá mantenerse en una continua relación personal con Él. Deberá no solamente pensar o hablar sobre Él, sino que Cristo viva en él (Gál. 2:20). Esto quiere decir que debe tener una relación profunda con Cristo con su ser humano entero, y no solamente con su intelecto. La verdadera característica del misionero es precisamente esta vida transformada por Cristo en todo su ser.

Nuestro Señor definió el trabajo misionero de Sus discípulos como una directa continuación de Su obra. "Como tú me has enviado al mundo, yo también los he enviado al mundo" (Jn. 17:18) dijo Él en su oración de Sumo Sacerdote; y después de Su resurrección repitió esta misma verdad a Sus discípulos diciéndoles: "Como el Padre me envió, también yo os envío" (Jn. 20:21). Dentro de este esquema "como… también yo" debemos buscar no solamente los contenidos, sino también los medios y los métodos del trabajo misionero.

En el Evangelio de San Juan, la comunión y la unidad entre Padre e Hijo están especialmente enfatizadas. Cada palabra y cada obra de nuestro Señor están en dependencia de Su Padre y está conectada con Él. "no hago nada por mi propia cuenta; sino que, lo que el Padre me ha enseñado, eso es lo que hablo. Y el que me ha enviado está conmigo: no me ha dejado solo, porque yo hago siempre lo que le agrada a él" (Jn. 8:28-29). Su *mensaje* no es nada más que lo que "ha escuchado" y lo que "ha visto", "el que me ha enviado es veraz, y lo que le he oído a Él es lo que hablo al mundo" (Jn 8:26). "Yo hablo lo que he visto junto a mi Padre" (Jn. 8:38). "Yo he salido y vengo de Dios" (Jn. 8:42; Jn. 12:49; 10:25; 5:36). Su *voluntad* es la misma voluntad de Su Padre. "No busco mi voluntad, sino la voluntad del que me ha enviado" (Jn. 5:30; 6:38). Sus *obras* son obras del Padre. *Todo lo que hace, afirma que Él ha sido enviado por el Padre* (Jn 5:36). *Los Apóstoles participaron en la relación entre el Padre y el Hijo*: "quien me acoja al que yo envíe, me acoge a mí, y quien me acoja a mí, acoge a aquel que me ha enviado" (Jn. 13:20; Jn. 17:23). Por lo tanto, el problema crucial para todo misionero consiste en cómo mantener una estrecha relación con la Santísima Trinidad.

(c) Existen dos cosas esenciales que ayudarán esta viva relación. Primero, la santificación del misionero en la verdad del Evangelio: "Santifícalos en la verdad: tu palabra es verdad" (Jn. 17:17; Jn. 15:7; 8:31). Y segundo, una consciente participación de los sacramentos, en especial el sacramento de la Divina Eucaristía. "El que come mi carne y bebe mi sangre, permanece en mí, y yo en él. Lo mismo que el Padre, que vive, me ha enviado y yo vivo por el Padre, también el que me coma vivirá por mí" (Jn. 6:56-57; 6:53; 15:4-5).

Queda claro entonces que hay una relación directa entre "comer y beber" y "enviar"; es decir, entre la participación en la vida sacramental de la Iglesia y la expansión misionera.

* * *

Concluyamos entonces: de acuerdo con la afirmación del Señor, "como el Padre me envió, también yo os envío" (Jn 20:21), *la misión de la Iglesia es la continuación de Su ministerio terrenal y la participación en la viva presencia del Señor en el mundo.* Es la participación en la vida del Señor quien "nos confió el ministerio de la reconciliación" (2 Co 5:18).

Debido a que el misionero es un "emisario", un apóstol de Cristo Jesús por voluntad de Dios" (Ef. 1:1) estará hablando en vano acerca de misión, sino no intenta estar en constante "comunión" con Cristo. Importante no es lo que él mismo diga o haga, sino lo que el Señor diga o haga a través de él.

Es nuestro deber entonces, hacer el mejor uso de todas las oportunidades y de todas las disponibles facilidades que el mundo moderno ofrece, para la extensión del reino de Dios, pero debemos hacerlo sin caer en la tentación de un activismo superficial. Nuestro interés primordial deberá ser no *lo que vayamos a HACER, sino el cómo podremos SER un testimonio viviente de la presencia del Señor en el mundo.*

3

El Propósito y la Motivación
de la Misión
(desde un punto de vista teológico)

(1967)

Primera edición en inglés: "The Purpose and Motive of Mission" *International Review of Missions*, 1965. • Segunda ed., Porefthendes–Go Ye 9 (1967). Edición como folleto: *The Purpose and Motive of Mission – From an Orthodox point of view*, Athens 1968. • Σκοπός και κίνητρον της Ιεραποστολής (εξ απόψεως θεολογικής), Αθήναι, 1966. Reimpreso en Θεολογία 37 (1966). Segunda ed. 1971. • Ἱεραποστολή στα ἴχνη τοῦ Χριστοῦ. Θεολογικές μελέτες καί ὁμιλίες, (Apostolado, hacer misión tras los pasos de Cristo. Estudios y conferencias teológicas), Atenas, 2007, cap. 3, pp. 67-95. • "Mission in Christ's Way, An Orthodox Understanding of Mission", Holy Cross Orthodox Press, Brookline, 2010, cap. 3, pp. 39-64.

l pensamiento teológico ortodoxo acerca de la misión no ha sido todavía sistemáticamente desarrollado. Por consiguiente, cuando uno está invitado a hablar desde el punto de vista ortodoxo acerca del propósito y motivación de la misión (tema que ha sido estudiado por el pensamiento occidental por muchos años), se enfrenta uno a dos peligros: o se limitará simplemente a repetir las ideas de otros, o habiendo estudiado los conceptos Católicos y Protestantes, intentará construir un concepto ortodoxo distinto de los otros dos, simplemente para completar de esta manera, la ya conocida trilogía. Existe una tercera manera, más seria, más modesta, y por consiguiente más ortodoxa. Consiste en evitar comenzar esta táctica controversial, y más bien comenzar con las presuposiciones y los principios generales de la teología ortodoxa; reflexionar, desde una perspectiva de la misión, sobre la soteriología, eclesiología y escatología ortodoxa. Hacer esto correctamente requerirá tiempo, estudio y elaboración, que sobrepasan los límites de este presente estudio. Esto es simplemente un estudio introductorio del tema.

A. El punto de partida teológico

Para poder tener un mejor entendimiento de los puntos que vamos a desarrollar, es importante recordar que el pensamiento teológico de la Iglesia oriental se desarrolla dentro de un marco teológico y cosmológico más generalizado, dentro del cual existe, como elemento dominante, la concepción de San Juan sobre el amor ($\dot{\alpha}\gamma\dot{\alpha}\pi\eta$ - *ágape*) del Dios Trinitario, con una perspectiva escatológica y una contemplación doxológica del misterio de Dios. Según el pensamiento ortodoxo, la gloria del Dios Trinitario, vista desde la perspectiva de su infinito amor constituye, pienso yo, la clave para el entendimiento del rumbo total de la historia. "Yo soy el Alfa y la Omega, el Principio y el Fin" (Ap. 21:6), "el Primero y el Último" (Ap. 1:17), Dios no cambia. Él es "Aquel que era, que es y que va a venir" (Ap. 4:8), el digno de recibir la gloria, el honor y la fuerza, debido a que Él todo lo ha creado, y por su voluntad recibieron todas las cosas su hipóstasis ($\dot{\upsilon}\pi\dot{o}\sigma\tau\alpha\sigma\iota\varsigma$)[1] (ver Ap. 4:11).

El desarrollo de la historia humana, de la cual nos hablan las Sagradas Escrituras, comienza y termina con la gloria de Dios. Cuando el Señor dice "ahora Padre, glorifícame tú, junto a ti, con la gloria que tenía a tu lado antes

---

1   Término teológico que se refiere a la existencia real y concreta de una cosa o una persona. Se usa, entre otras, para definir a cada una de las tres personas de la Santísima Trinidad, las cuales son distintas entre sí e inconfundibles, pero cada una es una hipóstasis de la misma esencia divina (N. del T.).

que el mundo fuese" (Jn. 17:5), se refiere a que la gloria "junto a Dios" consistía en un estado especial, el cual existía incluso antes de la creación. En cuanto al final de la historia se refiere, es característico que en el último libro de la Sagrada Escritura se nos habla continuamente de la gloria que Dios recibirá. En la descripción de la Liturgia celestial, en la cual participarán todos los redimidos por Cristo, "de toda raza, lengua, pueblo y nación" (Ap. 5:9), el tema básico es la doxología del santísimo Dios (Ap. 4:5).

Analicemos más detalladamente la información que tenemos. La creación es una expresión más de la gloria pre-eterna de Dios. Pero el hombre, al rechazar esta gloria absoluta de Dios, al buscar crear su propia gloria y adorarse a sí mismo, se separó del Dios vivo y provocó una catástrofe cósmica: la aparición de una nueva condición, la de la muerte, en la cual se ensombrece la gloria de Dios vivo. El pecado del hombre es un ininterrumpido obstáculo del vertimiento y manifestación de la gloria. En medio del ruido, de la desarmonía, de la confusión, de la disrupción, que causa el pecado humano, la alabanza de Dios languidece.

Dios en cambio, no cesa de manifestar su gloria a la humanidad (Éx. 3:2, 6; Is. 6). Y finalmente, cuando llegó "la plenitud de los tiempos" (Gál. 4:4), envía a su propio Hijo, Aquel a través del cual había "creado" ($\pi\lambda\acute{a}\sigma\sigma\omega$) todas las cosas ($\tau\alpha$ $\pi\acute{a}\nu\tau\alpha$), para poder "recrear" ($\alpha\nu\alpha\pi\lambda\acute{a}\sigma\sigma\omega$) todas las cosas, para que Dios sea "glorificado en Él" (Jn. 13:32; cf. Jn 17:1-10). La obra, a la cual el Hijo es llamado a llevar a cabo, es la glorificación de Dios sobre la tierra. Su Encarnación fue saludada con doxología, y fue caracterizada por los ángeles como "gloria a Dios en las alturas, y en la tierra paz" (Lc. 2:4). A través de su vida entera y de sus milagros Él "manifestó su gloria" (Jn. 2:11; cf. 11:4). A través de su Transfiguración "Él mostro su gloria a sus discípulos en la medida que fueron capaces de recibirla" como un "preludio de la apariencia futura de Dios en su gloria" (προοίμιον της εν δόξη μελλούσης ορατής Θεού θεοφανείας)[2], y también como una señal de la transfiguración del hombre y de toda la creación.[3]

Pero por encima de todo, son Su Cruz y Su resurrección las que revelan por excelencia la gloria de Dios. Durante el culto litúrgico ortodoxo, la Cruz

---

2   Gregorio Palamás, *Λόγος ὑπέρ τῶν ἱερῶς ἡσυχαζόντων* (En Defensa de Aquellos que Practican la Sagrada Hesyquía [o Quietud]) 1, 3. Jean Meyendorff, *Défence de Saints Hésychastes*, Louvain, 1959, p.193.

3   Para entender el significado de la Festividad de la Transfiguración en la espiritualidad y teología Ortodoxa, ver Andreas Theodorou, *Ἡ οὐσία τῆς Ὀρθοδοξίας* (*La esencia de la Ortodoxia*), Atenas, 1961, p. 148. En las Vísperas de la festividad cantamos: *"Τὴν ἀμαυρωθεῖσαν ἐν Ἀδάμ φύσιν, μεταμορφωθείς, ἀπαστράψαι πάλιν πεποίηκας, μεταστοιχειώσας αὐτὴν εἰς τὴν σὴν τῆς θεότητος δόξαν τε καὶ λαμπρότητα"* (*Al ser transfigurado, liberaste nuevamente la naturaleza de Adán que había sido obscurecida, transformándola a la gloria y esplendor de Tu divinidad*).

es presentada principalmente como símbolo de gloria y victoria, siempre como la otra cara de la resurrección.[4] La distinción entre la agonía de la cruz y la gloria de la resurrección, tan común en el occidente, es poco acostumbrada en la Iglesia Ortodoxa. Ambas son revelación y manifestación de la gloria de Dios. En general, la encarnación, la pasión y la resurrección, –es decir todo este movimiento de filantropía divina en "abnegación" (κένωσις)–, no son solamente expresiones de amor divino, sino también son a la vez nuevas manifestaciones de la gloria de Dios. Podría uno decir que ágape y gloria son dos aspectos de la misma cosa: la vida de Dios.

Al acercarse a Su pasión, el Señor dijo, "Padre, glorifica tu Nombre. Vino entonces una voz del cielo: Le he glorificado y de nuevo le glorificaré" (Jn. 12:28). De manera similar, durante la Última Cena, la revelación suprema del significado de Su misión comienza con estas palabras: "ahora ha sido glorificado el Hijo del hombre y Dios ha sido glorificado en él. Si Dios ha sido glorificado en él, Dios también le glorificará en sí mismo y le glorificará pronto" (Jn. 13:31-32). Esa misma noche comenzó su oración de Sumo-Sacerdote: "Padre, ha llegado la hora; glorifica a tu Hijo, para que tu Hijo te glorifique a ti" (Jn. 17:1). Durante su discurso de la Última Cena, dos de los temas más centrales que recurren con variadas sombras de significados son *gloria* y *amor* –los dos polos de la redención. Durante su oración de esa noche, el Señor, la gloria de Dios está relacionada con la unión perfecta de los fieles en Dios: "Yo les he dado la gloria que tú me diste, para que sean uno como nosotros somos uno" (Jn. 17:22). Además, la contemplación (θεωρία) de la gloria del Hijo es presentada como el principal propósito del "ser en Cristo": "Padre, los que tú me has dado, quiero que donde yo esté, estén también conmigo, para que contemplen mi gloria, la que me has dado, porque me has amado antes de la creación del mundo" (Jn. 17:24).

La manifestación de la gloria de Dios, la revelación del infinito amor de Dios vivido en la "abnegación" (κένωσις), y el llamado y la atracción hacia la unificación, están ligadas entre sí dentro del misterio de la redención. Constituyen un único movimiento, cuyo originador es Dios. Este movimiento redentor causa un decisivo cambio en el proceso de la historia humana, que había sido desviada hacia la separación y el egocentrismo, hacia el mal entendimiento y el oscurecimiento de la gloria de Dios. En

---

4   Ver los himnos cantados durante los Maitines de los domingos, donde las alabanzas a la Cruz están siempre entretejidos con alabanzas a la resurrección. Ver también las varias expresiones usadas en la himnología Ortodoxa para describir a la Cruz: "más gloriosa" (ὑπερένδοξος), "otorgadora de vida" (ζηφόρος), "dadora de vida" (ζωοδώρητος), "divida gloria de Cristo" (Χριστοῦ θεία δόξα), "trofeo invencible" (ἀήττητον τρόπαιον), "la Cruz, la tres veces bendito madero" (Σταυρός ο τρισμακάριστος), "tu Cruz Señor, es vida y resurrección para tu pueblo" (ὁ Σταυρός σου, Κύριε, ζωὴ καὶ Ἀνάστασις ὑπάρχει τῷ λαῷ σου), etc.

Cristo, a través de su encarnación, crucifixión, resurrección y ascensión, no solamente fue redimida toda la humanidad (τό ἀνθρώπινο), la naturaleza humana fue liberada de la esclavitud de la descomposición, no solamente fue restituido el orden cósmico que había sido alterado desde la época de Adán, haciendo retornar al universo entero a ser otra vez "cosmos", no solamente volvió a abrir el paraíso, sino que se realizó la voluntad del Padre celestial: el hombre, el rey del universo, el *nous* (*intelecto*) de la naturaleza, la suma de la creación, comenzó a participar, por la gracia, en la gloriosa vida de la Santísima Trinidad, es decir, "entró en su gloria".

Con este evento, la historia alcanza su objetivo final (τέλος). Ya amaneció el "último día", el gran día por el cual Dios puso los cimientos del universo; pero este comienzo de la era escatológica, que conduce a su consumación final, no significa que sea el final de la historia. La obra de Dios no finaliza, sino que recibe su dirección y su significado definitivo. El movimiento de la historia se orienta definitivamente hacia un determinado objetivo. El Espíritu Santo viene a continuar y completar el plan divino –con la participación de los discípulos del Señor, a los cuales Él autorizó proclamar la redención hasta Su Segunda Parusía, cuando la gloria de Dios será totalmente revelada. Entonces, además de este movimiento vertical, del cielo hacia la tierra, la obra redentora de Dios adquirió ahora un dinámico movimiento horizontal sobre la tierra, a través de la participación de la Iglesia.

B. El objetivo final de la misión

Dentro de la perspectiva de lo que hemos delineado, podremos discernir tanto el supremo como el inmediato objetivo de nuestra misión. Desde pentecostés, cuando la misión de Dios fue revelada ya en su dimensión Trinitaria, todos los que por su fe y por su participación en los misterios (*sacramentos*) han contemplado "Su gloria (de Cristo), gloria que recibe del Padre como Unigénito" (Jn. 1:14), se han incorporado con Cristo, y han recibido el sello del Espíritu Santo, participan por condescendencia divina en este "apostolado". "Como el Padre me envió, también yo os envío" (Jn. 20:21; 17:18). En este punto, me gustaría comentar que no es totalmente correcto decir que "la misión no es de nosotros, sino de Cristo"[5]. Es también nuestra, en la medida que nos hemos unido en un solo cuerpo con Cristo. "Todo es vuestro" diría Pablo otra vez en este caso "y vosotros de Cristo y Cristo de Dios" (1 Cor. 3:22-23).

---

5   Lesslie Newbigin, *One Body, One Gospel, One World*, London, 1958, p. 28.

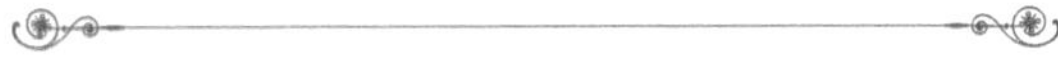

Dado que la misión de los cristianos está incorporada en la misión de Dios, el objetivo final de nuestra misión no puede ser diferente al de Él. Este propósito, esclarecido por la Biblia, en especial por las Epístolas a los Efesios y a los Colosenses, es *"que todo tenga a Cristo por cabeza (ἀνακεφαλαίωσις)"* (Ef. 1:10), *nuestra participación en la gloria divina, en la eterna gloria de Dios.*

Después de su resurrección y su ascensión, Cristo quedó ya como el eje central de la historia, "el punto de congregación de la restaurada unidad, el centro de reintegración de la vida humana y cósmica"[6]. Es por Él y en Él, –ya no más en Jerusalén o en el monte Gerizín– donde se realizará el encuentro de la humanidad con el Padre, en espíritu y verdad"[7]. Podríamos decir que la tendencia centrípeta del Antiguo Testamento, a través de la cual las naciones están llamadas de venir a Jerusalén, de la cual habla el Profesor Johannes Blauw en el *Missionary Nature of the Church*[8]. es reemplazada, no tanto por el movimiento centrífugo de los discípulos hacia las naciones, sino por un nuevo movimiento centrípeto, cuyo centro es Cristo.

Más aún, los hombres no están llamados simplemente para conocer a Cristo, para congregarse a su alrededor, o para someterse a Su voluntad; *están llamados para participar en Su gloria.* En el Antiguo Testamento, el supremo objetivo del periodo escatológico es la contemplación de la gloria de Dios, "vendrán y verán mi gloria" (Is. 66:18); "se verá la gloria del Señor" (Is. 35:2). El Nuevo Testamento revela que el llamado de Dios es algo todavía más: de ser "glorificado con Él" (Rom. 8:17, 1 Pe. 5:10, Rom. 9:23, 1 Cor. 2:7). Nuestra participación en esta gloria ya ha comenzado con nuestra unión en un solo cuerpo con Cristo. "Yo les he dado la gloria que tú me diste" (Jn. 17:22) –es decir la gloria de ser hijos– y "a los que justificó, a ésos también los glorificó" (Rom. 8:30, 2 Co 4:6)[9].

---

6   E. Roels, *God´s Mission: The Epistle to the Ephesians in Mission Perspective*, Franeker, 1962, p. 67.

7   G. Khodre, "Church and Mission", *Porefthendes–Go Ye* 3 (1961), p. 40.

8 J. Blauw, *The Missionary Nature of the Church*, London, 1962, p. 40.

9 San Gregorio Palamás, quien habla de forma especial sobre la adquisición de la gloria de Dios por el hombre, hace una clara distinción entre la gloria divina y la esencia divina. En su comentario sobre Juan 17:24 y 17:5 escribe: "De modo que Él entregó a la naturaleza humana la gloria de la divinidad, más no la esencia. La naturaleza de Dios es una cosa, y otra es la gloria de esta naturaleza–aunque sean inseparables la una de la otra. Y aunque sea distinta de la naturaleza divina, no se encuentra sin embargo numerada entre las cosas creadas en el tiempo; y no lo es así debido a su excedente excelencia, pero está unida a la esencia divina de una manera inefable. Y esta gloria, que sobrepasa y está más allá de todos los seres creados, no fue dada solamente a Aquel que hipostáticamente se encontraba unido a la naturaleza humana, sino también a sus discípulos, diciendo 'Yo les he dado la gloria que tú me diste, para que sean uno como nosotros somos uno: yo en ellos y tú en mí, para que sean perfectamente uno'. Pero Él también quiso que la vieran. Esta es entonces, la gloria a través de la cual adquirimos y contemplamos a Dios". Palamás, *En Defensa* II, 3, 15, p.419; cf. pp. 417, 645, 667, 705.

Esta gloria encontrará su consumación en la gloriosa Parusía de Cristo. "Cuando aparezca Cristo, vida vuestra, entonces también vosotros apareceréis gloriosos con Él" (Col. 3:4, 1:27, Flp. 3:21, Rom. 8:17, Mt. 13:43, 2 Tim. 2:10). Mientras tanto, a pesar de las pruebas y los sufrimientos, podemos gozar la promesa y garantía de la gloria, –"el Espíritu de la gloria, que es el Espíritu de Dios, reposa sobre vosotros" (1 Pe. 4:14)– y caminamos en la "luz de Su gloria"; "Contemplando la gloria del Señor, nos vamos transformando a su semejanza de gloria a gloria" (1Cor. 3:18). *Esta frase "de gloria a gloria" define el proceso a través del cual los fieles son santificados durante esta vida presente, hasta la Segunda Venida*[10].

No debería olvidarse además, que no es solamente la "naturaleza humana" la que participa en la restauración y en encontrar otra vez su orientación hacia la glorificación de Dios, sino que participa también el universo entero. El sujeto de las frases "recapitular" (ἀνακεφαλαιώσασθαι) (Ef 1:10), "lo llena todo" (πληρουμένου) (Ef 1:23), y "reconciliar" (ἀποκαταλλάξαι) (Col 1:20) es "todas las cosas" (τα πάντα). Esto es expresado categóricamente en la himnología ortodoxa: "La cruz santifica todas las cosas"[11]. "Todas las cosas han sido iluminadas por Tu resurrección, Señor, el Paraíso ha sido otra vez abierto, mientras toda la creación te alaba ofreciéndote himnos cada día"[12]. En otra parte tenemos está alegre expresión litúrgica, "Ahora todas las cosas están llenas de luz, en el cielo, la tierra y el inframundo; porque toda la creación está celebrando la resurrección de Cristo, sobre la cual están establecidas"[13]. Olivier Clément hace la siguiente anotación: "La condición del mundo depende de la condición de la humanidad, de la relación del hombre con Dios y con sus hermanos en Cristo, quien es el perfecto Hombre; en la vida mística de la Iglesia, a través de la cual Cristo nunca deja de estar con nosotros hasta el final del mundo, el universo recobra su naturaleza, convirtiéndose en un nuevo milagro y alabanza"[14].

Debemos, sin embargo, hacer la siguiente aclaración: a pesar de que la reconciliación de todas las cosas con Dios ya tuvo lugar, mediante la sangre

---

10 El uso preposicional de "de…a" que constantemente recurre en las epístolas Paulinas (cf. "de fe en fe" εκ πίστεως εις πίστιν) expresa la idea de *poseer* y, al mismo tiempo no poseer todavía que es la característica básica de la piedad del Nuevo Testamento. *Theologisches Wörterbuch zum Neuen Testament*, ed. Gerhard Kittle, Stuttgart, 1950, vol. II, p. 255.

11 *Menaion* (libro litúrgico de doce tomos, que contiene los cantos de los 365 días del ciclo litúrgico anual), Maitines del 14 de Septiembre, Elevación Universal de la Santa Cruz.

12 *Paraklitikí* (libro litúrgico que contiene los cantos del ciclo litúrgico de los ocho tonos musicales), Vísperas del Sábado del tono III.

13 *Pentekostarion* (libro litúrgico que contiene los cantos del ciclo litúrgico desde Pascua hasta el domingo después de Pentecostés), Cánon de la resurrección, Oda III.

14 O. Clément, L´Église Orthodox, Paris, 1961, p. 44.

de Su cruz (Col 1:20; Ef. 1:7), no obstante, la creación espera añorando "ser liberada de la esclavitud de la corrupción para participar en la gloriosa libertad de los hijos de Dios" (Rom. 8:21). "Aunque esta *recapitulación* y reconciliación ya tuvieron lugar, la manifestación de este hecho implica un proceso histórico, a través del cual se espera su suprema realización escatológica"[15]. Hay un aspecto escatológico en cada faceta del plan divino, y encontramos esta dimensión escatológica en la mayoría de pasajes que hablan de redención.

El movimiento más supremo de la historia, sin embargo, va más allá de la incorporación en Cristo, y de la *recapitulación* de todas las cosas en Él. "Cuando hayan sido sometidas a Él todas las cosas, entonces también el Hijo se someterá a Aquel que ha sometido a Él todas las cosas, para que Dios sea todo en todos" (1 Cor. 15:28). El sometimiento de todas las cosas en Cristo no es el "final"; está conectado con y orientado hacia la suprema y eterna gloria de Dios. "Y toda lengua confiese que Cristo Jesús es el Señor, para gloria de Dios Padre" (Flp. 2:11). Para terminar, el último libro de la Biblia habla claramente de "la ciudad santa de Jerusalén" que tiene la gloria de Dios (Ap. 21:10), a la cual será llevada la gloria de los reyes y "el esplendor y los tesoros de las naciones" (Ap. 21:24-26), y la cual es iluminada, no por el sol, sino por "la gloria de Dios". La gloria absoluta de Dios inunda de luz la eternidad y permanece como el objetivo supremo del universo; y "a Su eterna gloria en Cristo" (1 Pe. 5:10), llama Dios a los hombres a través de la misión.

C. Los objetivos inmediatos de la misión

Claro está que los objetivos inmediatos de la misión deberán seguir la misma línea y dirección que el objetivo supremo; deberán ser el punto de partida y la preparación de dicho objetivo. La observación constante del objetivo supremo y "fin", deberá inspirar y conducir la marcha parcial de la misión cristiana, para evitar así posibles desviaciones. Es importante notar que toda la espiritualidad de la Iglesia Ortodoxa es persistentemente orientada hacia el cumplimiento escatológico, y continuamente contempla la "totalidad" ($\kappa\alpha\theta\acute{o}\lambda o\upsilon$) del misterio de la redención. El carácter de su culto litúrgico es por excelencia doxológico. El canto "plenos están el cielo y la tierra de tu gloria" es su emblema[16]. El anticipo de los últimos tiempos, la

---

15   E. Roels, *God´s Mission*, p. 247.

16   Cada agrupación de troparios (versos cantados) termina con *"Gloria al Padre, al Hijo y al Espíritu Santo, ahora y siempre y por los siglos de los siglos. Amén"*, la cual es la frase más frecuentemente repetida en todos los oficios del culto litúrgico. La Divina Liturgia es una continua serie de exclamaciones doxológicas dirigidas a la Santísima Trinidad: *"porque a*

superación del tiempo, la vivencia de la eternidad, que se llevan a cabo a través de los misterios (*sacramentos*) en la Iglesia, conceden al teólogo ortodoxo un nuevo entendimiento. Ve la *"recapitulación"* (ἀνακεφαλαίωσις), no como algo que va a suceder en algún determinado momento del futuro; Él sabe, siente que ya se está llevando a cabo. La misión es la participación de los fieles en este proceso de *recapitulación*. El periodo después de la ascensión y de pentecostés, no es simplemente un periodo de tiempo; no es un tiempo, sino el "tiempo del Señor", tiempo durante el cual se cumple el plan divino.

1. La predicación del Evangelio

La predicación del Evangelio es una condición básica para este cumplimiento, y es consecuentemente un objetivo inmediato y tema de la misión. La incorporación y participación de hombre en las promesas de Dios comienza con el Evangelio: "que los gentiles (las naciones) son coherederos, miembros del mismo cuerpo y partícipes de la misma promesa en Cristo Jesús por medio del Evangelio" (Ef. 3:6), del cual todo misionero se hace *"ministro* (más bien *diacono* o sea *sirviente*), conforme al don de la gracia de Dios" (Ef. 3:7). Esta "riqueza de la gloria de este misterio entre los gentiles, que es Cristo en vosotros, la esperanza de la gloria" (Col. 1:27), debe darse a conocer "a toda la creación" (Mc. 16:15). Debe anotarse muy particularmente que el "servicio" (διακονία) de este "evangelio de gloria" constituye, y es desde ahora participación en la gloria de Dios, tal como es analizado en el tercer capítulo de la Segunda Carta a los Corintios, donde es comparada con el servicio de Moisés (ver 2 Cor. 3:5-11).

La misión no es por lo tanto una simple proclamación de algunas verdades éticas o de algunos principios, sino el comienzo de una transfiguración inaugurada por el "resplandor del glorioso Evangelio de Cristo" (2 Cor. 4:4; cf. 4:6), a través de la cual estamos llamados para que consigamos "la gloria de nuestro Señor Jesús Cristo" (2 Tes. 2:14). Esta transfiguración se está llevando a cabo "de gloria a gloria", para que pueda terminar en un "amoldamiento" (συμμόρφωσις) a la imagen del Hijo en Su eterna gloria (Rom. 8:29). El objetivo de la predicación, de acuerdo con esto, no se limita solamente a congregar a la comunidad para aguardar al esperado Señor en su gloria[17], sino que viene siendo desde ahora un *"movimiento doxológico"*,

---

Ti se debe toda gloria, honor y adoración", *"porque Tuyo es el dominio y Tuyos son el reino, la fuerza y la gloria"*, *"porque bendito y glorificado es tu todo-honorable y majestuoso nombre"*, *"y a Ti elevamos gloria"*, –estas y otras son repetidas como conclusiones a las oraciones de prácticamente todos los servicios del culto litúrgico.

17 W. Freytag, *"Von Sinn der Weltmission,"* Reden und Aufsätze, eds. J. Hermelink y H. J. Margul, München, 1961, vol. II, p. 217.

una invitación y participación en la vida del Señor glorificado, un místico compartir en su gloria, una comunión en la gloria que esta por revelarse en la Segunda Parusía (cf. Rom. 8:18; 1 P 5:1).

Esta transformación sin embargo, no se lleva a cabo simplemente con el hecho de haber escuchado el Evangelio. En el primer capítulo de la carta a los Efesios leemos: "en él también vosotros, tras haber oído la palabra de la verdad, el Evangelio de vuestra salvación, y creído también en él, fuisteis sellados con el Espíritu Santo de la promesa" (Ef. 1:13). Las sucesivas etapas son "oído", "creído" y ser "sellados con el Espíritu Santo". Sin este sello del Espíritu, la salvación no se convierte en un hecho personal. Esto es "prenda de nuestra herencia, para la redención del pueblo de su posesión, para alabanza de su gloria" (Ef. 1:14). Cristo redimió a la naturaleza humana con su obra salvífica; pero una participación personal en esta redención, la santificación de personas humanas, se realiza por el Espíritu Santo, en Cristo, a través de la "comunión" con Cristo y con el sello del Espíritu Santo. Es por lo tanto indispensable, que el grupo de personas que recibieron el Evangelio después de la predicación de la palabra de Dios, que se conviertan en "comunidad de creyentes", en "Iglesia". Lo básico es la creación de un nuevo ser, una nueva entidad que adquiere existencia por el Espíritu Santo[18]. Esto se realiza, según la teología ortodoxa, a través de los misterios (*sacramentos*). "Los misterios" afirma el p. Florofsky, "constituyen la Iglesia. Solamente ellos posibilitan que la comunidad cristiana trascienda las dimensiones humanas, y crean la posibilidad que esa simple comunidad se convierta en Iglesia"[19].

El Señor enfatizó que "el que crea y sea bautizado, se salvará" (Mc. 16:16). El Apóstol Pablo, antes de asegurarle a los Corintios que "vosotros sois el cuerpo de Cristo" (1 Cor. 12:27), había acentuado que "en un solo Espíritu hemos sido todos bautizados, para no formar más que un cuerpo, judíos y griegos, esclavos y libres. Y todos hemos bebido de un solo Espíritu" (1 Cor. 12:13, Rom. 6:3, Ef. 4:5), "sepultados con Él en el bautismo" (Col. 2:12). Incluso el Señor acentuó claramente que solamente aquellos que coman Su carne y beban Su sangre tendrán "vida en vosotros", "vida eterna", permanecerán en Él y Él en ellos (Jn. 6:53-58). El misterio de la Santa Eucaristía permanece el centro, el eje de la unidad de los cristianos "hasta que venga" (1 Cor. 11:26). Esto es lo que crea la unidad visible de la Iglesia, "porque uno solo es el pan, aun siendo muchos, un solo cuerpo somos" (1 Cor. 10:17). La Iglesia, con toda su forma de vida hace realidad –de forma encubierta, pero real– el glorioso Cuerpo del Salvador. Así como observó Olivier Clément, "el Cuerpo de Cristo, la Iglesia, sobre la cual no deja de descansar la plenitud del Espíritu Santo, aparece (a través de una legítima

---

18 Lesslie Newbigin, *One Body*, p. 20.

19 George Florofsky, *L´Église, san ature et sa tâche*, en L´Église universelle dans le dessein de Dieu, Neuchâtel, Paris 1949, tomo I, p. 65.

extensión del dogma de Calcedonia) como una realidad divina-humana (θεανδρική). No es tanto una encarnación continua, sino más bien un lugar donde reside el "movimiento" perpetuo de la ascensión y del pentecostés que unen al cielo con la tierra a través del "velo" de los sacramentos, el lugar donde el Espíritu Santo manifiesta la presencia y la carne del glorificado Salvador"[20].

2. El establecimiento de la "Iglesia local".

El establecimiento de la "Iglesia local", la cual, a través de su vida y de los misterios (sacramentos) participará en la alabanza y la vida de la "Iglesia una, santa, católica y apostólica", cuya cabeza es Cristo (Ef. 1:22, 4:15, 5:23, Col. 1:18), es sin duda, de acuerdo con la tradición y teología ortodoxa, el objetivo básico de la misión. La Iglesia está llamada a glorificar a Dios con la voz propia de cada país. Esto quiere decir que en el trabajo misionero debe haber un sincero respeto por la identidad de cada nación; debe haber una investigación del pasado de cada pueblo en particular, de como Dios "permitió que todas las naciones siguieran sus propios caminos; si bien no dejó de dar testimonio de sí mismo" (Hch. 14:16-17). Esto quiere decir que debemos empeñarnos en no solamente "adaptar", sino en "encarnar" al verbo de Dios en el lenguaje y en las costumbres del país; y la santificación de las características de las gentes, para que puedan llegar a ser verdaderamente ellos mismos, que puedan desarrollar su propia voz y agregar su propia contribución al himno doxológico común, siempre en armonía con las alabanzas de toda la Iglesia. Los misioneros ortodoxos están siempre opuestos a cualquier concepto monolítico y administrativo de la Iglesia, y para ellos el factor unificador de la Iglesia que está siempre en expansión, ha sido la doxología común al Dios vivo[21], multilingüe en forma, pero una en el Espíritu. En la unidad de la Iglesia, siempre es válido la diversidad en el Espíritu Santo. Esto es un significado básico del pentecostés. Mientras los discípulos "estaban todos reunidos con un mismo objetivo" (Hch. 2:1) "se les aparecieron unas lenguas como de fuego que se repartieron y se posaron sobre cada uno de ellos" (Hch. 2:3)[22].

---

20 O. Clément, *L´ Église Orthodox*, p. 65.

21 Ver A. Yannoulatos, «Βυζάντιον, Ἔργον Εὐαγγελισμοῦ» (Bizancio, la obra de la evange-lización), *Θρησκευτική καί Ἠθική Ἐγκυκλοπαιδεία*, Atenas, 1964, Vol 4, pp. 19-59. (Byzantium, Work of Evangelization) Idem, "The Missionary Activity of the Orthodox Church", *Syndesmos VI Assembly, Finland, 1964*, Athens, 1964, pp. 36-52. F. Dvornik, *Les Slaves, Byzance et Rome au IXe siècle*, Paris, 1929. J. Glazik, *Die russisch-orthodoxe Heidenmission seit Peter dem Grossen*, Münster, 1954. N. Struve, "Orthodox Mission, Past and Present," *St. Vladimir´s Theological Quarterly* 1, N. York, 1963.

22 No discutiremos aquí en detalle la relación entre Iglesia y misión, es decir si la misión es solamente un instrumento de la Iglesia, o si es un objetivo en sí, y viceversa. Nos gustaría

Es dentro de la Iglesia que se realiza la incorporación de seres humanos "en Cristo", donde la gloria de Dios nos es revelada, y donde resuena una correcta doxología con entendimiento. "Una comunidad de adoración litúrgica es no solamente una imagen de la comunión ya realizada entre Dios y el hombre, y la unión de la raza humana en un solo Cuerpo frente a Dios, sin ninguna excepción o distinción de individuos; no es solamente un baluarte donde los principados de este mundo quedan débiles y sin ninguna disposición. Es básicamente un grito misionero de la Iglesia triunfante hacia todo el mundo y el anuncio doxológico del reino, el cual está presente y por venir"[23]. "A Él la gloria en la Iglesia y en Cristo Jesús por todas las generaciones y todos los tiempos. Amén" (Ef. 3:21).

3. La doxología deberá resonar más allá de los límites de la comunidad ortodoxa

La incorporación en Cristo, de la cual hemos estado hablando, no deberá entenderse claro está, como una introvertida y mística huida del mundo, que se manifiesta con la creación de comunidades eclesiásticas cerradas, sino como el punto de partida de una participación activa en la obra de Dios, la cual está claramente orientada hacia la *recapitulación* de todas las cosas en Cristo "para gloria de Dios Padre". *La doxología de los salvados deberá resonar más allá de los límites de su comunidad y llenar el universo.* El Señor describió a sus discípulos como "luz", "sal" y "levadura"; es necesario recordar que la luz, la sal y la levadura, todas tres tienen su papel y significado, que se combinan con la totalidad de un conjunto generalizado, al cual prestan su servicio. La levadura que se aparta y se deja por sí sola se autodestruye y

---

simplemente recordar que todas las denominaciones de la Iglesia en la carta a los Efesios, "cuerpo", "esposa", "morada", "templo santo", siempre se refieren a la Iglesia como objetivo o meta, y nunca como un instrumento de misión (ver E. Roels, *God´s Mission*, p. 152). La Iglesia es la receptora de todas las bendiciones de Cristo. La Iglesia "que es su cuerpo, la plenitud del que lo llena todo en todo" (Ef. 1:23), cumple y completa toda la obra de Cristo. "Él es la cabeza, nosotros somos el cuerpo" escribe San Juan Crisóstomo, "es acaso posible que existiera algún intervalo entre el cuerpo y la cabeza" (*VIII Homilía sobre la Primera Carta a los Corintios*, Padres Griegos (ΕΠ) 61, p. 72). El más mínimo intervalo significaría muerte.

23   N. Nissiotis, «Ἡ Ἐκκλησιολογικὴ θεμελίωσης τῆς Ἱεραποστολῆς» (*El fundamento eclesiológico de la misión*), en Porefthendes–Go Ye 5 (1963), p. 7. Vale la pena notar que la misión Ortodoxa Rusa al interior del norte de Asia, comenzó como un movimiento de adoración y doxológico de monjes rusos. Ellos se retiraron a los bosques en busca de ascetismo monástico, de contemplación mística y para glorificar al Dios Trinitario. Una vez que se habían asentado en medio de varias tribus salvajes y paganas, las fueron iluminando. Más tarde, desde San Esteban de Perm (1340-1396) hasta el gran misionero al Japón Nicolás Kasatkin (1836-1912), la glorificación de Dios por la comunidad de fieles, era como el pulmón de la misión Ortodoxa que le dio una fortaleza especial a su voz. Ver E. Smirnoff, *A Short Account of the Historical Development and Present Position of the Russian Orthodox Mission*, London, 1903, y también la nota de pie de página número 35.

vuelve agria. Nuestra unión interior con Cristo nos obliga a estar presentes en la historia y desarrollo de la totalidad de la comunidad humana, con una postura enérgica, de igual manera que nuestro Señor, quien no solo trabaja dentro de la historia, sino que es también el señor de la historia. Debemos tener una actitud positiva, no caracterizada por un entusiasmo superficial de imponer el reino de Dios por medios sociales y políticos, pero tampoco con ansiedad y pesimismo causados por la preponderancia del pecado y la falta de fe. La redención "en Cristo" ya se llevó a cabo, los poderes de la oscuridad ya están decisivamente rodeados, y el enemigo ha sido, sin duda alguna, totalmente derrotado. Desesperado, sin embargo, lanza todavía sus últimas flechas. Existen todavía los heridos, los muertos y la penumbra de la batalla[24].

Nos encontramos todavía en el periodo de transición del "no todavía". "Aún no se ha manifestado todavía lo que seremos" (1 Jn. 3:2). Vivimos en la anticipación de "la revelación de su gloria", sabiendo que aquellos que "participáis en los sufrimientos de Cristo… también os alegréis alborozados (1 Pe. 4:13), y "recibiréis la corona de gloria que no se marchita" (1 Pe. 5:4). Esta espera, sin embargo, no tiene nada que ver con la pasividad social que caracteriza la tendencia pseudo-religiosa de algunos, tendencia que se enfrenta al mundo con miedo y que se retira al refugio de la visión escatológica. Es una espera dinámica que se caracteriza por su energía y actitud positiva, la cual deriva de la certeza que este cumplimiento escatológico, dentro de una divina condescendencia, requiere también nuestra participación. "Se proclamará esta Buena Nueva del reino en el mundo entero, para dar testimonio a todas las naciones. Y entonces vendrá el fin" (Mt. 24:14). Esta espera está llena además de valentía y de una tranquila certeza por el presente, "pues todo lo nacido de Dios vence al mundo" (1 Jn. 5:4). Sabemos que a pesar de estar viviendo aun en la época del "no todavía", "ahora somos hijos de Dios" (1 Jn. 3:2). Nos movemos por lo tanto en el mundo con la gracia y la "libertad de los hijos de Dios", de la misma manera que los hijos nobles se mueven en la propiedad paternal: "el mundo, la vida, la muerte, el presente, el futuro, todo es vuestro; y vosotros, de Cristo y Cristo de Dios" (1 Cor. 3:22-23).

Hacer misión es cooperar "en el Espíritu Santo" por la santificación de todas las cosas, por su *recapitulación* en Cristo y por promover el "acceso" al Padre (Ef. 2:18). Nos convertimos en "colaboradores de Dios" en un amplio sentido de la palabra, participando en el desarrollo de la unidad, de la paz y del amor, hacia los cuales el plan de Dios está dirigido: "como hijos de Dios por la gracia" incorporados en Cristo "por quien es todo y para quien es todo" (Heb. 2:10), y unidos con Él que no solamente "recreó", sino que

---

24   Ver Walter Freytag, *Von Sinn der Weltmission*, p. 213.

"creó" "todas las cosas". Los cristianos estudian y participan en las obras de su Padre y en las de su primogénito Hermano, "en el Espíritu Santo". Y esas obras no son solamente de salvación, sino también de creación. Desarrollan con una disposición doxológica todas las habilidades que han recibido de Él (la mente, la imaginación, el sentido de la belleza), con la certeza que "de Él, por Él y para Él son todas las cosas. ¡A Él la gloria por los siglos! Amén" (Rom. 11:35).

En esta perspectiva, podemos incluir como objetivo indirecto de la misión cristiana, todo aquello que pueda ayudar a un pueblo (al ser humano en general), a desarrollar todas las posibilidades recibidas de Dios, y que pueda llegar a ser todo lo que potencialmente puede ser, como por ejemplo la educación, obras culturales y progreso social. Estos objetivos, claro está, vienen siendo segundos en importancia y urgencia a los precedentes; tienen no obstante, su propio valor, y son como tonos musicales muy particulares en la sinfonía doxológica a la cual el universo entero está llamado a ofrecerle a Dios[25].

Los primeros cristianos ofrendaban a Dios los frutos de su labor (que eran los productos cosechados directamente de la naturaleza), no solamente para santificación, sino también como una ofrenda de sacrificio y alabanza a Dios. También hoy estamos llamados a ofrendar nuestros frutos –de la naturaleza, de nuestra mente y de nuestro laborioso esfuerzo– como una ofrenda de alabanza a Aquel que es el *Alfa* y la *Omega* de todos y todo, por

---

25   Es muy perceptible en el culto ortodoxo la relación íntima entre el hombre y la naturaleza, y puede ser vista por el uso de muchos elementos naturales y por la cantidad de oraciones hechas para objetos materiales; por ejemplo, "los campos" "las viñas", "la santificación del agua", "animales enfermos", "plagas de gusanos", "la bendición de rebaños" y así sucesivamente. Todas estas oraciones están impregnadas del sentido de ese movimiento creativo y recreativo de Dios. Tienen como regla un punto de partida, que consiste en el hecho que Dios es "el constructor y creador de todas las cosas" (oración de la postura de cimientos en una construcción); "el que hizo el cielo y la tierra y todo lo que hay en ellas, y ornamentó a ambas con inefable belleza, como doxología de su gloriosísimo nombre" (oración para plagas de gusanos). Todas estas oraciones concluyen con la afirmación que Él es quien "gobierna", "preserva", "bendice y santifica todas las cosas" (τα σύμπαντα), y a quien "elevamos glorias" por todos los medios. Las peticiones para la santificación de la naturaleza frecuentemente se entretejen con referencias a las verdades espirituales de las Sagradas Escrituras, como por ejemplo, en la "Oración de la vendimia de la viña" se dice: "Tu que te dignaste llamar a tu Hijo Viña", "concede que podamos llegar a formar parte de la verdadera viña por Aquel que nos llamó".
Cada cosa se convierte en una "señal" relacionada con la perspectiva entera del misterio de la redención. Uno puede respirar en toda la atmósfera de nuestro culto litúrgico, la certeza que la doxología de los redimidos no es otra cosa que la participación en la doxología del universo. "Acepta oh Señor, nuestra doxología, la cual te ofrecemos según nuestras capacidades, y junto con todas tus criaturas", repetimos cada mañana, "porque ante Ti se inclina toda rodilla, en el cielo, sobre la tierra y en lugares subterráneos, y todo lo que tiene aliento y toda criatura alaba tu incomprensible gloria" (XI oración de laudes).

cuya voluntad todo "existe y fue creado" (Ap. 4:11).

Debemos recalcar finalmente, que desde una visión ortodoxa, el valor de una obra depende de hasta qué punto fue hecha "para gloria de Dios". Este es el criterio: la intención es lo que importa. "Aunque una obra sea muy humilde" decía San Nicodemo del Monte Athos, "aunque sea mínima (a esto podríamos agregar: que sea totalmente indiferente con respecto al objetivo inmediato de la finalidad misionera) sin embargo, si está hecha con el propósito de agradar a Dios y para Su gloria, tiene por esto infinitamente más valor que muchas obras sofisticadas, magníficas y gloriosas, las cuales están hechas sin esta intención."

Y para concluir, los cristianos, sobre los cuales reposa "el Espíritu de gloria, que es el Espíritu de Dios" (1 Pe. 4:14), y que son "partícipe(s) de la gloria que está para manifestarse" (1 Pe. 5:1), están llamados a proclamar la redención en Cristo, glorificando a Dios con cada acción y obra (Mt. 5:16, 1 Cor. 6:20, 1 Pe. 4:11). Es más, contemplando el rostro del Señor resucitado y su gloriosa esperada segunda venida, y siendo transfigurados "cada vez más gloriosos" (2 Cor. 3:18), están llamados de vivir, de "ser" –ontológicamente– "alabanza de su gloria" (Ef. 1:12).

D. El motivo de la misión

La motivación de la misión se puede ver desde diferentes ángulos: amor a Dios y al prójimo, obediencia al mandamiento del Señor (Mt. 28:19), el deseo de la salvación de almas, anhelo para la glorificación de Dios. Todos estos son, sin duda alguna, significativas motivaciones para la misión; el último está en perfecta armonía con todo lo que ya hemos hablado anteriormente. Creemos, sin embargo, que la motivación esencial de la misión, tanto para el individuo como para la Iglesia en general, debe ser buscada más profundamente. No es simplemente una "tarea altruista", una "obediencia", un "deber", una "expresión de amor". Es una *necesidad interior*. "Es más bien un deber que me incumbe" dijo San Pablo, "¡Ay de mí si no predico el Evangelio!" (1 Cor. 9:16). Todas las demás motivaciones son aspectos de esta necesidad, son motivaciones derivadas de. La misión es una necesidad interior: primero, para el fiel; y segundo, para la Iglesia. La negación de esta necesidad no es simplemente omitir un deber, es una auto negación de sí mismo.

1. La necesidad íntima para el creyente concientizado.

Para el cristiano que ha sido "incorporado" en Cristo y que verdaderamente vive en Él, no le es posible pensar, sentir, desear, actuar o ver al mundo de una manera distinta a como lo hace Cristo. Le es imposible limitar su horizonte a su parroquia, a su ciudad, a su nación, al llamado

"mundo cristiano". Le es imposible ser indiferente a los millones de hombres y mujeres que viven "extraños a las alianzas de la promesa, sin esperanza y sin Dios en el mundo" (Ef. 2:12). Sabe que Dios "creó de un solo principio (una sola sangre), todo el linaje humano" (Hch. 17:26), y "que quiere que todos los hombres se salven y lleguen al conocimiento pleno de la verdad" (1 Tim. 2:4). Sabe también que "Dios, pues, pasando por alto los tiempos de la ignorancia, anuncia ahora a los hombres que todos y en todas partes deben convertirse" (Hch. 17:30).

Este sentimiento del significado del "ahora", urge al misionero. Este "todos y en todas partes" lo impulsa a ver su deber en una dimensión mundial. Esta manera de pensar no tiene nada que ver con esa mentalidad cosmopolita, que induce a hombres a buscar aventuras fuera de su tierra natal y de su propia cultura. Tampoco tiene esa disposición romántica que los conduce a ignorar las necesidades de su tierra natal, la crisis de las "naciones cristianas". Viviendo "en Él", el cual es "el que es" (*el Ὤv*), la realidad absoluta, el misionero permanece siempre realista. Sabe bien que en todas partes hay campo para hacer misión. Se encuentra, no obstante, en una posición que le permite discernir que en algunas regiones las necesidades son más urgentes, y que "los labradores" no llegan a ser ni siquiera "pocos", que existen territorios donde el Evangelio no ha sido predicado, ni siquiera una sola vez. "Pero ¿cómo invocarán a aquel en quien no han creído? ¿Cómo creerán en aquel a quien no han oído? ¿Cómo oirán sin que se les predique? Y ¿cómo predicarán si no son enviados?" (Rom. 10:14-15). Estos cuatro "cómos" encienden su mente y corazón.

El misionero cree que no existe a disposición del hombre un tesoro más valioso que la verdad revelada por Dios. Por eso siente que la gente que más injusticia ha sufrido en nuestro tiempo, son aquellos que han sido privados de la palabra de Dios, no porque ellos mismos hayan rehusado escucharla, sino por la simple razón que los que la han poseído por siglos, han permanecido indiferentes en hacérsela conocer. Siente además que su "honor", su "justicia", su "fe" y su "amor", no pueden ser genuinas, si no trata de hacer algo práctico –lo mejor que pueda– hacia esta dirección. Se siente, igual que el apóstol Pablo, que está "obligado" (*ὀφειλέτης*) a entregarse a sí mismo "a griegos y a bárbaros, a sabios y a ignorantes" (Rom. 1:14). Le es imposible contemplar la cruz, a través de la cual el Señor "levantó consigo a Adán y a toda la naturaleza caída"[26], sobre la cual "extendió sus palmas… y abrazó naciones y pueblos"[27], como afirma constantemente la himnología ortodoxa[28], y al mismo tiempo limitarse a alabar al Crucificado y a pedirle

---

26 *Menaion*, Vísperas, Elevación Universal de la Santa Cruz, 14 de septiembre.

27 *Paraklitikí*, Oda 1, Maitines del Viernes, Tono Segundo.

28 La imagen de la humanidad y el universo entero siendo abrasados por Cristo en la Cruz es frecuentemente repetido en la himnología ortodoxa. Por ejemplo, *"Al extender, Miser-*

Su misericordia, sin compartir el propósito de este sacrificio y su significado cósmico (ver Col. 1:20).

Cuando reflexiona sobre el misterio de Cristo, el revelado por los santos apóstoles y profetas, "que los gentiles son coherederos, miembros del mismo cuerpo y partícipes de la misma promesa en Cristo Jesús por medio del Evangelio" (Ef. 3:6), cuando ve la gloria de Dios, aunque sea "en un espejo, en enigma" (1 Cor. 13:12), siente la necesidad de gritar por todos lados "¡Vengan y vean!" Estos sentimientos, estrechamente relacionados con el significado de la salvación universal a través de la pasión y resurrección son hermosamente expresados en los himnos que cantamos el los maitines de los domingos, como por ejemplo:

> *Vengan todas las naciones,*
> *conozcan el poder de este temeroso misterio,*
> *que Cristo nuestro Salvador, el Verbo desde el principio,*
> *fue voluntariamente crucificado por nosotros y sepultado;*
> *y Resucitó de entre los muertos, para salvar al universo.*
> *A Él es que veneramos*[29]

Cada fiel que vive conscientemente la vida espiritual y que piensa con coherencia, siente que las alabanzas y las doxologías que personalmente eleva hacia Dios son deficientes, que hay todavía tantas razas y lenguas que no participan. Sabe que estas voces del mundo que hacen falta deben también ser agregadas; para que puedan armonizarse con las voces ya existentes, y que toda esta doxología pueda adquirir su melódica belleza y profundidad. Por esta razón, el misionero no puede reposarse, habiendo todavía tantas lenguas que permanecen silenciosas en la alabanza de Dios, y mientras el Señor no reciba su debida gloria de parte de toda la creación.

---

icordioso, tus palmas sobre la Cruz, congregaste a las naciones que estaban lejos de Ti, para que glorificaran tu inmensa bondad" (Menaion, himno Kathisma de Maitines, 14 de septiembre. Cf. Paraklitikí Oda 1, Maitines del Viernes, Tono Octavo, y los himnos Apostija para Laudes, Maitines del Viernes, Tono Séptimo). *"Extendiste tus inmaculadas manos sobre la Cruz, congregando a todas las naciones que proclaman: ¡gloria a Ti Señor!"* (Paraklitikí, Kathisma, Maitines del Viernes, Tono Segundo). Otro expresivo ejemplo es el Exapostilário de Maitines del 14 de Septiembre: *"Hoy es levantada la Cruz y el mundo es santificado, porque Tu que estás entronizado con el Padre y el Espíritu Santo, extendiste en ella tus manos, atrayendo Cristo al mundo entero al conocimiento de Ti; concede gloria divina a quienes ponen en Ti su confianza."*

29   *Paraklitikí*, Laudes de Maitines del Domingo, Tono Tercero. Cf. También el himno Stijerón de Maitines del Domingo, Tono Segundo: *"Alaben naciones y pueblos a Cristo nuestro Dios, quien voluntariamente soportó por nosotros la Cruz y los tres días en el hades; veneren su resurrección de entre los muertos, a través de la cual iluminó todas las extremidades de la tierra."*

Por último, cuando el misionero contempla el final de todo, cuando contempla el objetivo de toda la historia, la "*recapitulación* de todas las cosas en Cristo", "para gloria de Dios Padre", siente una espontánea *necesidad interior* de sintonizar el plan de su vida con el plan de Dios, de orientarse a sí mismo hacia esta dirección, de alabar al Señor y de ser durante toda su vida una viva doxología de Él. El mantener los ojos fijamente en el fin de los tiempos es algo muy vigente en la Ortodoxia, y algo que siempre ha dado un empuje particular a la misión.

Por todas estas razones ya mencionadas, pensamos que para la persona que piensa y vive teológicamente, la participación en la misión no es simplemente una cuestión de "deber", o de "necesidad"; no es tanto un tema de "ética". Es algo mucho más profundo: es una ordenanza existencial. Incorporado en Cristo y viviendo en el Espíritu Santo, no le es posible al misionero pensar y vivir de otra manera.

2. Una imperiosa necesidad para la Iglesia.

Si esta necesidad interior, tal como la describimos anteriormente, es verdad para el fiel, es mucho más válida para la Iglesia, la cual no solamente se ha "incorporado con" sino que "es" el Cuerpo de Cristo, "la plenitud del que lo llena todo en todo" (Ef. 1:23). Una Iglesia sin misión es una contradicción de términos. La Iglesia ha sido "ungida", ha sido "enviada" igual que Cristo (cf. Jn. 17:18), para continuar Su obra: "para anunciar a los pobres la Buena Nueva, me ha enviado para proclamar la liberación a los cautivos y la vista a los ciegos, para dar la libertad a los oprimidos y proclamar un año de gracia del Señor" (Lc. 4:18-19). Ha sido enviada para culminar la obra. Podemos ver el significado de este cumplimiento en la palabra "plenitud" ($\pi\lambda\acute{\eta}\rho\omega\mu\alpha$) (Ef. 1:23). Pero también la definición "católica", la cual no importa la manera en que sea utilizada, ya sea con su significado regional, teológico o metafísico[30], nunca deja de hacer énfasis en la dimensión misionera de la Iglesia.

Por consiguiente, si la Iglesia es indiferente a la obra a la cual fue "encomendada", estaría negándose a sí misma, estaría contradiciendo su esencia, estaría traicionado la lucha que ella misma predica que está haciendo, es decir: la salvación del mundo. Una "Iglesia estática", que carece de visión y de su correspondiente trabajo por la evangelización del mundo entero, difícilmente se le podría reconocer como la "Iglesia, una, santa, católica y apostólica", a la cual el Señor le confió la continuación de Su obra. No estaría en posición de afirmar que glorifica correctamente a Dios,

---

30   John Karmiris, «Ἡ περί Ἐκκλησίας ὀρθόδοξος δογματική διδασκαλία» *(La enseñanza dogmática ortodoxa de la Iglesia)*, Atenas, 1964, p. 25ff.

ni que se constituye como "señal" de Su gloriosa venida. La resonancia del último clamor de las Sagradas Escrituras "ven Señor Jesús" (Ap. 22:20), el cual vibra constantemente en el culto litúrgico cristiano, no se puede separar de la visión "escatológica"; y esta visión no puede ser separada de la certeza profética que el Evangelio "se proclamará… en el mundo entero, para dar testimonio a todas las naciones. Y entonces vendrá el fin" (Mt. 24:14).

Hay un punto más que puede ser anotado de nuestra vida litúrgica. La oraciones que los fieles están llamados a hacer en toda Divina Liturgia "por los catecúmenos", "que el Señor tenga misericordia de ellos, que les enseñe la palabra de la verdad, que les revele el Evangelio de la justicia, que los una a Su santa, católica y apostólica Iglesia"[31], no es simplemente una reliquia de la Iglesia primitiva, sino más bien un constante recordatorio de la verdadera estructura de la comunidad cristiana adoradora de Dios. Para que cada "Iglesia" regional pueda estar orgánicamente conectada con la una Iglesia apostólica, para que pueda ser fiel a su tradición "católica", para que rinda culto de forma "ortodoxa", deberá aspirar extender constantemente la doxología de Dios. Deberá tener catecúmenos ininterrumpidamente, y estar orando "para que ellos, con nosotros (los fieles) glorifiquen el honorabilísimo y majestuoso nombre"[32] de Dios. Elementos básicos de la Ortodoxia son el fuerte anhelo de la propagación de la doxología de Dios y una tendencia dinámica de culto. La presencia de estas oraciones durante la Divina Liturgia nos recuerda incesantemente la dimensión misionera de cada comunidad cultual, y nos hace el llamado de revisar cada concepto estático del culto litúrgico ortodoxo.

Y por terminar, debemos recalcar los siguientes puntos en relación con la Iglesia Ortodoxa, la cual tiene a la resurrección como centro de su vida y de su culto litúrgico. Por esta razón, la ampliación del horizonte hacia una misión ecuménica está relacionada directamente con el hecho que después de la resurrección, se le otorgó "todo poder en el cielo y en la tierra" (Mt. 28:18), el cual debe ser predicado "a todas las gentes" (Mt. 28:19). Es por lo tanto contradictorio, por un lado cantar de una manera tan intensa todos los sucesos relacionados con la resurrección, y por el otro, pasar por alto el mandamiento por excelencia del Resucitado, de proclamar Su victoria "a toda la creación" (Mc. 16:15).

Entre más reflexiona uno sobre el misterio de la Iglesia, su vida, su culto, su tradición, más queda uno persuadido que *la misión, es decir la transmisión de la palabra y de la gracia de Dios, la manifestación de la gloria de*

---

31   "Oración por los Catecúmenos" *Divina Liturgia de San Juan Crisóstomo.* Cf. *Liturgia de San Basilio Magno* y *Liturgia de los Dones Presantificados.*

32   Ver nota 31.

Dios, la cual se reveló "en Cristo" y que es esperada hasta "los confines de la tierra" y hasta el final de los tiempos, es para ella una profundísima necesidad interna.

Cuando estudiamos teológicamente y dentro de esta perspectiva el objetivo y la motivación de la misión, nos queda claro que debemos acentuar el llamado de la Iglesia para hacer misión, no solamente, o más bien no tanto en términos de razones "externas", (como por ejemplo la existencia de tribus todavía no civilizadas, la extensión del hambre, el analfabetismo, la propagación del "ateísmo"), sino más precisamente como un *llamado al arrepentimiento*: para redescubrir el verdadero significado de la Iglesia; para vivir el misterio de nuestra incorporación en Cristo; para una verdadera orientación en frente al futuro, tanto el inmediato como el más lejano; para una correcta (ortodoxa) doxología de Dios.

4

Teología, Misión y Cuidado Pastoral

(1976)

«Θεολογία, Ἱεραποστολή καί Ποιμαντική» *Πρακτικά τοῦ Δευτέρου Συνεδρίου Ὀρθοδόξου Θεολογίας* ("Teología, misión y pastoral", Memorias del segundo congreso ortodoxo de teología), Atenas 12-19 de agosto 1976, Atenas 1980, pp. 291-309. • "Theology, Mission and Pastoral Care", *Procès-verbaux du Deuxiém Congrès de Theologie Orthodox à Athènes*, 12-19 Atenas 1976, Atenas, 1978, pp. 292-311. • Reimpreso en *The Greek Orthodox Theological Review* 22 (1977), pp. 157-180. • "Theologie, Mission et Pastorale" reimpreso en *Proche Orient Chrétien* 26 (1979). • Ἱεραποστολή στα ἴχνη τοῦ Χριστοῦ. Θεολογικές μελέτες καί ὁμιλίες, (Apostolado, hacer misión tras los pasos de Cristo. Estudios y conferencias teológicas), Atenas, 2007, cap. 4, pp. 97-132. • "Mission in Christ´s Way, An Orthodox Understanding of Mission", Holy Cross Orthodox Press, Brookline, 2010, cap. 4, pp. 65-96.

ientras el pensamiento teológico expresa y dirige los hechos de la Iglesia, el contacto directo con su vida y con los problemas específicos que incumben a la Iglesia militante ofrecen nuevas temáticas y continuas inquietudes en la investigación teológica. Aunque teóricamente esto pueda parecer evidente, no lo es tan perceptible en la realidad contemporánea. En bastantes Iglesias Ortodoxas locales se está presentando una equivocada separación entre la vida eclesiástica y el pensamiento teológico. Muchos teólogos trabajan sin correlacionar su trabajo con la Iglesia y, todavía más, clérigos se apresuran a ejercer su influencia en toda dirección sin un previo pensamiento teológico, sin sospechar que los problemas que están manejando no son tan simples como parecen, sino que tienen correlaciones e interdependencias teológicas. Ya es hora que deje de ser una simple diagnosis, esta falta de coordinación entre la investigación teológica y la práctica de la misión pastoral, y que rápidamente haya un correcto matrimonio entre ellas dos.

En el campo de la teología académica, la ya establecida y clásica estructura de las cuatro ramas teológicas (sistemática, hermenéutica, histórica y práctica) junto con sus cursos especiales, tiende a crear la impresión que la misión y la pastoral son el objeto de solamente algunas cátedras. Para la tradición ortodoxa, sin embargo, la orientación de la teología íntegra es –y debe serlo– la expresión del autoconocimiento de la Iglesia para poder hacer realidad de la mejor manera su apostolado en el mundo.

El tema de esta ponencia no será la misión y la pastoral ortodoxa en general, sino un intento de explorar el tema central de este congreso, en especial su segunda parte: "La teología como expresión de la presencia de la Iglesia en el mundo" y su relación con el trabajo misionero y pastoral. Intentaré enfatizar sobre algunos aspectos cruciales del problema y de resaltar sus implicaciones prácticas, con miras a: (a) Clarificar los significados de misión y pastoral en un contexto contemporáneo. (b) Constatar algunas situaciones traumáticas de la realidad eclesiástica contemporánea. (c) Enfatizar las características básicas de la presencia y del testimonio ortodoxo.

A. Significado y unidad de la misión y del trabajo pastoral en la realidad actual

1. La morfología religiosa del mundo actual.

En el pasado, las fronteras entre el "mundo cristiano" y el "no cristiano" eran relativamente bien definidas. Debido a esto proviene la distinción clásica entre misión y pastoral. La primera se refería al mundo no cristiano y comprendía la predicación, la conversión a la fe, mientras la segunda se concernía con la edificación espiritual y la santificación de los miembros de la Iglesia.

En nuestros tiempos sin embargo, estos simples patrones han sido profundamente alterados por nuevos factores. Las fronteras entre "cristiano" y "no cristiano" no pueden ser representadas con líneas que se dibujan sobre mapas geográficos. Más aún, las fronteras entre creencia y no creencia no son tan estables y categóricas como parecieron serlo en el pasado. Atraviesan el interior de las aún llamadas comunidades "cristianas". Entre los "cristianos" existen también masas de gente indiferente e incrédula. Frecuentemente se encuentran fronteras incluso en los mismos corazones de personas, en su historia y desarrollo personal. Muchos "fieles" de ayer, hoy flaquean entre creencia e incredulidad; y otros "incrédulos" se forcejean con esperanza entre incredulidad y creencia. Un gran porcentaje de los casos está expresado en el clamor del padre del niño poseído "¡creo, ayuda a mi poca fe!" (Mc. 9:24).

La morfología religiosa del mundo actual es muy compleja. Desde el punto de vista cristiano, podemos distinguir gráficamente varias capas:

(a) Las multitudes que han pertenecido durante mucho tiempo a otros sistemas religiosos, los cuales han influenciado sus culturas y consciencias. Se trata de centenares de millones de personas que viven con base en los criterios dictados por grandes religiones como el Hinduismo, el Budismo, el Islam, el Sintoísmo, etc. Esta compleja capa presenta varias diferencias fenomenológicas, principalmente entre las religiones monoteístas y proféticas, por un lado, y las de los grandes sistemas Hindúes o de las expresiones de religiosidades primitivas, por el otro.

(b) La capa de las masas que rechazan toda experiencia religiosa como algo innecesario, inútil o nocivo. En esta capa es fácil distinguir entre grupos más fanáticos y agresivos, los cuales odian y luchan contra toda clase de expresión religiosa, y las más grandes masas que simplemente desprecian la religión como si fuera algo oscurantista y anacrónico.

(c) Una particularmente numerosa capa está compuesta de todos aquellos que se han desarraigado de sus antiguas creencias religiosas y viven al ritmo de la era tecnológica moderna, con cada vez menos referencia y relación con las ideas religiosas. No las desprecian, sino que simplemente no muestran interés en ellas; no las consideran indispensables fundamentos de vida. En esta capa también hay una gran variedad según sus actitudes, las cuales depende del origen, la forma y la intensidad de sus subconscientes religiosos. Un grupo particularmente grande dentro de la categoría de los religiosamente indiferentes está compuesto por los que tienen raíces cristianas, los que tienen un pasado cristiano por sus condiciones étnicas y familiares. No se interesan seriamente por otra forma de fe. Están como suspendidos entre faltos de fe e incrédulos, disfrutando de algunas tradiciones cristianas como parte de un folclor.

(d) Y por terminar, no podemos olvidarnos de aquellos que han recibido el Evangelio y luchan por vivirlo, aunque sea con frecuentes caídas. Esta crisis general y confusión del mundo moderno se extiende también a las filas de los cristianos, lo que crea una peculiar "incredulidad de los creyentes".

La Iglesia tiene "deber" (Rom. 1:14) para con todas estas categorías de gentes, y "dar testimonio del Evangelio de la gracia de Dios" (Hch. 20:24). La problemática especial, dentro de la cual se encuentra esta relación dialéctica entre fe y falta de fe en cada uno de los casos anteriores, diferencian claro está el marco, el método y el contenido de la actividad misionera. Un capítulo básico para la deliberación teológica es el correcto entendimiento de la experiencia religiosa a nivel mundial, además de la interpretación de los grandes sistemas religiosos, los cuales continúan influenciando a casi la mitad de la humanidad. La actitud de los cristianos ante estos sistemas religiosos varía muchísimo, desde la enteramente positiva hasta la radical negativa. Para la mayoría de los ortodoxos, las religiones representan la persistente búsqueda de la humanidad por la más alta realidad, y el más profundo misterio de la existencia humana[1]. Contienen algunos rastros de la manifestación de Dios (θεοφανία) pero también muchas señales de deterioro y de influencias demoníacas. Se componen, me parece, como de acumuladores eléctricos, plenas de experiencias vitales, de intuiciones y de

---

1   Para un perfil histórico de las diferentes posturas cristianas en frente de las otras religiones y una detallada bibliografía ver: A. Yannoulatos, *Various Christian Approaches to the Other Religions: A Historical Outline*, Atenas 1971. Existe un ensayo del mismo autor sobre las consideraciones teológicas más generales sobre este tema, basados en la problemática contemporánea, ver: "Towards World Community", presentado en el *Multilateral Dialogue Between Men of Living Faiths*, que se llevó a cabo en Colombo, Sri Lanka, 17-24 de Abril, 1974. *Ecumenical Review* 16 (1974), pp. 619-36; ver también la edición aumentada "Towards a Koinonia Agapes" en S. K. Samartha, ed., *Towards World Comunity; The Colombo Papers*, Geneva, 1975, pp. 45-64. Ver también mi libro: *Facing the World. Orthodox Christian Essays on Global Concerns*, New York-Geneva, 2003. En Griego, con multitud de notas: Πρὸς Παγκόσμιον Κοινότητα. Δυνατότητες καί Εὐθῆναι ἐξ Ἐπόψεως Χριστιανικῆς *(Hacia una comunidad mundial. Posibilidades y responsabilidades desde el punto de vista cristiano)*, Atenas 1975. Reimpreso en Ἐπιστημονικήν Ἐπετηρίδα τῆς Θεολογικῆς Σχολῆς τοῦ Πανεπιστημίου Ἀθηνῶν, τόμος Κ΄ [Reimpreso en nuestro tomo Παγκοσμιότητα καὶ Ὀρθοδοξία, Ἀκρίτας, ἔκδ. 5η, Atenas 2004]. Para otras características perspectivas Ortodoxas ver: L. Philippidis, *Religionsgeschichte als Heilsgeschichte in der Weltgeschichte*, Atenas, 1953. L. Philippidis, Σύγχρονοι θρησκειακαὶ κινήσεις πρὸς πανανθρώπινην ἑνότητα *(Movimientos religiosos contemporáneos para la unión de toda la humanidad)*, Atenas, 1966. N. Arseniev, *Revelation of Life Eternal*, New York, 1965, primordialmente pp. 27-59. G. Khodr, "Christianity in a Pluralistic World – The Economy of the Holy Spirit", *Ecumenical Review* 23 (1971), pp. 118-128. E. Vasiliescu, "La Théologie Orthodox Roumaine Dans ses Rapports Avec les Religions Non-chrétiennes", *De la théologie Orthodox Roumaine des origines à nos jours*, ed. Par l´Église Orthodoxe Roumaine, Bucharest, 1974, pp. 376-391.

sublimes inspiraciones, que han sido cargados con los rayos del Sol de la Justicia. Han ayudado a muchos pueblos que tuvieran algo de luz, o al menos algunos reflejos de luz en su camino.

Pero el tema más crucial de la teología ortodoxa moderna es el fenómeno de la secularización[2], de la absorción del hombre por los encantos del "mundo" y de "esta era". El antropocentrismo egocéntrico, al ignorar todos los valores transcendentales, arrastra continuamente a su remolino de la consciencia y el pensamiento universal, los criterios evaluadores de la vida, y todas las estructuras sociales, políticas, económicas y culturales. Se trata de una nueva clase de "herejía", que enajena radicalmente el sentido del mundo y del hombre, y que requiere meticuloso análisis, evaluación y confrontación.

2. Verdades básicas en relación con el testimonio cristiano.

El pensamiento teológico ortodoxo de los últimos años ha señalado y recalcado algunas verdades con relación al deber de dar un testimonio cristiano "a todas las naciones"[3], específicamente sobre:

---

2   Para un análisis del significado y carácter de la secularización desde un punto de vista occidental, ver entre otros: Harvey Cox, *The Secular City–Secularization and Urbanization in Theological Perspective*, New York, 1965. El simposio J.F. Childen – D.B. Haned, (eds), *Secularisation and the Protestant Prospect*, Philadelphia, 1970. J. Morel, (Hrsg.), *Glaube und Säkularisierung*, Innsbruck–Wien–München, 1972. Para ensayos Ortodoxos sobre varios aspectos sobre este tema ver: S. Agourides, Τὸ Εὐαγγέλιον καὶ ὁ σύγχρονος κόσμος *(El Evangelio y el mundo contemporáneo)*, Thessaloniki, 1970. K. Papapetrou, "Die Säkularisation und die Orthodox Kirche Griechenlands", *Kyrios* 3 (1963), pp. 193-205. O. Clément, Ἡ Θεολογία μετὰ τὸν «Θάνατο τοῦ Θεοῦ». Δοκίμια γιά μίαν ἀπάντηση τῆς Ὀρθόδοξης Ἐκκλησίας στὸν σύγχρονο ἀθεϊσμό *(La Teología después de "La Muerte de Dios". Ensayos sobre la respuesta de la Iglesia Ortodoxa sobre el ateísmo)*, Atenas, 1973.

3   Ver artículos publicados en *Porefthendes–Go Ye*, desde 1959-1969. Ver también A. Schmemann, "The Missionary Imperative in the Orthodox Tradition", en G. H. Anderson, ed. *The Theology of the Christian Mission*, New York, 1961, pp. 250-257. N. Nissiotis, "The Ecclesiological Foundation of Mission", *The Greek Orthodox Theological Review* 8 (1962), pp. 22-52. A. Yannoulatos, "The purpose and Motive of Mission – From an Orthodox Point of View", *International Review of Mission* 54 (1965), pp. 298-307, texto completo, Athens 1968. Idem., Ἀδιαφορία γιὰ τὴν Ἱεραποστολή σημαίνει ἄρνησι τῆς Ὀρθοδοξίας *(Indiferencia por la misión significa negación de la Ortodoxia)*, Atenas 1972, 1973. Reimpreso en el periódico Ἐκκλησία. E. Voulgarakis, Ἡ Ἱεραποστολή κατὰ τὰ Ἑλληνικὰ κείμενα ἀπὸ τοῦ *1821* μέχρι τοῦ *1917*, *(La Missión según los textos Griegos, desde 1821 hasta 1917)*, Atenas 1972. E. Voulgarakis, Ἡ ἀγάπη ὡς σύγχρονη ἑρμηνεία τοῦ μυστηρίου τῆς σωτηρίας *(El amor como interpretación contemporánea del misterio de la salvación)*, Atenas 1974. Ver también los ensayos en "The Second International Conference of Orthodox Theology: The Catholicity of the Church. St. Vladimir's Seminary, September 1972", *St. Vladimir's Theolgical Quarterly* 17 (1973), Nos. 1-2. Las posturas básicas sobre la misión están resumidas en las conclusiones de varias conferencias teológicas Ortodoxas organizadas por el WCC: "Salvation in Orthodox

(a) La misión pertenece a la Iglesia y es parte esencial de su naturaleza. Es la ofrenda de la salvación hacia la humanidad, es la continua transfusión de una nueva calidad de vida a la sociedad humana "para que tengan vida y la tengan en abundancia" (Jn. 10:10).

(b) El Evangelio está dirigido a todas las gentes. La obra de la Iglesia por lo tanto, permanece incompleta si se restringe solamente a algunas áreas geográficas o esferas sociales. Todo el mundo habitado es un campo de acción, tanto en los lugares donde la buena nueva es bien recibida, como en aquellos donde a primera vista parece ser que la rechazan.

(c) Los logros misioneros no han sido el deber de una sola generación, como por ejemplo el de la era apostólica, sino que constituye una obligación de los cristianos de todas las épocas. La Iglesia continúa su misión, aun siendo herida por las diferentes herejías y por las tribulaciones de las persecuciones en su contra. El martirio es una expresión de la vitalidad de la Iglesia, además de ser fuente de nuevo auge y renovación.

(d) Aunque la obra misionera en su forma más absoluta es llevada a cabo por personas carismáticas, a final de cuentas, no deja de ser un deber de todos los miembros de la Iglesia; todos deben contribuir y participar, ya sea directa o indirectamente. Es una expresión esencial del carácter de la espiritualidad ortodoxa, cuyos puntos básicos de referencia son la Resurrección y Pentecostés.

(e) El objetivo de la misión no es conquistar el mundo, no es la imposición de un estado cristiano que ejerce control sobre todo, sino la transmisión de la palabra de la gracia de Dios, revelando su gloria que "es en Cristo, revelada y esperada". No consiste en incrementar la fuerza de una Iglesia organizada, sino el servicio a la gente en toda humildad, apuntando a "su salvación". Su objetivo es la realización de la presencia de Dios, quien es Amor.

Theology" Athens-Penteli, May, 1972; "Confessing Jesus Christ Today", Bucharest-Cernica, June, 1974; "Confessing Christ Through the Liturgical Life of the Church Today", Etchmiadzin-Armenia, September, 1975. Para las dos primeras ver el folleto: Orthodox Contributions to Nairobi, (Los papeles fueron recopilados y presentados por The Orthodox Task Force of the World Council of Churches) Geneva, 1975, No. 92. Los tres estudios también fueron publicados en Francés en el periódico *Contacts* 27 (1975). Para un resumen de las posiciones sobre misión y del testimonio cristiano en general en los círculos ecuménicos, ver *Reports of the Bangkok Conference on Salvation Today: Bangkok Assembly 1973*, Geneva, 1973. "Symposium on Evangelism", *International Review of Mission* 63 (1974), January. D. M. Paton, ed., *Breaking Barriers. Nairobi, 1975: The Official Report of the Fifth Assembly of the World Council of Churches, Nairobi, 23 November–10 December, 1973*, London-Grand Rapids, 1976, especialmente pp. 41-57, 70-85. "The Nairobi Assembly – Implication for Mission", *International Review of Mission* 65 (1976), January.

(f) Ya que la vendida del reino de Dios constituye el fin de la historia, y que el prerrequisito de la Segunda Parusía es que el Evangelio haya sido proclamado "en el mundo entero, para dar testimonio a todas las naciones" (Mt. 24:14), la misión tiene por lo tanto una función básica de la realidad histórica, teniendo dimensiones escatológicas.

3. Crecimiento cualitativo y responsabilidad pastoral.

La continua aportación del Evangelio, no está dirigida únicamente a lo largo y ancho del mundo habitado, sino también hacia la profundidad de cada alma, hacia su esencial reformación. El crecimiento de la Iglesia no se da tanto con la adquisición de nuevos miembros, sino más bien con conducir a los ya bautizados a una vivencia más profunda del misterio de la fe y del amor. Podríamos considerar al primero como un crecimiento cuantitativo, y al segundo como un *crecimiento cualitativo*. Y es exactamente hacia este punto que se interesa la *responsabilidad pastoral* de la Iglesia[4], "para la adecuada organización de los santos en las funciones del ministerio, para edificación del cuerpo de Cristo" (Ef. 12-13)[5]. Sin un cuidado pastoral, la vida principiante de los creyentes, la cual surge con la aceptación del Evangelio y el bautismo, se torna anémica y se marchita. La vida en Cristo, como cada forma de vida, debe vencer la muerte diariamente. La gracia y el

---

4   Entre las más generales obras sobre Pastoral, ver N. Kalogerá, *Ἡ ποιμαντική (La pastoral)*, Atenas 1883. Nectarios Kefalás, *Μαθήμα Ποιμαντικῆς (Lecciones sobre pastoral)* Atenas 1898. D. Moraítou, *Εἰσαγωγὴ εἰς τὴν ποιμαντικήν (Introducción a la pastoral)*, Atenas 1961. Jerónimo Kotsonis, *Παραδόσεις Ποιμαντικῆς (Tradiciones de pastoral)*, Thessaloniki 1961. K. Mouratídou, *Χριστοκεντρικὴ Ποιμαντικὴ ἐν τοῖς ἀσκητικοῖς τοῦ Μ. Βασιλείου (Pastoral Cristo-céntrica en las obras ascéticas de San Basilio Magno)*, Atenas 1969. En el área de Psicología Pastoral ver: J. Kornaráki, *Τὸ πρόβλημα τῶν σχέσεων ποιμαντικῆς φροντίδος καὶ ψυχοθεραπείας ἐξ ἀπόψεως Ὀρθοδόξου (El Problema de las relaciones entre el cuidado pastoral y la psicoterapia desde una perspectiva ortodoxa)*, Atenas 1957. J. Kornaráki, *Ἡ ἐν ταῖς ἐπιστολές Ἰσιδώρου Πηλουσιώτου περιεχομένη ποιμαντικὴ ψυχολογία (La psicología pastoral contenida en las cartas de San Isidro de Pilusio)*, Atenas 1958. J. Kornaráki, *Ἡ βίωσις τοῦ πάθους κατὰ τὴν διδασκαλίαν τῆς Ἁγίας Γραφῆς (La Vivencia de la pasión según las Sagradas Escrituras)*, Atenas 1960. J. Kornaráki, *Στοιχεῖα νηπτικῆς ψυχολογίας (Elementos de la psicología néptika)*, Thessaloniki 1963. Del mismo autor, *Ἡ νύρωσις ὡς «Ἀδαμικὸν Πλέγμα» (La neurosis como "complejo de Adán")*, Thessaloniki 1966. W. L. Norhtridde *Ψυχολογία καὶ τὸ ἔργον τῆς καθοδηγήσεως τῶν ψυχῶν (La psicología y el trabajo de guiar almas)*, traducido al Griego por S. Agourídou, Thessaloniki 1959. G. Kapsanis, *Θέματα Ἐκκλησιολογίας καὶ Ποιμαντικῆς (Temas de eclesiología y de pastoral)*, Thessaloniki 1975. G. Kapsanis, *Ἡ ποιμαντοικὴ διακονία κατὰ τοὺς Ἱεροὺς Κανόνας (El cuidado pastoral según los santos cánones)*, Piraeus 1976. A. Stavrópoulos, *Ποιμαντικὴ τῶν μελλονύμφων (Pastoral premarital)*, Atenas 1973. Para las tendencias en la teología Rumana, ver: A. L. Moisiu, *"Problèmes de théologie pastoral dans la littérature théologique de ces dernières décennies", De la thèologie Orthodox roumaine des origines à nos jours*, Bucharest, 1974, pp. 440-52.

5   El texto de Efesios 4:11-16 expresa de manera clara y profundamente conmovedora la orientación del trabajo "apostólico", "evangélico" y "pastoral".

pecado, el progresar hacia arriba y el tener caídas trágicas, son condiciones conocidas por todos nosotros. El carácter de la vida cristiana permanece en todo momento dinámico; es una continua superación a todos los elementos profanos que hay dentro de nosotros, fijando la mirada de nuestra alma al Santo de los santos; a través de nuestra participación mística en su muerte y resurrección, y continuamente encomendando nuestra vida en Sus manos. En las palabras de San Basilio: "esta es la definición del cristianismo: la imitación a Cristo de acuerdo con la medida de Su encarnación y de acuerdo con la inclinación de cada quien"[6]. Ya que la pastoral busca precisamente la continua transformación de los fieles en Cristo, "de gloria a gloria" (ἀπὸ δόξης εἰς δόξαν, 2 Cor. 3:18), a la adquisición del Espíritu Santo y finalmente a la deificación[7], es por consiguiente la dimensión vertical del esfuerzo humano, tanto de altura como de profundidad.

El crecimiento "cualitativo" de la Iglesia local tiene consecuencias misioneras inmediatas. No solamente porque es conductivo a la creación de un cuerpo saludable y dinámico, que transmite espontáneamente el Evangelio a su entorno, sino también porque la genuina fe y amor de un hombre trae consecuencias beneficiosas a toda la humanidad, la cual comparte la misma naturaleza humana. Como decía en forma muy característica el gran asceta Ruso Serafín de Sarov, "adquiera paz en sí mismo, y miles a su alrededor se salvarán"[8].

La misión y la pastoral marchan característicamente a la par en todas las comunidades ortodoxas, las llamadas "misioneras". El paciente trabajo que se está llevando a cabo en este momento por los ortodoxos en Corea o en varios países Africanos, combinan armoniosamente ambas de estas prácticas; es decir la ayuda y fortalecimiento espiritual de los pocos creyentes, además de atraer nuevos cristianos. El incrementar y el fortalecer a la comunidad

---

6   San Basilio Magno, *Reglas largas* 43, PG 31:128B.

7   Entre las varias obras sobre este tema, ver: V. Lossky, *Thèologie mystique de l'Église d'Orient*, Paris 1944. A. Theódoros, Ἡ περὶ θεώσεως διδασκαλία τῶν Ἑλλήνων Πατέρων τῆς Ἐκκλησίας μέχρις Ἰωάννου τοῦ Δαμασκηνοῦ (*La Enseñanza de la deificación en los Padres Griegos, hasta San Juan Damasceno*), Atenas 1956. P. Bratsiótis, *Die Lehre der Orthodoxen Kirche über die Theosis des Menschen*, Brussels, 1961. M. Lot-Borodine, *La déification de l'homme selon la doctrine des pères Grecs*, Paris 1970. G. Mantzaridis, Ἡ περὶ θεώσεως τοῦ ἀνθρώπου διδασκαλία Γρηφορίου τοῦ Παλαμᾶ (*La Enseñanaza de San Gregorio Palamás sobre la deificación del hombre*), Thessaloniki 1963.

8   Irene Gorainoff, *St. Seraphim of Sarov*, traducido al griego por P. D. Skouteris, Atenas 1975, p. 255. Cf. El comentario de San Cirilo de Alejandría: "porque aquello que está adeudado al creyente merece ser con mayor razón obsequiado a toda la naturaleza". Comentario al Evangelio de San Juan, 7, 24, PG 73:696. Ver también a K. Papapétros, Ἡ οὐσία τῆς Θεολογίας. Συστηματικὴ μελέτη ἐπὶ ἑνὸς πατερικοῦ ἑρμηνευτικοῦ ἔργου (*La esencia de la Teología. Estudio sistemático sobre una obra hermenéutica de patrística*), Atenas 1970, p. 149.

ortodoxa son dos actividades paralelas y concurrentes, y la una asiste a la otra. El apóstol Pablo epigramáticamente acentuaba a los presbíteros de Éfeso, por un lado, que él predicaba intensamente "dando testimonio tanto a judíos como a griegos para que se convirtieran a Dios y creyeran en nuestro Señor Jesús" y, por el otro, les decía "que durante tres años no he cesado de amonestaros día y noche con lágrimas a cada uno de vosotros" (Hch. 20:21, 31).

Es notable también la terminología y las imágenes de la vida "pastoral" usadas en el Nuevo Testamento con comparaciones misioneras, "también tengo otras ovejas, que no son de este redil; también a esas las tengo que conducir y escucharán mi voz; y habrá un solo rebaño, un solo pastor" (Jn. 10:16; cf. 1 Pe. 2:25). Estas otras ovejas, es decir hombres encorralados en otros sistemas y en otros campos de pensamiento, ya pertenecen al Señor del todo, y deben "regresar" a su corral, a la Iglesia. Las palabras "el regreso" (ἐπιστροφή) y "ellos regresan" (ἐπιστρέφουσι), son usadas para designar la conversión de los gentiles a la fe. La categoría del "extraviado" (ἀπωλολότος) y del "errado" (πλανωμένου), comprende no solamente aquellos que vinieron a la Iglesia y posteriormente la rechazaron, sino también aquellos que desde siempre "deambulan" en bosques oscuros y en caminos espesos de religiones instintivas. El deber primordial de la Iglesia permanece, por lo tanto, primero en "buscar" en todas las direcciones y, segundo, en "salvar lo que estaba perdido".

Pienso que es ya muy evidente cómo la misión y la pastoral son interdependientes y auto complementarias. Ambas constituyen un único deber. Las polarizaciones entre "al interior" y "en el exterior", entre "primero nosotros y después los demás", entre misión y pastoral son, por lo tanto, hoy día, totalmente injustificables. No es posible que se pase por alto la necesidad de una seria pastoral interna, como tampoco es posible permitir que este inmediato trabajo pastoral paralice el testimonio cristiano alrededor del mundo, ni que justifique una inercia misionera. La correcta formulación del problema no es "o es esto o es aquello" sino "tanto para esto y tanto para aquello". "Y de este modo seréis mis testigos en Jerusalén, en toda Judea y Samaria, y hasta los confines de la tierra" (Hch. 1:8).

B. Situaciones traumáticas que inhiben el testimonio Ortodoxo

Cuando, sin embargo, después de haber hablado de todo este análisis y de estas consideraciones teológicas, llegamos finalmente a ver la realidad actual, encontramos que nuestra vida eclesiástica expone muchas situaciones traumáticas las cuales inhiben peligrosamente tanto su misión como su pastoral. En estos encuentros ecuménicos, los teólogos ortodoxos

frecuentemente tenemos la tendencia restarles importancia a estas situaciones y de resaltar las condiciones dentro de la Iglesia Ortodoxa. Pero en una conferencia pan-ortodoxa como esta, es menester reconocer con serenidad la realidad y proceder hacia una verdadera autocrítica. Lo que sigue no quiere decir que tiene que ver con todos. Existen afortunadamente benditas excepciones. Por otro lado, en los cortos parágrafos que siguen no me propondré adentrarme en las raíces y causas, debido a que algo así requeriría un extenso análisis histórico y social. Me limitaré simplemente a dar algunas cuestiones.

1. *El nivel espiritual del clero.*

Se puede detectar una cierta debilidad espiritual en el cuerpo *clerical*, el cual es el principal portador del mensaje. Se puede notar por lo general, una enorme brecha entre las descripciones de la grandiosidad del apostolado sacerdotal, por un lado, y de la realidad cotidiana por el otro. Muchos clérigos aparentemente predican una cosa y viven otra; mantienen una religiosidad superficial de tipo ceremonial, carente de una atmosfera de amor, de sensibilidad espiritual y de libertad. Existen cuestiones críticas que esperan una responsable confrontación teológica. ¿Qué impide a muchos trabajadores de la Iglesia que florezcan como personalidades? ¿Qué conduce a otros al descorazonamiento y a la desesperación? ¿Qué detiene a personas serias que se hagan sacerdotes? Es un secreto ya comúnmente conocido que muchos sacerdotes viven bajo condiciones de opresión y falta de libertad, porque a pesar del carácter sacramental de la Iglesia, dentro de su estructura organizacional hay también poderes seculares que frecuentemente transforman las relaciones entre obispos y sacerdotes en relaciones que se parecen más a las relaciones entre señores feudales y siervos.

El tema no consiste en formular acusaciones en contra de un grupo A u otro grupo B, –porque además nosotros mismos los obispos somos con frecuencia el producto de una determinada mentalidad–, sino de revisar la situación a la luz de una autentica tradición ortodoxa. El aspecto más doloroso de esta cuestión es que aunque desde hace bastante tiempo se han ido constatando varias causas patógenas, la situación del clero en lugar de mejorar, está empeorando. Es menester que se investigue rigurosamente, y si es necesario que se tomen soluciones osadas, para no quedarnos en una situación en la que no hay otra alternativa que la de ordenar a personas de bajo nivel educativo[9], y desafortunadamente, no sólo en el ámbito educativo*.

---

9 Muy interesante información estadística se puede ver en A. Youssides, *Αἱ προσελεύσεις εἰς τὸν κλῆρο ἐν τῇ Ἐκκλησία τῆς Ἑλλάδος κατὰ τὰ ἔτη 1950-1969 (Στατιστικὴ καὶ κοινωνιογραφικὴ ἔρευνα) (La Afluencia al Clero en la Iglesia de Grecia Durante los Años*

[…]

Y por terminar, no es correcto pasar por alto la humana constitución del clérigo, ni lo frágil que es el carácter humano. Sabemos las exigencias que la sociedad tiene de los clérigos, y la austeridad que tiene en sus juicios hacia ellos. Más allá de dar descripciones de modelos ideales, la teología debe tratar a cada miembro del clero "filantrópicamente"; debe verlo como un ser humano con sus propias luchas personales, sujeto a debilidades y decepciones, y debe dedicarse seriamente con la intención de cómo fortalecerlo y apoyarlo. El cuidado pastoral hacia los clérigos es la más desatendida forma de pastoral. Sin una apropiada y continua renovación del clero, todos los planes de pastoral y de misión quedarán destinados a quedarse infructuosos.

2. La languidez de la teología contemporánea.

En la teología contemporánea también se siente una especie de atonía espiritual. Se presenta frecuentemente como acorralada dentro de un marco académico y con lenguaje demasiado técnico. No logra penetrar la profundidad de los problemas que presentan las nuevas corrientes de pensamiento, de ciencia, de política o por la reintroducción de filosofías de pueblos y culturas asiáticas, las cuales ejercen en nuestra época un peculiar encantamiento. En otros momentos nos ata inconscientemente el temor de ofender el mal ya establecido, no vaya ser que incurramos en desagradar a los poderosos, en arriesgar la pérdida de privilegios. En otras ocasiones se crean polarizaciones obsesivas y oposiciones personales, las cuales dificultan un diálogo fructífero que podría trascender las opiniones subjetivas y conducir a una más alta síntesis. Expresamos opiniones sin un concienzudo y pertinente estudio, sin la indispensable madurez dentro de una prolongada reflexión

---

1950-1969) (Una investigación Estadística y Sociológica), Thessaloniki, 1975. Cf. Un análisis por D. Savramis, *Die soziale Stellung des Priesters in Griechenland*, Leiden, 1968.

* Con el objetivo de encender una discusión, hago mención de algunas propuestas, que están todavía sin desarrollar: (a) Una continua reeducación sistemática del clero, considerando las nuevas realidades del mundo y la vasta experiencia de la Iglesia, para dejar de ser simplemente celebrantes de ceremonias religiosas. (b) Preparación esencial del clero y de laicos para hacer misión en áreas dificultosas, tanto adentro como afuera del país. (c) Desarrollar un grupo de clérigos que tengan otras profesiones laicas (por ejemplo médico), sin las presentes obligaciones de vestimenta clerical. (d) La ordenación a menor edad de diáconos y subdiáconos, dándoles la oportunidad de escoger más tarde si optan por la vida célibe o la vida matrimonial. El periodo de entre los 20 y 35 años de edad, podría utilizarse sin impedimentos para hacer servicio misionero en lugares difíciles. (Cf. *Τὰ κωλύματα τοῦ γάμου (Los Impedimentos par el Matrimonio)*, Ponencia de la Iglesia de Grecia hacia el Gran Concilio Pan-Ortodoxo, Atenas, 1971. (e) La reactivación de ciertos inferiores grados de ordenación como los que existían en la Iglesia Primitiva, con el objetivo de servir las necesidades misioneras y pastorales de la Iglesia contemporánea.

y bajo la influencia del silencio del culto litúrgico, en del Espíritu Santo[10]. Demasiadas veces "tecnologizamos en lugar de teologizar"[11]. La abundancia de palabras, sin embargo, de una teología intelectual no conmueven al pueblo de Dios.

Y ya por terminar, queda vigente la pregunta ¿de dónde nosotros los teólogos sacamos el derecho y la facultad de teologizar? ¿Acaso de nuestro diploma de teología? ¿De nuestros estudios? Las implacables palabras del salmista, "pero al malvado Dios le dice: ¿A qué viene recitar mis preceptos?" (Sal. 49 (50):16), palabras que indujeron a Orígenes a bajar con contrición del púlpito, son de particular significancia para muchos de nosotros, quienes tan fácilmente, sin reverencia y con una ingenua autoestima nos pronunciamos teológicamente. Según la tradición patrística, lo que se define como prerrequisito para una teología fundamental, para poder "hablar de cosas divinas", es la "purificación" ($\kappa\acute{\alpha}\theta\alpha\rho\sigma\iota\varsigma$) [12]. Nuestro pensamiento teológico tendría seguramente una diferente profundidad, cualidad y calidez, si se desarrollara en un ambiente de continuo arrepentimiento, en esa transformación de la mente ($\nu o\acute{\upsilon}\varsigma$ – *noús*), liberada de prejuicios, en la "purificación del corazón", en esa "vigilancia" ($\nu\acute{\upsilon}\psi\iota\varsigma$- *népsis*), en esa "participación" ($\mu\epsilon\theta\acute{\epsilon}\xi\epsilon\omega\varsigma$) en la experiencia *católica* de la Iglesia, con toda humildad y sobriedad.

3. Estructuras administrativas insuficientes para las necesidades de hoy.

Las nuevas condiciones de vida a nivel local e internacional, el ritmo de vida en las grandes ciudades, las redes globales de transportes y de medios de comunicaciones, las estrechas interdependencias entre ciudades y naciones, han transformado desde hace ya mucho tiempo las presuposiciones sobre

---

10   "En el Espíritu Santo (se encuentran) las riquezas del conocimiento de Dios, de la contemplación (de lo divino) y de la sabiduría; porque en Él (el Espíritu Santo), el Verbo revela todos los dogmas concernientes al Padre" (Teodoro el Studita, Antífonos Graduales, *Paraklitikí*, Laudes del domingo, Tercera Antifona, Tono Cuarto).

11   "La gente por lo tanto tecnologiza en lugar de teologizar; la sabiduría de este mundo les es primordial, por encima a la presunción de la cruz", San Basilio Magno, *Epístola 90, PG* 32:473B. Con relación a la visión patrística en general, ver K. Scouteris, Ἡ ἔννοια τῶν ὅρων «θεολογία», «θεολογεῖν», «θεολόγος» ἐν τῇ διδασκαλίᾳ τῶν Ἑλλήνων Πατέρων καὶ Ἐκκλησιαστικῶν Συγγραφέων μέχρι καῖ τῶν Καππαδοκῶν *(El significado de los términos "teología", "teologizar" y "teólogo" en la doctrina de los Padres Griegos y de los escritores eclesiásticos hasta los Padres Capadocios)*, Atenas, 1972, en especial las páginas 89-99, 155-174. Cf. ensayo crítico: Θεολογία, ἀλήθεια καὶ ζωή. Πνευματικὸν Συμπόσιον *(Teología, Verdad y Vida. Simposio Espiritual)*, Zoi, Atenas, 1962. Xr. Giannarás, Τίμιοι μὲ τὴν Ὀρθοδοξία (Honestos con la Ortodoxia), Atenas, 1968.

12   San Gregorio Nacianceno, *Logos 43, PG* 36:581ª. Cf. Análisis de S. Papadopoulos, Γρηγόριος ὁ Θεολόγος καὶ αἱ προϋποθέσεις τῆς πνευματολογίας αὐτοῦ *(Gregorio el Teólogo y los prerrequisitos de su elocuencia espiritual)*, Atenas, 1975, pp. 132-141. Cf. «Διὰ καθάρσεως κτῆσαι τὸ καθαρόν» *(Adquiera la pureza a través de la purificación)*, Gregorio Nacianceno, *Logos 20, 12 PG* 35, 1080B.

---

las cuales estaban fundamentadas varios patrones organizacionales de la Iglesia. Por lo tanto, *muchas estructuras administrativas* han demostrado ser *insuficientes,* y son incapaces de corresponder a los requerimientos de hoy en día. Me limitaré a dar dos ejemplos:

Primero, la estructura y la naturaleza de las parroquias en la Diáspora y en las grandes ciudades. En el primer caso, la parroquia puede extenderse por más de docenas de kilómetros cuadrados. En el segundo, una parroquia de una gran ciudad, como por ejemplo las de Atenas, puede abarcar entre treinta mil a cincuenta mil habitantes, lo cual hace que queden prácticamente sin un cuidado pastoral. No se trata solamente de un problema de números excesivos. La principal dificultad surge del ritmo de vida, de la gran movilización de la gente, de la posibilidad de crear relaciones sin importar el lugar de residencia. Los feligreses permanecen extranjeros los unos con los otros, y desconocidos de los sacerdotes. El carácter de la comunidad Eucarística ha sido radicalmente alterada, y son muy pocos los rituales simbólicos que hacen recordar la familia y la comunión en Cristo.

Segundo, el problema de las áreas jurisdiccionales frecuentemente inhiben las iniciativas misioneras. Las Iglesias con el mayor número de fieles las cuales, claro está, son las que más medios y personal tienen, frecuentemente consideran el deber de la misión como algo que no está bajo su directa responsabilidad, y prefieren la seguridad de un silencio discreto en lugar de interferir en lo que compete a otros. Esto sin embargo hace surgir un problema teológico: las misiones a nivel mundial, *¿son acaso obligación exclusiva de solamente algunas Iglesias locales?* ¿No debería buscarse alguna forma de cooperación esencial y efectiva? ¿Cuál es significado de jurisdicción? ¿Acaso los Budistas o los Musulmanes "pertenecen" a la jurisdicción de la Iglesia A o la Iglesia B? ¿O acaso pertenecerán a ellas solamente cuando se hayan convertido a la Ortodoxia? ¿Es acaso respeto por parte de la jurisdicción su indiferencia de si ellos se acercan o no al cristianismo?

Me apresuro a aclarar que en este momento no estoy en posición de sugerir una solución satisfactoria a estas preguntas, porque cada "solución" significa prácticamente la creación de un nuevo problema. Es tan inconcebible que Iglesias Ortodoxas nacionales intervengan arbitrariamente en cualquier lugar del mundo, como también lo es el considerar la creación de sociedades misioneras autónomas basadas en los modelos occidentales. Lo que sí urge por el momento es el darnos cuenta que las soluciones no llegan por sí solas, y que humanamente hablando, las oportunidades continúan perdiéndose. Se deben buscar soluciones a través de un trabajo sistemáticamente teológico y de una planeación eclesiástica clara. Se podría por ejemplo establecer un comité pan-ortodoxo para la misión, el cual funcionaría bajo el liderazgo del Patriarcado Ecuménico de Constantinopla y los demás competentes Patriarcados, con la participación de todas la Iglesias Ortodoxas. Su función

sería estudiar, planear y promover –utilizando todo el dinamismo ortodoxo– el dar un testimonio ortodoxo a nivel mundial. Está comprobado que cada Iglesia local contribuye con mayor gusto y más generosamente al trabajo misionero, cuando se ve a sí misma como una participante responsable, en lugar de ser una patrocinadora económica de alguna distante y desconocida parroquia.[13]

4. Inactividad y pasividad del cuerpo eclesiástico.

Se nota, de manera general, una tendencia somnolienta en la gran mayoría de *la feligresía eclesiástica*, lo cual tiene como consecuencia una *inercia y pasividad*. Es dudoso si los fieles son conscientes de que la Iglesia salva y transforma vidas en el Espíritu Santo. Sus sentimientos religiosos frecuentemente incluyen elementos de reverencia primitiva cuando se enfrentan a lo misterioso, a lo *numen*. Su psicología religiosa recuerda al *do ut des*[14] en sus relaciones con lo divino. En especial la confusión que es cultivada por muchos, la cual considera que la Iglesia son solamente los clérigos –y en especial los de cierto rango– crea una de las más peligrosas malinterpretaciones. Esto favorece a la indiferencia por los asuntos eclesiásticos y la falta de responsabilidad. De esta manera los laicos, los cuales representan la abrumadora mayoría dentro de la feligresía de la Iglesia, en lugar de devenirse en colaboradores en Cristo en la tarea común de la misión y de la edificación, quedan reducidos a ser espectadores, jueces y críticos. El pensamiento teológico está llamado "una y otra vez" a predicar y clarificar el hecho de que todos los fieles son responsables por la vida de la Iglesia, partícipes en su obra, miembros del Cuerpo el cual continua la obra de Cristo, la salvación del mundo entero. La presencia de laicos creyentes dentro de las estructuras de la vida social ofrece inexhaustibles oportunidades de dar testimonio, de servicio y de glorificación de Dios.

Otro tema de particular actualidad es el de una participación más activa de las mujeres, las cuales componen a más de la mitad de los miembros de la Iglesia, y más de tres cuartos de los que asisten con regularidad a los oficios, (como por ejemplo el revivir la institución de las diaconisas, una

---

13   Se aconsejaría desarrollar a nivel pan-ortodoxo otras instituciones como por ejemplo (a) Que se instituya durante la Gran Cuaresma una "Semana del Testimonio pan-ortodoxo" (En 1968 la Iglesia de Grecia comenzó a instituir una "Semana por las Misiones en el Extranjero" la cual ha dado excelentes resultados). Los contenidos específicos de esta semana podrán ser adaptados a las condiciones locales. (b) Establecer en todas las Escuelas Teológicas Ortodoxas una "Semana para la discusión de problemas misioneros y pastorales". (c) La organización de un sistema en el cual algunos sacerdotes, teólogos y laicos especialmente entrenados, de las comunidades Ortodoxas más afluentes, puedan ser asignados por un periodo de tiempo a servir a las más pobres –ya sea en el campo misionero o en la *diáspora*– y que los gastos de estos trabajos sean solventados por las comunidades más acaudaladas. La presente facilidad de viajar de un lugar a otro debe ser explotada con pensamiento creativo, a favor de un testimonio global de la Ortodoxia.

14   Dar para después recibir algo a cambio (N. del T.).

más extensiva utilización de trabajadoras sociales, monjas, etc.). La enorme contribución de las mujeres es particularmente notable en regiones bajo regímenes hostiles a la Iglesia. La posición de la Santísima Virgen María en la economía divina ($\theta\varepsilon\acute{\iota}\alpha$ $o\iota\kappa o\nu o\mu\acute{\iota}\alpha$) [15], como también los roles complejos de santas mujeres dentro de la vida de la Iglesia pueden abrir nuevos horizontes de reflexión y acción[16].

5. *Otros puntos débiles de la realidad eclesiástica.*

El limitado margen de tiempo para esta presentación no nos permite largos análisis. Debo confesar que no he tenido la valentía de tocar serias, secretas y muy sensibles heridas que existen en la vida de la Iglesia, y que en todo lo que he dicho he tratado de ser discreto. (Tal vez esta clase de afabilidad es en sí misma una señal de actitud teológica "pos traumática"). En todo caso, el hecho es que existen todavía muchas facetas de la realidad eclesiástica, las cuales se podrían considerar "traumáticas", tales como: las varias grandes o pequeñas conciliaciones de consciencia con los poderosos de la actualidad, con la política, la economía y demás "establecimientos" de este mundo. La manera de usar o de abusar de los recursos materiales y de las posibilidades que están a disposición de la Iglesia; la arbitrariedad administrativa (con varios pretextos) de algunas autoridades eclesiásticas. La dificultad de cooperar con los que están trabajando por el Evangelio. Nuestra inhabilidad de predecir y de planear programas; nuestras fallas de comprender las nuevas condiciones de vida humana. La lentitud y terquedad de implementar las cosas por las cuales se ha decidido. La indiferencia u oposición de los jóvenes, quienes consideran a la Iglesia como lenta en su pensamiento y en su actuar, como si fuera un "establecimiento" religioso carente de inspiración, sensibilidad y esperanza. La excesiva inconsistencia en el comportamiento de algunos "cristianos devotos", la cual causa a "los de afuera" el preguntarse seriamente sobre la efectividad del Evangelio. Las divisiones, las cuales se han convertido como una característica permanente del mundo cristiano, no solamente con las grandes oposiciones confesionales, sino también con las antipatías y terquedades dentro de los pequeños grupos ortodoxos.

Es mucho más saludable hacer un valiente y sincero reconocimiento de nuestras heridas y errores que en realidad afligen a nuestra historia eclesiástica, que el adoptar la actitud que actualmente prevalece entre nosotros: a saber, el embellecimiento y la idealización de una realidad, como si la Iglesia de hoy fuera la que prevalecía en otro tiempo, para justificarnos ante "los de afuera", y ante nosotros mismos.

---

15   No se refiere a una economía de finanzas, sino a la obra divina de la salvación (N. del T.).

16   Para más sobre este tema, ver P. Evdokimov, *La Femme et le Salut du Monde*, Tournai-Paris, 1958.

Claro está que existe también el riesgo, que el reconocimiento de estas lamentables realidades puedan conducir hacia una intensa o latente melancolía y numerosas inhibiciones. Por encima del diagnóstico de la enfermedad y de los remedios, el pensamiento teológico está llamado a interpretar más a fondo su significado, a ofrecer orientación de cómo sanar las heridas. La naturaleza de la lucha de la Iglesia va más allá del campo social y físico, y tiene dimensiones metafísicas, "porque nuestra lucha no es contra la carne y la sangre…" (Ef. 6:12). A medida que la historia avanza hacia su cumplimiento escatológico, la confrontación entre los poderes de "las tinieblas" y los discípulos de Cristo se hace cada vez más dramática. En nuestra era apocalíptica, los poderes del mal parecieran estar en aumento, y no es de asombrarse que sus acciones golpean a áreas sensibles y neurálgicas del cuerpo eclesiástico. Lo trágico permanece como dimensión básica de la historia, y la cruz condensa su vehemencia. Existe también la posibilidad de una disminución de la fe, "pero cuando el hijo del hombre venga, ¿encontrará la fe sobre la tierra?" (Lc. 18:8). Este pensamiento sin embargo, no debería conducirnos a un "desaliento", sino más bien a ser "vigilantes", (Mc. 13:35-37). Dios es quien tiene la última palabra, y no sus adversarios, ni tampoco los que lo traicionan, "pero el Cordero, como es Señor de señores y Rey de reyes, los vencerá en unión con los suyos, los llamados, los elegidos y los fieles" (Ap. 17:14).

C. Presencia esencial y testimonio en el mundo

Mantener la mirada fija y estar seguros del final escatológico, final que se acentúa continuamente durante los oficios litúrgicos ortodoxos, concede a los fieles una especial resistencia, tranquilidad y equilibrio espiritual, en particular a todos aquellos que participan activamente en el trabajo misionero y pastoral de la Iglesia, para que puedan continuar su camino y su servicio dentro del mundo, a pesar de todas las tribulaciones.

En esta tercera y última sección de mi ponencia, intentaré dar un bosquejo de las características básicas de una dinámica presencia y testimonio ortodoxo. Claro está que las consideraciones mencionadas aquí, no abarcan toda la gama de los problemas relacionados. Simplemente arrojan algunos rayos de luz en los aspectos más cruciales de nuestro sujeto, para que ellos eventualmente faciliten nuevas investigaciones.

1. Proclamación gozosa en las circunstancias específicas de la vida.

En la terrible confusión que se observa en esta nuestra era, la predicación cristiana debe ser concebida como un *mensaje alegre* –"Evangelio = la buena nueva"– que se le comunica a cada persona en las *circunstancias específicas* de su vida, un mensaje que responda a sus inmediatas experiencias y necesidades existenciales. Y a pesar de que el mensaje es único, universal y eterno, los receptores del mensaje se encuentran en diferentes situaciones, con diversas referencias. Para que el misterio de la redención en Cristo fuera

asequible durante los primeros siglos del cristianismo, fue necesario asimilar las categorías de pensamiento de aquella época, y en seguida utilizarlas en las expresiones del Evangelio. Esto se pudo llevar a cabo gracias a la teología.

El hombre de las grandes ciudades contemporáneas, se ve enfrentado a los nuevos horizontes que han abierto los rapidísimos avances de la ciencia y las nuevas posibilidades que le ofrece la tecnología; se encuentra en nuevas estructuras sociales y nuevas articulaciones políticas. Se moviliza en problemas mucho más amplios y complejos, a los que tendría un ciudadano de los mundos greco-romano o bizantino. Su sensibilidad ha cambiado. Los antiguos símbolos de pensamiento han perdido su significado inmediato. Por poner un ejemplo, para aquel que vivía inmerso en la densidad de los sacrificios de las religiones judía o greco-romana, el énfasis de la expiación tenía un significado existencial, el cual no se conserva hoy día.

Además de los antiguos problemas, la teología hoy día enfrenta nuevos problemas de cómo expresar lo Eterno, y cómo hacerlo de una manera actualizada y con sentido para el hombre de hoy. Pero para poder sintonizarse con la longitud de ondas del pensamiento moderno, es necesario comprender la profundidad de los cambios causados por las ciencias, entender las nuevas dimensiones que han abierto.

Las ciencias de mayor importancia inmediata son aquellas que tienen como objeto de estudio al hombre y su historia, las cuales revelan aspectos significativos de su estructura psicosomática, como por ejemplo la medicina con sus varias ramificaciones, la antropología, la sociología, y sobre todo la psicología y la psicoterapia. Una seria evaluación y utilización de los resultados de las investigaciones de la ciencia moderna –la cual es un regalo de Dios a la búsqueda del hombre– es una obligación de la teología misionera y pastoral. Pero una sobria evaluación del conocimiento moderno no se puede lograr a través de un trabajo fragmentario e individualista. Se requerirá investigación colectiva y evaluación crítica de los hallazgos, también una reflexión "dentro de un ambiente eclesiástico" (*ἐν Ἐκκλησία* – *en la Iglesia*) y, al mismo tiempo, deberá haber un repartimiento del trabajo (por ejemplo la creación de centros de investigación especializada, en diferentes Escuelas teológicas). Nuestras Escuelas teológicas deberán poner un enorme esfuerzo para poder enfrentar temas básicos, con la asistencia de científicos y especialistas de otros campos. También necesitaremos organizar una cooperación de varias escuelas, con el objetivo que nuestras investigaciones adquieran una perspectiva mundial y para que podamos beneficiarnos de experiencias colectivas.

Existen varios puentes que pueden facilitar el acercamiento con personas de otras religiones, culturas o formas de pensar, de los cuales ya hablamos en un párrafo anterior (A1). Estos harían falta:

(a) Mantener la sensibilidad hacia la existencia de una realidad transcendental, la vibración como respuesta a las vibraciones causadas por la experiencia del hombre durante el culto litúrgico, de su introspección espiritual, de su deseo de salvación, de sus encuentros con lo supra racional, con lo Santo.

(b) El encuentro con la problemática del hombre mundano y secularizado, podría realizarse durante el enfrentamiento con problemas como por ejemplo la justicia social, la igualdad y la libertad de las personas, la superación del individualismo a través de la sensibilidad de la una responsabilidad social, el control de la continua contaminación del ambiente físico y espiritual.

(c) La búsqueda de realización en la vida. El temblor ante el eterno enigma de la muerte.

(d) El infinito tema del amor, el cual a pesar de todas sus desviaciones, mal entendimientos y perversiones, se encuentra siempre en el primer plano del interés mundial.

Pero la intención de comprender "a los demás" es indistinguible y muchas veces errada, a no ser que sea implantada en una específica, localizada y particular *situación de vida*. Hay un pasaje revelador relacionado con el enfoque misionero y pastoral de San Pablo: "Efectivamente, siendo libre de todos, me he hecho esclavo de todos para ganar a los que más pueda" (1 Cor. 9:19-23; 10:33). La especialización del mensaje Evangélico, la "encarnación" al medio ambiente, son elementos básicos de la manera de dar un testimonio cristiano. La misión mundial tendrá éxito, solamente si se hace exclusivamente *local*, adaptada a las condiciones específicas del lugar.

La predicación cristiana además, conserva tanto su eternidad como su actualidad, solamente cuando se entrega "en el poder de Dios" (1 Cor. 2:5); cuando es presentada como un llamado al arrepentimiento y cuando es un juicio en específicas situaciones falsas; cuando está compuesta de una audaz protesta en contra de todo lo que es "establecidamente injusto", todo lo que se opone a la voluntad de Dios "y su justicia" (Mt. 6:33). Un "mensaje alegre" el cual ignora la tragedia y el dolor del pecado en la vida personal y social, y que habla de la salvación del mundo solamente en términos genéricos, es un mensaje de cuestionable sinceridad y credibilidad. "Pues, viva es la palabra de Dios y eficaz" y penetra a las más profundas raíces del mal, "penetra hasta la división entre alma y espíritu, articulaciones y médulas; y discierne sentimientos y pensamientos del corazón" (Heb. 4:12).

2. Palabra de vida y consolación.

El término Evangelio (buena nueva) significa también palabra de vida y de consolación. Al comenzar su actividad el Señor declaró utilizando la profecía mesiánica: "El Espíritu del Señor sobre mí, porque me ha ungido para anunciar a los pobres la Buena Nueva, me ha enviado a proclamar la liberación a los cautivos y la vista a los ciegos, para dar la libertad a los oprimidos" (Lc. 4:18; Is. 61:1). En seguida, mientras andaba predicando el "Evangelio del reino" aliviaba al mismo tiempo el dolor humano, tanto el espiritual como el corporal, "curando toda enfermedad y toda dolencia" (Mt. 4:23). De esta manera, revelaba con hechos que la quintaescencia de Su predicación y de Su vida era el AMOR. El dar a las almas confortamiento, consolación y soporte se convirtió en la perpetua tarea del Espíritu Santo, del Confortador[17].

La consolación del pueblo, tanto en épocas de gran agitación, como en las dificultades de la vida contemporánea, ha sido siempre uno de los cuidados más básicos de la pastoral, revelando de esta manera la filantropía y el amor de Dios, las cuales se manifiestan en la Iglesia. Todos los grandes santos de la Iglesia, los "imitadores de Cristo", los "portadores del Espíritu", además de su predicación profética con miras a un cambio general en la sociedad, lucharon también por darles consolación a personas específicas de su tiempo, lucharon por aliviar a los afligidos, a los humildes, a los que sufrían injusticias.

La opresión, el sufrimiento y las tribulaciones del hombre continúan en nuestros días, bajo diferentes pretextos y máscaras. Algunas veces con esclavitud evidente o camuflada, causadas por estructuras sociales injustas; otras veces por circunstancias que surgen de la misma condición humana, como enfermedades, muertes, fracasos, pasiones del alma. A donde sea que volteemos nuestra mirada encontramos hambre y sed de una palabra y un acto de consolación. "Consolad, consolad a mi pueblo –dice vuestro Dios–. Hablad al corazón de Jerusalén y decidle bien alto" (Is. 40:1-2). No importa qué cantidad de iniciativas y de medidas tome un gobierno contemporáneo en el campo del bienestar social, no parece ser que podría suprimir el dolor y los problemas humanos. Las diversas aflicciones, la melancolía, los conflictos internos, los sentimientos de culpabilidad que vienen después de los complejos círculos del pecado, continuarán ejerciendo presión sobre la existencia humana, de diferentes formas y provenientes de distintas direcciones. El problema no es solamente la escasez y la amargura de los pobres.

---

17   "Y es llamado el ´Paráclito´ (Confortador) porque Él conforta, consuela y soporta nuestras debilidades", San Cirilo de Jerusalén, *Las catequesis a los iluminados*, 16, 20, PG 33:948ª. En otra parte se refiere al ´Paráclito´ como "el guardián y santificador de la Iglesia, el comandante de las almas, el capitán de los que se encuentran en fortuna, el iluminador de los perdidos, el entrenador de los competidores, el que corona a los victoriosos", San Cirilo de Jerusalén, *Las Catequesis*, 17, 13, PG 33:985B.

Es también la hambruna de muchos ricos por un auténtico amor y por un sentido de vida, por una necesidad de estar equilibrados y de ser liberados de la tiranía del ego.

Por lo tanto, todos los que verdaderamente quieran seguir a Aquel que "pasó haciendo el bien y curando a todos los oprimidos por el diablo" (Hch. 10:38), deberán permanecer en continua alerta para ofrecer inmediato consuelo y ayuda a todos los que estén a su lado continua u ocasionalmente. Con amplia movilización y planeación deberán también aliviar las heridas abiertas o escondidas de la comunidad entera. Una activa actitud como ésta frente a la vida contemporánea otorgará fundamentales motivaciones de revisar nuestras temáticas teológicas.

3. La aceptación del dolor y de la cruz; experiencia ascética.

La obra de Cristo, obra que la Iglesia continúa haciendo, siempre ha sido la disolución de las obras del diablo (1 Jn. 3:3-8). Para llevar a cabo este deshacer fue necesario una "abnegación" (κένωσις), fue necesaria la cruz. La solícita y paciente aceptación del dolor y de la cruz (Mc. 8:34), con completa obediencia a la voluntad de Dios, en el amor y en la esperanza de la resurrección, son persistentemente enfatizados en la tradición ortodoxa, y constituyen el secreto para el más profundo conocimiento de Cristo, "conocerle a Él, el poder de su resurrección y la comunión en sus padecimientos hecho semejante a Él en la muerte" (Flp. 3:10). Esta disposición del "conocimiento" del "poder" de la "comunión y semejanza" han existido siempre como las raíces para una vida de "sobriedad" (νόψις), de "vigilia" (ήσυχία - hesyquía), de humildad, de amor y de libertad.

El ideal *ascético* y su forma de vida se expresaron intensamente en el monacato ortodoxo, pero al mismo tiempo tuvo un efecto más amplio e influenció las conciencias de los miembros de la Iglesia Ortodoxa, dando equilibrio espiritual y fuerza de resistencia en las pruebas de la difícil vida cotidiana. No fue el producto de un concepto dualista, el cual menosprecia al cuerpo, ni tampoco una más generalizada reservación respecto del significado de la vida presente –como por ejemplo en el Hinduismo y el Budismo. Tampoco se basaba en un moralismo. El ideal ascético permanece profundamente teológico, radicalmente basado en una continua referencia a los eventos de la "abnegación" (κένωσις), crucifixión, resurrección, de la expectativa del final de los tiempos y de fijar la mirada en el Único. Indudablemente hay muy serias debilidades en nuestros tiempos: por un lado, está la muy notable ausencia del espíritu ascético en la vida cristiana cotidiana; y, por otro lado, la muy superficial orientación de los fieles con los subproductos de una literatura moralista, dejando la fundamental experiencia de los Santos sin elaborar teológicamente y sin aprovechar. La sabiduría de la espiritualidad ascética (de la Filocalía) de la Iglesia Ortodoxa necesita ser más asimilada e incorporada en el pensamiento y la vida diaria. Esta sabiduría contiene tesoros de la más alta significancia psicológica para el hombre contemporáneo.

El carácter ascético de la Ortodoxia tiene una enorme relevancia incluso en esta nuestra era. Porque además de tener paralelamente una fuerte inclinación hacia el eudemonismo, se cultiva también una sensibilidad por el valor del ascetismo en muchos campos de la vida. Espectaculares logros en la ciencia, en el atletismo, en el arte, etc., se han basado en una persistente y bien programada ascesis. En conexión a esto, la polifacética importancia de los monasterios también es evidente. Los monasterios siempre han sido faros de radiación misionera, valiosísimos laboratorios de pastoral para los fieles. Para todos, pero en especial para los clérigos y teólogos, sería muy beneficioso retirarse (a monasterios) con mayor frecuencia, a periodos de silencio, ascetismo y oración, para rebautizar el pensamiento y renovar su bienestar espiritual. Todos aquellos que han dado una contribución significativa a la misión y a la obra pastoral de la Iglesia, lo han hecho viviendo con ascética vigilancia y compunción, con una incesante lucha de enfrentamiento con el oscuro abismo del egoísmo humano, algunos teniendo como palestra ascética el desierto y otros la solitud de la ciudad. Una continua, implacable y coherente lucha personal en el Espíritu Santo siempre ha sido la fuente de la radiación espiritual de los hombres de Dios.

4. La experiencia de culto litúrgico de la Ortodoxia.

El punto máximo de la presencia dinámica y transformadora de la Iglesia en el mundo, consiste en el hecho de que exalta místicamente la vida humana convirtiéndola en oblación y sacrificio a Dios. La experiencia litúrgica de la Ortodoxia tiene inmediatas implicaciones pastorales y misioneras. Libera al creyente de los estrechos patrones de pensamientos, de las pasiones y, sobre todo, de su asfixiante egoísmo. Lo unifica con Cristo y con toda la Iglesia de fieles, con todos los que ya vivieron y vencieron, con todos los que viven ahora y con todos los que vivirán en el futuro. En otras palabras, lo une con todos aquellos que Él "que es, que era y que ha de venir" incluye en Su amor. Lo transfigura en un vivo miembro del cuerpo de Cristo, listo para contemplar al mundo y actuar de la misma manera que Él hizo.

La teología ortodoxa puede contribuir, con la cooperación de los clérigos responsables para ello, hacia una evolución, una nueva expresión y enriquecimiento de las formas de culto litúrgico, con el objetivo de que sea siempre un "culto racional" (λογική λατρεία – logiké latría), es decir entendible y con inmediato relacionamiento existencial con el Verbo[18], para que no

---

18   "Logos" en griego, significa algo que se dice o expresa. También significa la "razón" de

decaiga a ser simplemente una emoción religiosa. Y más aún, para que tenga expresiones dinámicas de una doxología que eleve el espíritu del "hoy", a la espera de un final de los tiempos (ἔσχατα) más cercano al "mañana", y que no se convierta en un escape nostálgico hacia el "ayer".

La teología sobre todo está llamada a completar la imagen del culto litúrgico ortodoxo, iluminando completamente la relación interna que existe entre la vivencia litúrgica y de la presencia dinámica del cristiano en el mundo. La separación de la experiencia litúrgica de la vida cotidiana conduce esencialmente a una falsificación del cristianismo ortodoxo y hacia una tendencia esquizofrénica de los fieles. Esto debido a que una consciente participación en la vida litúrgica de la Iglesia equivale a la participación del hecho de la liberación del hombre de los poderes demoniacos, a través de la crucifixión y resurrección de Cristo. *La prolongación de la Divina Liturgia a la vida cotidiana* significa una lucha contra los poderes negativos los cuales operan dentro de nosotros y dentro de la sociedad como tal. Aquello que se vive dentro del culto litúrgico debe encontrar su expresión en la vida personal y social. De esta manera la Liturgia se transforma en vida y la vida se convierte en culto, en himnos y en glorificación de Dios. [Respecto de la frase *"Liturgia después de la Liturgia"*, ver al final de este capítulo: "Clarificación…"]

Durante los periodos difíciles para el cristianismo (ocupación Turca, la opresión de regímenes ateos), la vida litúrgica de los fieles fortaleció su capacidad de resistencia y dio un nuevo auge a las sufridas Iglesias locales. En especial con la Divina Eucaristía, los fieles tienen una vivencia de la "Pascua del Señor", y realizan un continuo "éxodo", de la debilidad, a la vivencia del poder de Cristo; de la desilusión, a la alegría y a la "paciencia de la esperanza"; de la inactividad y la irresponsabilidad, a un responsable testimonio y una dinámica presencia en el mundo.

* * *

La definición clásica que dio Vicente de Lerins de la palabra "católico", es decir ortodoxo, fue: "lo que es creído en todas partes, en todo tiempo y por todos" (*quod ubique, quod Semper, quod ab omnibus creditum est*)[19]. Basán-

---

algo. En el Nuevo Testamento, el Hijo de Dios es denominado "Logos", que en español es traducido como "Verbo", y significa, por un lado, que Él es la expresión del Padre hacia la humanidad y la creación, y por el otro, que es la razón de nuestra existencia. "Culto racional", o más concretamente "culto lógico" significa simultáneamente un culto entendible con la razón, pero también un culto relacionado existencialmente con el "Logos" (N. del T.).

19   *"Id teneamus quod ubique, quod semper, quod ab omnibus creditum est, hoc est et enim vere proprieque catholicum"* Vicente de Larins, Commonitorium prim, 2, PL 50:640.

donos en esta definición, podríamos decir que el ideal misionero es: en todas partes, en todo tiempo y por todos. La Iglesia local es responsable, claro está, de dar primero que todo un vivo testimonio de fe en su propia área. Pero no tiene derecho de pasar por alto la injusticia que se comete, habiendo tantos otros países del mundo donde se extiende el hambre de la palabra de Dios. Es un elemental principio de justicia que todos los humanos tienen los mismos derechos, *también* para los bienes espirituales.

La misión y la pastoral son funciones del ministerio de la Iglesia que están íntimamente interrelacionadas y que tienen como objetivo el "buscar y salvar al extraviado". Ya que la Iglesia continúa la obra de Cristo, no puede por lo tanto limitarse de "salvar" solamente dentro de un territorio circunscrito y dentro de determinadas estructuras sociales. Debe buscar al "extraviado". Y búsqueda significa "éxodo" –después de haber experimentado la Pascua del Señor– es decir salir de esquemas estáticos, de inhibiciones y de situaciones contractuales, para luego avanzar con paciencia su camino hacia el infinito y polifacético campo de la ecúmene. La perpetua tarea de la Iglesia siempre será su presencia y su testimonio en cada "aquí" y cada "ahora", fortalecida por Dios, como si fuera una súplica encarnada a la vida, con sobriedad y ascéticamente en vilo, como un himno mundial de agradecimiento.

Clarificación de la frase "liturgia después de la Liturgia" (1975)

En el curso de la reuniones y conferencias misioneras del Concilio Mundial De Iglesias, durante las últimas décadas del siglo veinte, fueron propuestas de vez en cuando varias ideas y definiciones, las cuales fueron posteriormente adoptadas en las discusiones misioneras, y con la frecuente repetición de estas, se convirtieron en "códigos de términos teológicos" ($\kappa\omega\delta\iota\kappa o\iota\ \ddot{o}\rho o\iota$). En algunos casos se pasó por alto a la persona que originalmente propuso la definición –es decir el padre de la idea– y la paternidad de la idea fue apropiada por otra persona, que había adoptado la idea y frecuentemente repetía la frase. Esto es lo que precisamente ocurrió con la propuesta ortodoxa de comprender a la misión como una "liturgia después de la Liturgia", frase que yo había ocasionalmente propuesto en círculos cristianos, y particularmente en el encuentro misionero de 1975 en Echmiadzin, Armenia, el cual tenía como tema "La confesión de Cristo a través de la vida litúrgica de la Iglesia".

La idea y la propuesta de que los fieles continuaran la liturgia después de haber concluido la Divina Liturgia en el templo, siendo cada fiel el que la oficia –y utilizando la frase código "Liturgia después de la Divina Liturgia"– la desarrollé por primera vez en 1963 en Atenas, durante el sermón que hice a los miembros de Unión Cristiana de Científicos, el segundo domingo de Cuaresma, en la festividad de San Gregorio Palamás. Concretamente

enfaticé entre otras cosas: "este evento (el de la Divina Liturgia) no debe perderse simplemente como una emoción instantánea, sino que la Liturgia *debe extenderse a la vida cotidiana. Nuestra vida entera debe transfigurarse en liturgia.* Que nuestro escritorio se convierta en altar, nuestra fábrica o nuestra casa en nuestro templo, que nuestro trabajo se convierta en nuestra liturgia, en la cual se ofrecerá nuestra alma y cuerpo como 'sacrificio vivo, santo, agradable a Dios'".

Al final de la Conferencia en Echmiadzin, utilicé una parte de este sermón como "meditación", con el objetivo de promover más a fondo lo que el Comité estaba buscando, y enfaticé la necesidad de continuar la Liturgia en la vida cotidiana (utilizando la frase: "liturgia después de la Liturgia"). Un resumen, con pasajes de mi texto fue publicado por el padre Ion Bria, mi sucesor desde 1973 en el puesto de Secretario de la Oficina de Estudios y Relaciones Ortodoxas (*Desk for Orthodox Studies and Relations*) del Consejo Mundial de Iglesias. En los años siguientes, el padre Ion Bria repitió esta frase en varias conferencias y publicaciones del C.M.I., adoptando exactamente la idea original. A mi petición por la restauración de la verdad sobre el origen de esta frase, el padre Bria publicó una sección de mi texto de Echmiadzin, con la observación: "Una idea, que verdaderamente resume la discusión original, fue formulada por el Obispo Anastasio Yannoulatos, Profesor de la Universidad de Atenas. En seguida está el texto en formato libre y revisado":

La Divina Liturgia no es un escapar de la vida, sino una continua transformación de la vida de acuerdo con el prototipo de Jesús Cristo, con el poder del Espíritu Santo. Si es verdad que en la Liturgia no solamente oímos un mensaje, sino que participamos en el gran evento de nuestra liberación del pecado, y en la comunión (κοινωνία) con Cristo a través de la presencia real del Espíritu Santo, entonces este evento de nuestra incorporación personal al Cuerpo de Cristo, esta transfiguración de nuestro pequeño ser a llegar a ser un miembro de Cristo, debe hacerse evidente y proclamarse con una forma de vida especial.

La Liturgia debe continuarse en las condiciones personales de la vida diaria. Cada creyente está llamado a continuar una "liturgia" personal sobre el altar místico de su corazón, y de realizar una viva proclamación del Evangelio, "a favor del mundo entero". Sin esta continuación, la Liturgia permanece incompleta. Ya que en el evento Eucarístico somos incorporados en Él que vino a servir al mundo y a sacrificarse por él, estamos en el deber de expresarnos con un determinado servicio en la vida de la comunidad, con nuestro nuevo ser en Cristo, quien es el Servidor (Διάκονο) de todo. El sacrificio eucarístico debe extenderse con sacrificios personales a favor del pueblo, el cual está atormentado con tantas necesidades, a favor de nuestros hermanos por los cuales Cristo murió.

Debido a que la Liturgia nos permite participar en el gran evento de la liberación de los poderes demoniacos, entonces *la continuación de la Liturgia en nuestra vida* significa un continuo esfuerzo de liberarnos de los poderes del mal que obran dentro de nosotros; significa una continua reorientación y apertura a perspicacias y esfuerzos, teniendo como objetivo la liberación de la gente de todas las estructuras demoniacas de injusticia, explotación, agonía, soledad, y la creación de una verdadera comunión de personas en amor.

Esta actitud diaria y personal se convierte en "litúrgica" en varios sentidos: (a) Saca fuerzas por la participación en el misterio (*sacramento*) de la Divina Eucaristía a través de la cual recibimos gracia del liberador y unificador Espíritu. (b) Constituye la mejor preparación para una nueva, más concientizada y existencial participación en la Divina Liturgia. (c) Es una viva expresión –en términos entendibles por cualquiera– de la transformación real del hombre en Cristo"[20].

[Hemos regresado repetidas veces a esta idea (ver capítulo 6: "Descubriendo el carácter misionero ortodoxo"; Capítulo 8: "Eucaristía, Servicio y Testimonio en Reciprocidad Mutua,"; Capítulo 13: "El Sueño Global de la Proclamación del Evangelio".]

---

20   "The Liturgy After the Liturgy" *International Review of Mission 67* (1978), No. 265. Ver también I. Bria, ed., *Martyria – Mission. The Witness of the Orthodox Churches Today*, Geneva, 1980.

5

"Venga tu Reino": Testimonio Ortodoxo en el Mundo Actual

(1977)

Principal ponencia en la 9ª Asamblea General de "Syndesmos", Chambésy, Suiza, julio 19-25, 1977. • "Ἐλθέτω ἡ βασιλεία Σου – Ὀρθόδοξη Μαρτυρία στή σύγχρονη οἰκουμένη" (Venga tu reino – Testimonio ortodoxo en el mundo contemporáneo), Πάντα τά Ἔθνη 2 (1983), No. 7, pp. 4-5, No. 8, pp. 4-6, No. 9, pp. 4-6. • "Confessing Christ Today", en *The Bond of Unity*, ed. H. Bos, SYNDESMOS, Atenas, 2003, pp. 177-190. • Ἱεραποστολή στα ἴχνη τοῦ Χριστοῦ. Θεολογικές μελέτες καί ὁμιλίες, (Apostolado, hacer misión tras los pasos de Cristo. Estudios y conferencias teológicas), Atenas, 2007, cap. 5, pp. 133-153. • "Mission in Christ´s Way, An Orthodox Understanding of Mission", Holy Cross Orthodox Press, Brookline, 2010, cap. 5, pp. 97-116.

na seria desventaja de varios de nuestros esfuerzos misioneros es la falta de una visión general de nuestro trabajo apostólico. Solamente cuando estos esfuerzos sean colocados en un más amplio marco teológico y universal, adquirirán su correcta dimensión. El presente texto es un emprendimiento que intenta dar luces a una visión como esta, teniendo como eje central la dinámica verdad cristiana que, sin cesar, regresa una y otra vez a nuestra oración: la venida del reino de Dios. A continuación, se estudiarán en forma esquemática: (a) Los hechos bíblicos y hermenéuticos de nuestro tema. (b) La proclamación del reino en varias zonas del globo terráqueo. (c) La predicación del reino y nuestra responsabilidad personal.

A. Hechos bíblicos y hermenéuticos

¿Hasta qué punto puede considerarse apropiado hoy día el referirse a un reino –aunque sea el reino de Dios– en estos tiempos en los cuales el criticismo y la hostilidad hacia la institución de la monarquía ha llegado a un tal estado de paroxismo en muchas partes del mundo? ¿Qué clase de respuesta podría suscitarse hoy con una predicación como esta, o creando tales expectativas? Pero es que la llegada del reino de Dios significa precisamente la abolición de cualquier otra clase de reino o poder mundano. "Venga tu reino" escribió Orígenes "para que sea abolida toda autoridad y poder, y todo reino del mundo, y el pecado que reina en nuestros cuerpos mortales, y que sea Dios quien reine sobre todos ellos"[1]; que reine dentro de nosotros y sobre todo el mundo. "Venga tu reino", para que el AMOR hipostático (1 Jn. 4:16) reine total y exclusivamente en el universo entero.

1. Significado del reino de Dios.

Es muy claro para los hermeneutas de las Sagradas Escrituras que el "reino de Dios" o el "reino de los cielos", el cual ocupa lugar central en la predicación de Jesús, se refiere, primero que todo, a un evento que existe en la eternidad; segundo, a una nueva realidad en la historia de la humanidad inaugurada por la vida y obra de Cristo; y tercero, a algo que eventualmente se completará en el futuro.

Se trata de un tema central y dominante en la llamada "tradición sinóptica". Lucas y Marcos utilizan principalmente la expresión "reino de Dios"; Mateo, en cambio, utiliza "reino de los cielos" y "reino del Padre". Esta diferencia ha sido la razón de no pocas discusiones, pero a final de

---

1   Orígenes, *Pasajes del Evangelio de Lucas*, 45, ΒΕΠΕΣ 15:79, 33-36.

cuentas, casi todos están de acuerdo en que se trata de ese evento del "reino divino". Para esta misma realidad se utilizan también las frases como "vida" (Mc. 9:43, 46; Mt. 7:14), "vida eterna" (Mc. 10:17) —frase que es el tema central de la predicación de Jesús según el Evangelio de Juan— y estos términos están asociados con las ideas de "redención" (Lc. 21:28) y "gloria" (Mc. 10:37).

Jesús comienza su predicación asegurando que ya ha sido inaugurado el "reino" con su presencia y con la obra que realiza. Todos sus maravillosos actos, en especial el liberar a seres humanos de las condiciones de enfermedad y de privaciones, y el arrojar fuera demonios que estaban tiranizando a hombres y mujeres, son "signos" de la presencia del reino (Mt. 12:28; cf. Lc. 11:20). Cuando los Fariseos preguntaban "cuando llegaría el reino de Dios", Jesús les asegura que "el reino de Dios está entre vosotros" (Lc. 17:20-21). O sea que está en medio de ustedes.

Cristo extiende indefinidamente las fronteras de Su reino, las extiende a nivel mundial. Están invitados y vendrán al reino "de oriente y occidente" (Mt. 8:11), los antiguos pecadores y los cobradores de impuestos, los despreciados e insignificantes de este mundo (Mt. 9:10), algo inconcebible para el pensamiento judaico. Los requerimientos para que alguien sea admitido en el reino no son ni raciales ni de clase social, son claramente espirituales y morales. Las características de los que entrarán al reino están reveladas y condicionadas en las "Beatitudes o Bienaventuranzas" (Mt. 5:1-12).

La manera en que el "reino de Dios" es referido en los Evangelios demuestra que esta realidad sobrepasa los límites racionales establecidos; los "misterios" del reino, por lo tanto, son anunciados en parábolas, en imágenes, en lenguaje poético.

Resumiendo esquemáticamente los significados que se han dado del "reino de Dios" en el pensamiento cristiano, podemos discernir tres puntos de vista básicos: a) se refiere a la Iglesia visible, fundada por Cristo y que continua su obra redentora hasta la Segunda Parusía; b) que es el reino de Cristo sobre la tierra, entre la Segunda Parusía y el juicio final; y c) hace alusión al absoluto reino de Dios después del juicio final.

A estas perspectivas clásicas se le agregaron más tarde otras interpretaciones con dimensiones más sociales, como la opinión de que se trata de una transformación cristiana del estado social, con miras a una humanidad organizada según la voluntad de Dios.

En el siglo XX, hermeneutas de la Biblia han confrontado más radicalmente la pregunta de cómo Jesús mismo precisamente entendía el reino. (a) Algunos hablaron de una inmediata expectación del final de los tiempos (ἐσχάτων), la cual lo condujo a una incondicional aceptación de la muerte; (b) otros desplazaron el final de los tiempos al histórico presente, argumentando que el reino ya ha sido realizado gracias a la obra realizada por Jesús; (c) otros, incluso, han intentado destacar de varias maneras una síntesis de estos dos puntos de vista, la vivencia del "reino de Dios" en el presente, y su consumación universal por un repentino acto de Dios en el futuro; (d) la mayoría de los investigadores hoy en día se sienten atraídos por la opinión de que el "reino de Dios" ya ha comenzado con la presencia de Cristo en la humanidad, y que se encuentra "en el proceso de su realización".

Otra importante contribución teológica de nuestro tiempo acentúa la "tensión" que se experimenta entre el "ya cumplido" y el "no todavía cumplido", es decir que el reino viene en el tiempo y que se cumplirá al final de los tiempos, y que durante ese intermedio se experimenta una tensión entre la realidad presente y entre la tardanza de la Parusía.

Un hecho de decisiva importancia es que el mismo Jesús asoció el reino de manera inseparable con su propia Persona. La certeza que tenía la Iglesia apostólica al ver que después de su resurrección Cristo fue "exaltado", la condujo a hablar del "reino de Cristo, "para que al nombre de Jesús toda rodilla se doble… y que toda lengua confiese que Cristo Jesús es el Señor para gloria de Dios Padre" (Flp. 2:10-11). De esta manera se conservó la interpretación cristológica que el mismo Jesús había dado del "reino de Dios", es decir que solamente en Él está presente. Como dijo Orígenes: "el reino de los cielos es Cristo mismo, animando a todos al arrepentimiento, y atrayendo a todos por la gracia"[2].

Para la tradición teológica ortodoxa, tanto el punto de partida como la base del "reino de Dios" son trinitarios. Se trata del reino del Padre, del Hijo y del Espíritu Santo. Después de la resurrección y de Pentecostés, es el reino de Dios y "el reino de su Hijo querido" (Col. 1:13), que viene a la historia con el poder del Espíritu Santo. Es una realidad eterna que entra "dentro de nosotros", y dentro del mundo por la gracia divina y por los misterios (*sacramentos*), y su cumplimiento es el objetivo y el final de la historia.

2. Misión: la proclamación del reino hasta los confines de la tierra y del tiempo.

Dentro de este marco del "comenzado y esperado reino de Dios", es que la misión tiene un puesto fundamental; es decir, la proclamación del reino "hasta los confines de la tierra", a la humanidad entera, con la perspectiva de su cumplimiento escatológico. Predicar el reino de Dios es un deber de

---

2   Orígenes, *Sobre el Evangelio de según Mateo*, 11, 12, *PG* 17:293, 26-29.

los discípulos de todos los siglos, la incorporación de todas las gentes de todos los pueblos al Cuerpo Místico de Su Iglesia, –el cual es el preludio y la "imagen" de Su reino. La predicación en todo el mundo es el prerrequisito de la consumación de la historia, de la maduración de la humanidad: "se proclamará esta Buena Nueva del reino en el mundo entero, para dar testimonio a todas las naciones. Y entonces vendrá el fin" (Mt. 24:14). […]

A través de los misterios (*sacramentos*) de la Iglesia, los fieles contemplan y viven el evento de la Transfiguración, el cual presagia con gloria la venida del reino de Cristo. Y es a través de la misión que todos están llamados a comulgar de la nueva vida, tomando parte de la alegre celebración del Cristo resucitado, y participando de la Liturgia, en la cual se experimenta el presente y el futuro del reino.

B. La proclamación del "Reino" en diferentes regiones del mundo

La predicación del reino continúa en cada generación, pero cada periodo tiene sus peculiaridades y sus circunstancias particulares. En este breve resumen que sigue, se señalarán algunas características particulares de ciertas regiones de la tierra, dando al mismo tiempo una referencia especial a las responsabilidades y el papel de los ortodoxos.

1. En las regiones del "Mundo Oriental".

En las regiones habitadas por pueblos tradicionalmente ortodoxos, los del llamado "mundo oriental", la Iglesia continúa (1983) haciendo su presencia sacramental en circunstancias que se viven en sociedades frecuentemente organizadas con ideologías anticristianas. En un medio ambiente que celebra y presume los históricos logros alcanzados en la igualdad y justicia social, los cristianos están llamados a reiterar la complejidad de la disposición de la persona humana, de sus búsquedas metafísicas, y de los pasos que todavía faltan para llegar a la dignidad de la existencia humana.

De manera discreta pero también clara, la presencia de la Iglesia hace notar los problemas relacionados con la muerte, con el sentido de la vida, con el sentido de la historia. Las comunidades ortodoxas en estas partes del mundo son como veladoras incesantemente encendidas, las cuales ayudan a las consciencias de la humanidad a estar en vilo para la llegada final del "reino de Dios". Esto se puede ver especialmente por su vida de culto litúrgico, por la manera humilde que dan testimonio de Cristo, por su "martirio", por la vivencia de los frutos del Espíritu Santo (Gál. 5:22) y por la expectación doxológica del final de los tiempos.

En el "mundo occidental", el galopante desarrollo tecnológico, la libre economía y la facilidad con la que se mueven las ideas, crean una nueva forma de vida, cuya característica más básica es ser un remolino alrededor de aspiraciones mundanas, absorbido por "los encantos de los tiempos de este mundo". Corrientes racionalistas han penetrado países tradicionalmente ortodoxos (como Grecia), incitando a jóvenes, a intelectuales, a artistas, a dudar del significado de la fe cristiana, y sobre todo de la organización eclesiástica.

Nuestros tiempos están en necesidad de inspirados dirigentes eclesiásticos, de una viva y actualizada teología, de centros monásticos serios, de abades y directores espirituales que puedan asistir a la gente para que estén vigilantes y para que puedan fijar su mirada en el objetivo, en el "final" de la historia.

Las comunidades ortodoxas que están esparcidas como minorías por los países occidentales, son focos de vida espiritual para sus miembros; son "señales" del Cuerpo sacramental de la Iglesia, son "iconos" humildes y "antiguos", y muy preciosos del reino. Están llamadas a desarrollar en el ambiente donde se encuentran una experiencia viva, de manera inmediata y actualizada a las condiciones de las sociedades contemporáneas, fusionando creativamente la profunda tradición ortodoxa con la practicidad de la sociedad occidental.

Las comunidades cristianas occidentales mantienen un continuo esfuerzo de resistencia contra varias corrientes de nuestra era, tales como el desarrollo tecnocrático, los reajustes sociales, las reorientaciones filosóficas, la interdependencia global, etc. Se esfuerzan al mismo tiempo por tratar de entender el significado de estos cambios, para poder replantear su propia posición y dar un testimonio de Cristo más fructífero.

Y nosotros los ortodoxos, que vivimos tanto en los países socialistas como en los de libre economía, tenemos el deber de asumir teológicamente, con amor, con sabiduría y con valentía espiritual, los problemas del hombre contemporáneo. Debemos concientizarnos de los cambios radicales que han traído el florecimiento de las ciencias y la tecnología, de sus mensajes positivos y negativos, evaluando y aprovechando de manera sobria las nuevas teorías de la vida y de la organización de la sociedad.

El anhelo a nivel mundial por la justicia y la hermandad no se puede abandonar a la explotación monopolística de otros; porque este ideal se encuentra en el corazón mismo de la predicación del reino. Está definido como su primer ingrediente. "Que el reino de Dios no es comida ni bebida, sino justicia, paz y gozo en el Espíritu Santo" (Rom. 14:17). Los "hijos del reino", que frecuentemente son llamados por la sinónima expresión como "los justos" (Mt. 13:43), deben ser productores de "justicia, paz y gozo en el Espíritu Santo" en su inmediato o más amplio medio ambiente. La nueva y siempre revolucionaria idea que tienen para ofrecer es el valor único de la persona (πρόσωπο – prósopo) humana, el cual han despreciado, tanto el capitalismo como el comunismo.

Un rasgo particularmente característico de nuestra era es la protesta explosiva de la juventud en contra de todo lo "establecido", su anhelo por una plenitud de vida y por experiencias profundas, su búsqueda por otras formas de espiritualidad que vayan más allá de la tradicional moral individualista, la búsqueda en los campos de religiones asiáticas, los intentos de escaparse utilizando drogas.

Este último fenómeno se parece como un regreso a una clase de religión primitiva practicada por pueblos que viven naturalmente, donde magos utilizan hierbas con propiedades alucinógenas para inducir a un estado de "liberación" a hombres o mujeres afligidos por ideas o deseos obsesivos, durante el cual ocurre una conmoción del equilibrio espiritual, un estado extático, un salto a otro mundo.

Una Ortodoxia viva debe mostrar un proceso de interna renovación y transformación, a través de la aceptación del Verbo y del poder vivificante del Espíritu, debe iniciar a personas al "deificante" espacio de los misterios del reino. Debe transmitir otra cualidad de vida, una cualidad "eterna" en su intensidad, su perfección y su plenitud, "para que tengan vida y la tengan en abundancia" (Jn. 10:10). Una vida que concede la fe cristiana, haciendo énfasis en la transcendencia de la naturaleza humana y el hecho de ser "imagen divina", que tiene comunión con la Santísima Trinidad, comunión activada en el Espíritu Santo y que contribuye a una sustancial transformación de vida.

2. En las regiones del "Tercer Mundo".

En los inmensos territorios del llamado "tercer mundo", la presencia cristiana es muy limitada, en especial la de las comunidades ortodoxas la cual es muy escasa, casi que simbólica. Existen, sin embargo, (en África oriental, central y occidental, en Japón y Corea) pequeñas comunidades que dan su testimonio de existencia ortodoxa. Son pequeñas veladoras que demuestran que la Ortodoxia no se identifica solamente con una sola región o una sola cultura, y que existe un mandamiento olvidado (Mt. 28:19) que está esperando un poco más de nuestra atención. Estas comunidades son al mismo tiempo como una especie de embajadas que representan a la tradición cristiana oriental, en países que se han acostumbrado de ver al cristianismo como una clase de exportación de mercado espiritual proveniente de Europa occidental, olvidándose que el cristianismo nació el Palestina y que comenzó a desarrollarse en Asia y en el norte de África.

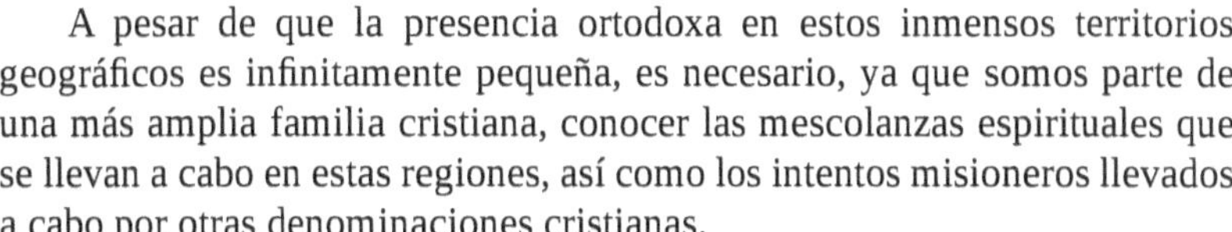

A pesar de que la presencia ortodoxa en estos inmensos territorios geográficos es infinitamente pequeña, es necesario, ya que somos parte de una más amplia familia cristiana, conocer las mescolanzas espirituales que se llevan a cabo en estas regiones, así como los intentos misioneros llevados a cabo por otras denominaciones cristianas.

Estos últimos años, con nuestra responsable participación en el Movimiento Ecuménico, los ortodoxos tenemos una continua invitación y desafío a compartir los problemas de las comunidades cristianas del llamado "tercer mundo". Tenemos también la oportunidad de transmitir experiencias teológicas de nuestra histórica subconsciencia y consciencia de la Ortodoxia y, de esta manera, contribuimos "indirectamente" en la correcta orientación de la obra misionera a nivel mundial. En especial las minorías ortodoxas en el mundo islámico, pueden jugar un papel importante en la mutua comprensión entre cristianos y musulmanes, en el diálogo interreligioso que ahora está comenzando.

Por otra parte, la sensibilidad que tienen estas nuevas comunidades cristianas por el desarrollo histórico y el progreso de sus propias gentes, a nivel social e individual, por supuesto que tiene mucho que decirnos con relación a la parte histórica del reino, en la dimensión del "ahora", para no desviarnos en parcialidades, ya que estamos con la mirada fija en el misterio escatológico del "reino de Dios". Se trata de un recíproco dar y recibir. Por esta razón es provechoso seguir con seriedad los problemas que les preocupan.

En *África* se presentan ahora exaltaciones de nuevos movimientos políticos, por un lado, de carácter nacionalistas o de autoridades totalitaristas, y por otro, hay diferentes movimientos religiosos que crecen y se propagan prolíficamente, de manera similar a los bosques vírgenes de África. Paralelo a las misiones cristianas hay, además, dos grandes fuerzas mundiales que con pasión electrifican a los africanos: el Islam y una guerrera de ideología comunista con varios matices. Los ortodoxos tienen por supuesto la oportunidad, pero también el deber de luchar más seria y sistemáticamente en esta área, donde ya existen varios avanzados asentamientos suyos.

El eslogan de "indigenización" el cual era originalmente una consigna de liberación de estructuras e ideas occidentales, las cuales trajeron junto con el cristianismo los misioneros occidentales, no debería conducir a nuevas formas de esclavitud, a una especie de absolutismo exclusivamente "africano", a un ingenuo africanismo "mesiánico".

El "reino de Dios", al cual todo ser humano está llamado, independientemente de su color o raza, tiene dimensiones que incluye a toda la humanidad ahora y en el futuro. La teología Trinitaria del oriente

continúa siendo la mejor infraestructura teológica para el desarrollo del significado de la persona humana (ἀνθρώπινου προσώπου), y del significado de su armoniosa coexistencia con las demás personas en una comunión de amor, dentro del misterio del Dios Trinitario. De esta manera podrá superar, tanto el "individualismo" egoistico, el cultivado por la mentalidad capitalista occidental, como también el peligro de la "masificación" de la gente, bajo una despiadada dictadura, como las que flagelan y afligen a muchos países africanos.

En *América Latina*, la búsqueda de una identidad nacional y de una sociedad más justa, son temas candentes que afectan la voluntad de la gente, y es natural para los cristianos que viven en esta región políticamente explosiva, el que se pongan problemas teológicos directos. El anhelo de sanear las estructuras de la sociedad, la idea de un "reino de Dios" "en el mundo" y dentro de la historia conducen a una urgente actitud socioeconómica y militante, y a una "teología de la liberación", con variadas tendencias a un mesianismo mundano.

A los cristianos de América Latina no les gustaría dejar solamente a fuerzas políticas la iniciativa de una transformación dinámica de la sociedad, fuerzas que se encuentran además con una actitud negativa frente a la fe, como ya ha sucedido en Europa oriental. Se trata de una sensibilidad concerniente a la realidad histórica, lo cual es, sin lugar a dudas, algo sumamente significativo. Sin embargo, como correctamente dijo Olivier Clément, "el peligro de esta teología es que pueda llegar a enfocarse exclusivamente el Antiguo Testamento y en Jesús, sin tomar en cuenta el misterio del Espíritu Santo y el misterio de la Trinidad". En la tensión de una lucha, siempre habrá la posibilidad de ser unilateral.

Junto a las tantas vigilantes conciencias cristianas de América Latina, la presencia ortodoxa y su pensamiento teológico deberán hacer recordar la necesidad de salvaguardar la totalidad del histórico y escatológico significado del reino. Esta verdad estimula la consciencia y exige en tiempo histórico luchas sociales por "justicia, paz y alegría", pero sin perder de vista la perspectiva de la consumación escatológica del reino.

En *Asia*, los grandes sistemas religiosos (Islam, Hinduismo, Budismo, Taoísmo, etc.), con sus diversas presentaciones, continúan siendo dominantes. Las Iglesias cristianas constituyen una pequeña, —en muchos países minúscula— minoría, pero frecuentemente, sin embargo, dinámicas. Además de los esfuerzos por la misión cristiana, en tiempos recientes se ha hecho sentir la necesidad de un diálogo fundamental con las gentes de otras religiones y confesiones. A pesar de que en algunos círculos cristianos el "dialogo" causa un cierto grado de sospecha, es verdad que su significado se ha ido aclarando cada vez más, y su importancia está siendo reconocida.

El encuentro, sin embargo, con otras religiones es bastante extenuante y difícil. Nos es difícil compartir el optimismo y las expectativas planteadas por queridos pensadores ortodoxos, quienes opinan que "las religiones mismas deberían ahora convertirse a Cristo", o que hablan del intento de "despertar a Cristo que está durmiendo en la noche de las religiones"[3].

Estas opiniones, en parte, pasan por alto las estadísticas de la historia de las religiones, y no ven que las grandes religiones mundiales son sistemas complejos, con requisitos y estructuras, los cuales muy difícilmente dan esperanzas para que desde el interior de ellas mismas pueda haber un "descubrimiento" de Cristo. No obstante, por supuesto que las religiones no son lagos cerrados sino grandes ríos exploradores, cuyas aguas son enriquecidas no sólo por sus manantiales, sino también por las nieves que se derriten en otras altas montañas, por las aguas que encuentran a su paso y por las lluvias que traen aguas de cercanos y lejanos mares.

El diálogo y el testimonio cristiano a nivel mundial, no solo va a permitir que los cristianos puedan entender mejor las experiencias religiosas y los logros de otras gentes, también se espera que abrirá para ellos ventanas a través de las cuales ellos puedan vislumbrar algo del misterio del reino. Creo que el culto litúrgico ortodoxo, su experiencia ascética y su disciplina están sintonizados en una misma longitud de onda con la contextura moral y las experiencias del mundo oriental. Al viajar por Tailandia, Ceylán, Corea y Japón, pude sentir muchos elementos externos de la religión Budista popular, los cuales están muy cercanos de nuestras propias expresiones de devoción, aunque sus asociaciones teóricas sean totalmente distintas.

China es un caso especial. Según parece, el comunismo ha jugado un papel de buldócer destruyendo toda la *flora* religiosa del pasado. Destruyó la sagrada y patriarcal estructura de la familia y de la sociedad (la cual había sido solidificada con el Confucionismo), y también muchos elementos de magia (que había cultivado el Taoísmo popular), y dio en general un énfasis especial al realismo chino. Sería, sin embargo, riesgoso afirmar que ha habido una total destrucción de la religiosidad laica china. Los incendios pueden destruir grandes árboles en los bosques, pero las raíces del pasto y de las pequeñas plantas pueden ser mucho más resistentes. La supervivencia de las formas religiosas chinas, son todavía evidentes en China continental y en las poblaciones que viven en Formoza (Taiwan), en Hong Kong y en Singapur. Muchos aspiran el día en que la sensibilidad china va libremente a recrear su propia experiencia religiosa, teniendo en frente todos los elementos,

---

3   Fr. George Khodre, "An Orthodox Perspective, Christianity in a Pluralistic World: The Economy of the Holy Spirit", en S. J. Samartha, ed., *Living Faiths and the Ecumenical Movement*, Geneva, 1971.

tanto del mundo occidental como las de otras culturas, en especial todos los elementos cristianos. El mensaje del "reino de los cielos" será siempre de vital importancia para este pueblo multitudinario, que siempre ha vivido con el sueño de una armonía cósmica, en la cual el hombre es el intermediario entre el cielo y la tierra.

Con este bosquejo de varios ejemplos quise simplemente recordarles que en este mundo nuestro cada vez más unido, en el cual se continúa hasta el día de hoy la predicación del "reino de Dios", presenta muchas variaciones. También que el testimonio cristiano concerniente a la venida de reino debe incesantemente observar "las señales de los tiempos", debe reflexionar sobre los mensajes que dan, debe aprovechar creativamente las circunstancias de la realidad histórica en la que vivimos. Porque el "reino de Dios" encontrará, claro está, su culminación final al final de los tiempos, pero no podemos olvidar que ya ha ingresado en la historia, y que es un directo deber apostólico de los cristianos la activación de la "levadura" (Mt. 13:33), para que haga su aparición en el mundo, en el lugar geográfico y en la realidad histórica en la que vivimos.

C. La predicación del Reino de Dios y nuestra responsabilidad personal

La observación del escenario global y de la informática, en general, son elementos esenciales para el entendimiento de los contextos del testimonio ortodoxo en el mundo contemporáneo. Serían, sin embargo, procesos simplemente cerebrales y sin vida, si no se complementaran con una referencia directa a la vida personal y a la responsabilidad de cada creyente ortodoxo. La predicación del "reino de Dios", no es algo sobre la cual se haga referencia de manera generalizada e indefinida. Lleva consigo consecuencias vivenciales para cada uno de nosotros, las cuales abren el horizonte de nuestra vida espiritual y traen esperanza, luz y alientos de vida:

1. El crecimiento de las "señales" del reino dentro de nosotros.

La contribución personal al advenimiento del reino comienza fundamentalmente con el crecimiento de sus "señales" dentro de nosotros. Cuando un ser humano se somete conscientemente al criterio y los requerimientos del "reino de Dios", cuando se convierte en "morada del Espíritu Santo", entonces llega a ser una "señal", llega a ser un indicador de la culminación escatológica del esperado reino; entonces, el reino se interna más profundamente en la comunidad humana. Su imagen y su brillo están reflejados en las caras de los santos, quienes lo han aceptado con toda su alma. San Macario de Egipto hizo el siguiente comentario respecto del pasaje

"el reino de los cielos está dentro de ustedes": "¿Qué más puede significar eso de que el reino está adentro, si no es la felicidad celestial del Espíritu Santo que está activa dentro de las almas dignas, con el gozo, la alegría y el deleite espiritual que tendrán los santos en la luz eterna del reino futuro? Las almas dignas y fieles serán merecedoras de este comienzo, incluso desde aquí, por la activa comunión del Espíritu"[4].

2. El reino de Dios vino y sigue viniendo.

Para cualquiera que viva conscientemente el "misterio de la fe", el "reino de Dios" vino y sigue viniendo. Esto, para el creyente, es la cosa más cierta en la historia de la humanidad. Es una bendita realidad que, a pesar de las demoras y de las oposiciones humanas, al final se va a consumar. El poder sentir su cercanía, el poder ver su consumación "en gloria", ha sido no solamente el contenido, sino también el nervio más vital de la misión. Esta visión llena las almas de los fieles con valentía, optimismo, sobriedad y serenidad. Ningún esfuerzo hecho por el "reino de Dios" se va a perder. Fijando la mirada en Aquel que se encuentra más allá de la historia, proyectando el final de los tiempos al día de hoy, activa la voluntad para hacer buen uso del momento presente.

3. Regalo de Dios, pero también con un intenso esfuerzo humano.

El "reino de los cielos" en un *regalo de Dios*, es una ofrenda de Él, pero requiere también un intenso esfuerzo humano, porque "sufre violencia, y los violentos lo arrebatan" (Mt. 11:12; Lc. 16:16). "Porque el reino de Dios no es de los que duermen ni de los tontos"[5]. Existen algunas condiciones que deben ser cumplidas cabalmente, existen también niveles que deben ser conquistados. El decidido camino comienza con el arrepentimiento (Mt. 3:2), con la postura correcta frente a Cristo, la persona a través de la cual nos relacionamos con el reino, el cual llega a su consumación por nuestra unión con Él. El reino no se gana con palabras simplemente: "no todo el que me diga: Señor, Señor, entrará en el reino de los Cielos" (Mt. 7:21). No se puede tomar con costumbres religiosas convencionales: "si vuestra justicia no es mayor que la de los escribas y fariseos, no entraréis en el reino de los Cielos" (Mt. 5:20). El esfuerzo violento y la gracia se retroalimentan mutuamente.

La vida cristiana tiene un carácter dinámico y evolutivo. El creyente ya está en posesión de algo valioso, pero continuamente encuentra más y más. Se encuentra en un camino de transformación "cada vez más gloriosos (ἀπὸ δόξης εἰς δόξαν – *de gloria a gloria*)" (2 Cor. 3:18) con la presencia y

---

4   Macario de Egipto, *Primera carta a los monjes*, ΒΕΠΕΣ, vol. 42, p. 161.

5   Clemente de Alejandría, *Homilía sobre cual hombre rico es salvado*, Β Ε Π Ε Σ, 8:361, 36-38.

las energías del Espíritu Santo. El creyente recibe continuamente, descubre y ofrece (Mt. 13:52). Los creyentes que transmiten el mensaje del reino no son perfectos; se asemejan a personas sedientas que, sabiendo donde se encuentra "el agua viva", dicen a los demás en dónde pueden calmar su sed.

4. Incorporación al Cuerpo místico de Cristo.

Nuestra experiencia cristiana personal se estabiliza y fortalece con nuestra incorporación al Cuerpo místico de Cristo. Nuestro testimonio saca fuerzas de la experiencia de la Iglesia. Por esta razón, a final de cuentas, nuestro testimonio individual y personal de Cristo es, en el fondo, un *evento eclesiástico*. Cuando confesamos al Señor, lo hacemos principalmente como miembros de una comunidad, de la Iglesia, la cual continúa Su obra. "Porque es solamente en la Iglesia que el reino de los Cielos es predicado, y todo objetivo del Evangelio de la salvación en esto está enfocado"[6]. Los misioneros ortodoxos no operan como individuos. Si es que andan de a dos o de a tres, si es que tienen como intención el formar inmediatamente una comunidad de culto litúrgico, no lo hacen simplemente para ayudarse mutuamente, sino para formar una "señal", una "revelación", un "instrumento" del reino de los cielos que ha venido y que está por venir.

Puede que la Iglesia presente traumas en su corteza histórica, en este o en aquel lugar, pero en lo más profundo de su ser permanece como una "institución divina", y de divina hipóstasis. La presencia de "escándalos" en este campo de la historia, no refuta el hecho de la existencia del reino, por el contrario, reafirman su histórica autenticidad. En su fase terrenal, en este intervalo entre su fundación y su culminación, entre la siembra y la cosecha, junto con la "buena semilla", "crece también" la cizaña (Mt. 13:24-30), junto a los "hijos del reino" se desarrollan también los "hijos del maligno" (Mt. 13:38). No hay nada de extraño con este fenómeno. "Todos los escándalos" serán recogidos "al fin del mundo", en la culminación del reino. Hasta entonces, es necesario tener una paciente aceptación de esta realidad y fortalecer por todo medio a la "buena semilla".

5. Experimentar al reino en la vida litúrgica.

Para la conciencia ortodoxa, la cima de la experiencia del reino sobre la tierra y la esencial anunciación de su llegada, se encuentra en su vida litúrgica. Ella constituye el "modelo" y el reflejo de la Liturgia celestial, la resonancia de la doxología de los ángeles y los santos que contemplan la gloria del Rey del universo. La naturaleza del reino sobrepasa cualquier descripción verbal. Sentimos el reino con todo nuestro ser y lo gustamos

---

6 Eusebios, *Sobre las inscripciones de los salmos. Una breve interpretación de algunos,* PG 23:1045, 35-37.

anticipadamente en la asamblea Eucarística, junto con todos los fieles de todas las épocas y lugares, al comulgar el santísimo Cuerpo y la preciosa Sangre, "para añadidura de la gracia divina y para habitar el reino"[7]. El tener la experiencia del "ya iniciado y todavía esperado reino de los cielos", concede otro sentido de vida diferente y otra clase de dinamismo. Nos trae un amanecer del reino dentro de nosotros. [...]

6. El reino de Dios "no es de este mundo".

El "reino de Dios" está ya presente en el mundo, pero "no es de este mundo" (Jn. 18:36). Los "principados" y las "potestades" de "este mundo tenebroso" (Ef. 6:12) han sido fundamentalmente destronados después de la obra redentora de Cristo, pero no han sido todavía totalmente anulados. En este proceso histórico de la humanidad, ellos mantendrán su testarudez y seguirán lanzando sus contraataques, a pesar de saber que la lucha ya ha sido sentenciada por la cruz y la resurrección de Cristo. El destino de los "hijos del reino" sigue siendo el colisionar con estas fuerzas, el continuar la obra de Cristo, quien vino "para deshacer las obras del diablo" (1 Jn. 3:8). [...] En el diálogo con los diferentes movimientos sociales existen muchos puntos de los cuales debemos valorar y aprovechar. Mientras nos mantenemos sensibles a lo temporal, a lo "político", debemos, sin embargo, mantener nuestra mirada fija y mostrar también lo escatológico, lo eterno.

7. La "urgencia" de su proclamación.

Quien vive en la luz del "reino" y puede sentir su importancia, no podrá sino sentir la "urgencia" de su proclamación. La frase consigna "la confesión de Cristo hoy", la cual se ha estado utilizando mucho estos últimos años, no conduce nuestras mentes solamente a las circunstancias presentes y a los problemas de las misiones de hoy, sino también a la directa obligación de confesar a Cristo, a que se proclame el Evangelio del reino, no mañana, sino hoy. Las gentes pueden, y deben, entrar al reino, hoy (Mt. 5:20; 18:3; 20:1-16). El esfuerzo, además, de vivir los principios y el espíritu del reino, deberá efectuarse en el "ahora" de cada día. El diablo se basa muchísimo en las grandes resoluciones del hoy, las cuales se han aplazado para mañana. Posiblemente, estando él también modernizado, tendrá mucho en cuenta las interminables discusiones en comités y asambleas en las cuales terminan frecuentemente sin ninguna acción.

8. Regocijo, pero también tribulación.

Participar en el reino significa *regocijo, pero significa también tribulación*. Las parábolas del "tesoro escondido" y de la "perla fina" (Mt.

---

7   Oraciones antes de recibir la Santa Comunión.

13:44-45), hablan de la suprema alegría por haber encontrado y adquirido un gran regalo de Dios. La atmósfera del reino es "paz y alegría en el Espíritu Santo". Pero también se requiere tener prontitud, renuncia de sí mismo y sacrificio. La entrada será por la "puerta angosta". La experiencia apostólica y la vida de los santos enfatizan que "es necesario que pasemos por muchas tribulaciones para entrar en el reino de Dios" (Hch. 14:22).

El hecho de abrir el camino para la llegada del reino, en la historia y en los corazones de las gentes, no es algo simple ni fácil. Tiene su costo. Quien quiera trabajar efectivamente en la propagación del Evangelio deberá estar preparado para sufrimientos y calamidades. No existe cristianismo sin cruz. Tampoco existe vida cristiana y misionera sin una co-crucifixión con Cristo. Todos los que ambicionan la comodidad, el poder de esta era, las riquezas mundanas y los privilegios, no podrán ser "hijos" y predicadores del reino; contribuyen simplemente a que se malentienda su significado. La tradición ascética de la Iglesia Ortodoxa es una continua protesta existencial al cristianismo fácil y acomodado, cristianismo que alaba con la boca la cruz de Cristo, pero con los hechos la evita y llega, incluso, a ser su enemiga.

$$* * *$$

"Bendito sea el reino del Padre, del Hijo y del Espíritu Santo…". Con esta invocación doxológica del reino comienzan los misterios (*sacramentos*) básicos de nuestra Iglesia. La transformación de nuestra vida en un misterio y una imagen del reino, se lleva a cabo en la cotidianidad, con la invocación de acción de gracias (*eucaristía*) y teniendo la mirada fija en el reino.

6

Descubriendo el Carácter Misionero Ortodoxo

(1978)

Principal conferencia en el Colloqué organisé par le Commité des Recherches d´Histoire des Religions, "Aspects de l´Orthodoxie – Structure et spiritualité", • Primera publicación: "A la redécouverte de l´éthos missionaire de l´Eglise Orthodoxe", *Aspects de l´Orthodoxie*, Strasburg 1978, pp. 78-96. • «Τό ὀρθόδοξο ἱεραποστολικό ἦθος» (El carácter misionero ortodoxo), *Φῶς Ἐθνῶν* 1978, con varias adiciones. • "Discovering the Orthodox Missionary Ethos", *Martyria–Mission. The Witness of the Orthodox Churches*, ed. I. Bria, Geneva 1980, pp. 20-29. • «Ἀνακαλύπτοντας τό ὀρθόδοξο ἱεραποστολικό ἦθος» (Descubriendo el carácter misionero ortodoxo), traducido por I. Roelides, Jesus, Nicosia 2000, pp. 25-38. (Existieron algunas variaciones en cada uno de los tres idiomas). • Ἱεραποστολή στα ἴχνη τοῦ Χριστοῦ. Θεολογικές μελέτες καί ὁμιλίες, (Apostolado, hacer misión tras los pasos de Cristo. Estudios y conferencias teológicas), Atenas, 2007, cap. 6, pp. 155-174. • "Mission in Christ´s Way, An Orthodox Understanding of Mission", Holy Cross Orthodox Press, Brookline, 2010, cap. 6, pp. 117-143.

e puede observar que durante estas últimas décadas ha habido, en el seno de las Iglesias Ortodoxas, un reavivamiento por el interés misionero. Primero, hay una nueva autoconciencia misionera; segundo, hay un más claro autoconocimiento de la realidad histórica de las Iglesias Ortodoxas; y tercero, existe una activa preocupación en relación con la presencia misionera ortodoxa en el mundo contemporáneo.

A. Autoconciencia teológica

1. La obligación de hacer misión.

El interés por las misiones no se presenta ya más como algo novedoso, como una innovación dentro de la Iglesia Ortodoxa, sino como un redescubrimiento de las fuentes de la tradición. La misión está siendo enfatizada recientemente, de varias maneras y en diferentes contextos teológicos, como una característica esencial de la naturaleza de la Iglesia; es la extensión de la obra de Cristo en el tiempo y en el espacio. La apostolicidad de la Iglesia no se refiere solamente a la sucesión apostólica, sino también al hecho de que mantiene inextinguible el espíritu apostólico, para que el Evangelio pueda alcanzar hasta "los confines de la tierra".

La misión es considerada como una expresión del carácter ($\mathring{\eta}\theta o\varsigma$) de la espiritualidad ortodoxa, cuyos dos polos son la resurrección y pentecostés. El mandamiento, "id, pues, y haced discípulos a todas las gentes" (Mt. 28:19) es una consecuencia del triunfo del resucitado Señor. La resurrección es el punto de partida de la expansión de la misión de los discípulos por todo el mundo, para que la victoria de Cristo y la salvación de la naturaleza humana sea predicada a "toda la creación".

2. El significado de la misión.

Después de que fue enfatizado el deber de hacer misión, durante este nuevo despertar de la conciencia misionera ortodoxa, el pensamiento teológico se concentró en el significado de la misión cristiana. Temas básicos en el pensamiento y la experiencia de la teología de la Iglesia oriental son, por un lado, el amor del Dios Trinitario en una perspectiva ortodoxa y, por el otro, una visión doxológica del misterio de Dios y de la existencia humana. Según las Sagradas Escrituras, el desarrollo de la historia comienza y termina con la gloria del Padre. Las intervenciones de Dios en la historia consistieron en una serie de teofanías; la definitiva manifestación de la gloria de Dios alcanzó su culminación en la cruz y la resurrección.

La contemplación de la gloria del Dios Trinitario es el objetivo supremo del "estar" con Cristo. Con la obra redentora de Cristo viene el amanecer del último día, es decir la participación del hombre en la deificación ($\theta\acute{\epsilon}\omega\sigma\iota\varsigma$), en la vida gloriosa de la Santa Trinidad. Hasta entonces, el Espíritu Santo continúa llevando a cabo el plan divino, con la participación de los discípulos del Señor, a quienes dio la autoridad de predicar la salvación a toda la creación y de preparar la Segunda Parusía, en la cual la gloria de Dios será totalmente revelada.

Todos aquellos que "han contemplado Su gloria" a través de la fe y de los misterios (*sacramentos*), y que se han convertido en miembros de Su cuerpo, participan en una misión la cual tiene un objetivo: la *recapitulación* de todos en Cristo y su participación en la gloria divina. El propósito y el objetivo de la actividad misionera de las Iglesias locales y de los fieles están puestas en este más amplio marco teológico. La predicación del Evangelio es un movimiento doxológico. La fundación de una Iglesia local es un preludio del reino de Dios; la creación de una comunidad Eucarística, la cual participará, a través de los misterios (*sacramentos*) y de su vida como tal, en las alabanzas y en la vida de la Iglesia entera. Contribuye, además, a que la presencia de Cristo sea más perceptible en un lugar y en un tiempo específico, "hasta que venga" definitivamente, en su Parusía final.

Si el misionero es incapaz de transmitir esta clase de gloria, –la cual no es de este mundo, y por lo tanto no es una reflexión de la cultura, de la riqueza y de los conocimientos de este mundo, sino que es la gloria de Dios, tal como se revela a través del misterio de la "abnegación" ($\kappa\acute{\epsilon}\nu\omega\sigma\iota\varsigma$), de la resurrección y de Pentecostés– entonces no tiene nada esencial para ofrecer.

B. Tomar conciencia de la realidad histórica de la Ortodoxia

En el occidente ha habido una opinión generalizada que la Iglesia Ortodoxa históricamente ha sido indiferente por la misión; de que ha estado demasiado preocupada con disputas teológicas y con una vida litúrgica introvertida, y que ha cultivado una espiritualidad estática a través del monacato, indiferente al mundo y a los eventos históricos. Un estudio más profundo y cuidadoso de la historia de la Iglesia Ortodoxa nos revela que su contribución en la propagación del cristianismo ha sido muy importante a través de los siglos, y que la Ortodoxia ha vivido según los principios teológicos ya mencionados anteriormente, de manera multifacética y multidimensional.

1. La Iglesia de Bizancio.

La Iglesia de Bizancio, siguiendo la tradición misionera de los primeros tres siglos, continuó interesada por la propagación del Evangelio. No

podemos adentrarnos en detalles históricos en este momento[1], pero sería provechoso recalcar algunos principios básicos que caracterizan la actividad misionera bizantina ortodoxa.

(a) Los bizantinos se interesaban simultáneamente, tanto por la misión interna, esto es, dentro de las fronteras geográficas del imperio, donde existían varios focos y bastiones de idolatría, como también por la propagación del Evangelio fuera de las fronteras de Bizancio.

(b) Los misioneros ortodoxos intentaron crear una auténtica comunidad litúrgica local y de traducir las Sagradas Escrituras y los textos litúrgicos a los idiomas locales. Las veces que no aplicaron este principio, como por ejemplo en los casos de las tribus árabes, las consecuencias fueron catastróficas. El hecho de que se haya desarraigado el cristianismo de la vida de los pueblos árabes, se debe en parte a que no tenían en su propio idioma los textos bíblicos y litúrgicos.

(c) La construcción de un hermoso templo siempre ha sido una prioridad, no solo por razones prácticas, sino también porque es un símbolo visible de la presencia de Dios en medio de la gente, el lugar donde se celebrarían los misterios (sacramentos) del "reino que ha venido y que está por venir".

(d) El énfasis que se la daba a la vida litúrgica y al ideal ascético no inhibió el interés por las dimensiones sociales, políticas, y culturales de la vida. Junto con la religión, los bizantinos ofrecían a los pueblos que atraían al cristianismo su experiencia en temas de gobierno y de educación; les dieron las bases para que pudieran desarrollar su propia literatura, y les dieron los primeros maestros y artistas para que instruyeran a futuros líderes en diferentes campos culturales; además, todos los prerrequisitos necesarios para que se pudieran desarrollar en verdaderas naciones, para que pudieran determinarse a sí mismos, para que formularan su identidad propia.

---

1   Para una breve historia de las misiones Ortodoxas ver, A. Yannoulatos, "Les misions des Églises d´Orient", *Encyclopaedia Universalis*, vol. XI, Paris 1972, pp. 99-102. Para más información sobre las misiones Bizantinas ver del mismo autor, "Βυζάντιον, "Έργον Εὐαγγελισμοῦ" (Bizancio, obra de evangelización), en la Θρησκευτικὴ καὶ Ἠθικὴ Ἐγκυκλοπεδεία, Atenas 1964, Vol. 4, pp. 19-59. ""Έως ἐσχάτου τῆς γῆς" (Hasta los confines de la tierra), Atenas 2009. Entre varios estudios específicos, ver en especial: C. Diehl, *"Justinien et la civilisation Byzantine au VIe Siècle"*, Paris 1901, y *"Le grand problème de l´histoire Byzantine"*, Paris 1943. F. Dvornik, Les Slaves, Byzance et Rome au IXe Siècle, Paris 1929 (en francés).

(e) De acuerdo con la tradición teológica bizantina, la unidad cristiana no fue lastimada por la variedad de mentalidades, idiomas, costumbres, culturas e identidades nacionales. No realizaron, por lo tanto, una política colonialista, sino que ayudaron a estas nuevas naciones a formar sus propias personalidades y a que se desarrollaran como entidades autónomas.

(f) La actividad misionera nunca fue un trabajo en manos de los llamados "misioneros expertos"; a las misiones contribuían personas de toda clase social. La mayor carga la desarrollaban los monjes y clérigos, pero muchos laicos, políticos, militares y hasta prisioneros, contribuyeron espontáneamente en la propagación del Evangelio.

2. La Iglesia Rusa.

La Iglesia Rusa adoptó la tradición misionera de Bizancio. Continuaron desarrollando con originalidad y atrevimiento, los métodos heredados de los bizantinos. Por ejemplo, la catolicidad significaba para ellos que la obligación de hacer misión se extendía dentro y fuera de las fronteras del imperio; había la participación tanto del clero como de los laicos, y una todavía más amplia movilización de los fieles; se esmeraban por la educación y formación de clérigos nativos; trabajaban en la traducción sistemática y deliberada de textos religiosos y litúrgicos a las lenguas nativas; hacían la celebración de la Divina Liturgia en la lengua local de la gente; había un énfasis en la belleza del templo como un símbolo visible de la belleza de Dios en el lugar.

Desde principios del siglo XIX hasta la revolución marxista, la Iglesia rusa desarrolló sistemáticamente actividades misioneras tanto internas como externas, en China, Japón y Corea[2].

En el inmenso territorio ruso, los monasterios eran bastiones y centros de expansión y de estabilización del cristianismo. Durante los siglos XIX y XX, fueron creadas instituciones, tales como la famosa "Academia Espiritual (Teológica) de Kazán, la cual estaba dedicada a estudios lingüísticos, religiosos y misioneros. También fue fundada en 1870 la "Sociedad Misionera Ortodoxa", por el famoso misionero Inocencio Veniaminov, Metropolita de Moscú, con el objetivo de educar y apoyar a misioneros, produciendo y

---

2   A. Yannoulatos, "Ἡ Ὀρθοδοξία εἰς τὴν Κίναν" (La Ortodoxia en China), *Porefthendes–Go Ye*, 4, (1962), vol. 14, 26-30, vol. 15, pp. 52-55. Idem., "Ἡ Ὀρθοδοξία εἰς τὴν Ἀλάσκαν" (La Ortodoxia en Alaska), *Porefthendes–Go Ye*, 5, (1963), vol. 17-18, pp. 14-22, vol. 19-20, pp. 44-47. Idem, "Ἡ Ὀρθοδοξία στή χώρα τοῦ ανατέλλοντος ἡλίου" (La Ortodoxia en el país del sol naciente), *Ortodoxía 1964: Congreso Pan-Ortodoxo*, Atenas 1964, pp. 300-319, 338-340. Idem., "Ὁ ὄρθρος τῆς Ὀρθοδοξίας εἰς τὴν Ἰαπονίαν" (El maitines de la Ortodoxia en el Japón), *Porefthendes–Go Ye*, Atenas 1971. Idem., ""Ἕως ἐσχάτου τῆς γῆς" (Hasta los confines de la tierra), Atenas 2009.

diseminando publicaciones misioneras, y proporcionando ayuda económica a grupos misioneros ortodoxos.

3. Otras Iglesias Ortodoxas.

Desde mediados del siglo XV, hasta mediados del siglo XIX, las Iglesias Ortodoxas de Asia Menor, Grecia, Yugoslavia, Bulgaria y parte de Rumania se vieron confrontadas con el problema de sobrevivir la dominante opresión islámica-turca. Bajo estas condiciones, era imposible hablar de alguna actividad misionera. A pesar de esto, existen algunos textos griegos que hacen referencia de un considerable número de musulmanes que se convirtieron al cristianismo y que murieron como mártires. Durante este prolongado período de ocupación turca, algunos personajes excepcionales (como San Cosmás de Aitola, San Níkon Metanoíte y otros), lucharon por restaurar a la fe cristiana en aquellas poblaciones que habían sufrido la influencia del Islam. Durante esos años difíciles, los monasterios fueron siempre centros de fortalecimiento espiritual.

Si excluimos el caso de algunas fases de la misión rusa, las otras Iglesias Ortodoxas, a manera de regla, no tomaron parte en las visiones y los planes del cristianismo occidental el cual combinó durante los últimos siglos, la actividad misionera con objetivos políticos de las grandes potencias. Al contrario, las Iglesias Ortodoxas locales, viviendo bajo la opresión de estados de otra religión, se encontraron nuevamente en el ambiente de la Iglesia primitiva, el de persecución y martirio. Esta es la razón por la cual nosotros los ortodoxos no compartimos este peculiar sentimiento de culpabilidad, ni tampoco las expresiones de "arrepentimiento" hechas hoy día por algunos cristianos de occidente por sus "políticas de colonización cristiana"; expresiones que son aprovechadas por varios representantes de otras religiones. Al contrario, sentimos que pertenecemos social y políticamente al costado de los que han sido oprimidos por los seguidores de otras religiones y confesiones cristianas, y no del costado de los opresores y los colonizadores espirituales. Por esta razón, en la discusión contemporánea sobre tácticas misioneras, estamos obligados a recordarle a los demás que las misiones erróneas de las llamadas naciones cristianas no representan la posición cristiana, sino más bien una postura política, que utilizó medios y máscaras, utilizó incluso al mismo cristianismo.

C. Problemas y actividades de la misión ortodoxa contemporánea

1. Problemas contemporáneos en la actividad misionera.

(a) Las nuevas Iglesias Ortodoxas locales que comenzaron a existir después de que varias naciones balcánicas hayan adquirido su independencia, se vieron enfrentadas con varios problemas internos. Al mismo tiempo, numerosos grupos emigraron a países occidentales, donde prevalecían varios credos religiosos. En su esfuerzo de preservar sus propias tradiciones religiosas, los ortodoxos se vieron forzados a formar grupos cerrados. Con el fin de confrontar las diferentes olas de ateísmo o de secularización, que habían comenzado a infiltrarse a tierras tradicionalmente ortodoxas se crearon, en las Iglesias regionales, sociedades ortodoxas especializadas en misión, gracias a las iniciativas de obispos, sacerdotes y dirigentes laicos, y comenzaron a desarrollar programas para misiones domésticas.

(b) Las nuevas condiciones prevalecientes en nuestros días (1978), la restructuración radical de la sociedad, y otros profundos cambios, han creado en las Iglesias Ortodoxas problemas extremadamente difíciles. Con los regímenes comunistas al poder en Europa oriental, y con el continuo efecto erosivo de la secularización en países tradicionalmente ortodoxos, tales como Grecia, el campo de la misión interna se está tornando cada vez más claro y más crítico.

Los fieles están llamados a tomar parte en una lucha espiritual universal y multidimensional, tanto en la tierra patria como en el extranjero. Así que cualquier polarización de intereses entre misiones "internas" y "externas" deberán ser evitadas; cada una refuerza y estabiliza a la otra. El deber mundial de hacer misión es cada vez más evidente. Toda la Iglesia debe ofrecer el Evangelio a todo el mundo: a los que están cerca como a los que se encuentran lejos, y debe preocuparse por todo ser humano y por toda vida humana.

(c) La participación de las Iglesias Ortodoxas en el Consejo Mundial de Iglesias y las relaciones con la Iglesia Católica Romana, han permitido a muchos ortodoxos adquirir un mayor conocimiento de las escenas de misiones a nivel mundial, o sea el pensamiento, la organización y las actividades de las Iglesias occidentales, así como una más amplia información sobre los problemas misioneros. De esta manera, se puede observar una disposición de cooperación en esfuerzos tales como la traducción de las Sagradas Escrituras, el entrenamiento misionero, programas cristianos en la radio y la televisión, la participación en varias investigaciones, además de los esfuerzos de dialogar con personas de otras religiones e ideologías. Sin embargo, quedan serios problemas eclesiológicos en el camino, los cuales no podemos dejar en el silencio. Cuando llegamos al corazón de estos temas, nosotros los ortodoxos sentimos que la búsqueda del Amor es inseparable de la búsqueda de la Verdad, y que la esencia crítica del diálogo teológico, incluso en esta área, no es simplemente un derecho, sino una obligación.

Aunque una participación completa en las actividades misioneras comunes presentan serias dificultades con relación al Derecho Canónico, y por la falta de personal y de recursos queda, sin embargo, una vasta área de conjunta investigación teológica y para una correcta cimentación espiritual de la misión. Los ortodoxos, por lo tanto, no vacilan en enfrentar estos problemas conjuntamente con los fieles de las Iglesias occidentales, e intentan, con humildad y con una valentía que nace del amor, a contribuir a un mejor entendimiento del significado del testimonio cristiano en el mundo contemporáneo.

2. Actividades de las misiones ortodoxas de hoy.

El renovado interés de las Iglesias Ortodoxas por la "misión exterior" se generó recientemente a partir de dos facetas inesperadas.

La primera fue la aparición de Iglesias Ortodoxas autóctonas en África occidental, las cuales no fueron el resultado de alguna actividad de misioneros Europeos. Este es el caso de los núcleos ortodoxos de Uganda y Kenia, cuyos miembros llegaron de las llamadas "Iglesias Africanas Independientes" (African Independent Churches). Estas Iglesias se habían formado más o menos en la década de 1930, como una reacción a las políticas de algunos misioneros protestantes[3].

El cuidado de estas Iglesias fue asumido por el Patriarcado de Alejandría, el cual creó en 1960 una diócesis especial para supervisar el trabajo pastoral de estas comunidades. Otro esfuerzo, en campo virgen, fue iniciado poco después por misioneros griegos en Zaire. Debemos admitir que desafortunadamente el despertar de esta búsqueda africana encontró a los ortodoxos en un período de letargo en su conciencia misionera, y por esta razón no estaban preparados para responder adecuadamente a las posibilidades que se estaban presentando. Así que la Iglesia Ortodoxa Africana quedó inicialmente sin una ayuda verdadera, y se desarrolló con todas las ventajas y desventajas de una planta que germina espontáneamente.

El segundo empuje se originó con la iniciativa de un grupo de jóvenes en 1959. El "Secretariado General del Comité Ejecutivo para Misiones" de la Fraternidad Mundial de Jóvenes Ortodoxos llamada *"Syndesmos"*, comenzó la publicación en griego y en Inglés de la revista *"Porefthendes– Go Ye"*. En 1961 decidió fundar un autónomo Centro Misionero Inter-Ortodoxo. Este centro también recibió el nombre *"Porefthendes"*, y tuvo como objetivos los siguientes puntos: la investigación de los problemas

---

3   D. E. Wentink, "The Orthodox Church in East Africa", *The Ecumenical Review* 20 (1968), pp. 33-43. Cf. Doens, "Information Supplémetaire sur l'Église Orthodox en Afrique Orientale", *Revue du Clergé Africain* 25 (1969), pp. 543-576. En ambos artículos hay presentadas opiniones reservadas y varios puntos de vista.

prácticos y teóricos asociados con la misión ortodoxa en el exterior; cultivar la consciencia misionera en las Iglesias Ortodoxas; ayudar a los pequeños núcleos misioneros en Asia y África; y contribuir al entrenamiento de personal misionero. El Centro continuó la publicación de *"Porefthendes–Go Ye"* durante toda la década de 1960-1970 (ver un análisis más profundo en el capítulo 11, parágrafo B, de este libro). [...]

D. El carácter Ortodoxo en el testimonio cristiano

Me gustaría agregar algunas básicas "categorías del pensamiento misionero" que existen en los depósitos de la experiencia y de la autoconciencia teológica ortodoxa, las cuales determinan el carácter ortodoxo en el testimonio cristiano.

1. Encarnación del Verbo.

La misión cristiana no busca "conquistar" al mundo; tampoco tiene el objetivo de propagar y de proyectar un estado cristiano que controle todo. No tiene como objetivo aumentar el poder de la Iglesia organizada, sino el servir a la gente con amor y humildad, de otorgarles la salvación. No se trata simplemente de transmitir enseñanzas religiosas, sino de la "encarnación" del Verbo en nuevas regiones geográficas y nuevas circunstancias, se trata de la fundación de nuevas "Iglesias", nuevos núcleos de verdad y gracia, donde serán celebrados los misterios (*sacramentos*) del reino, y donde su llegada pueda ser experimentada en gratitud y doxología.

2. En la luz de la teología Trinitaria.

La contemplación universal del mundo y del hombre dentro de la luz de la teología Trinitaria es un requisito para poder actuar correctamente y de forma concreta a nivel local. Una característica básica del pensamiento y de la acción teológica ortodoxa es la constante referencia, con una actitud doxológica, a la doctrina de la Santa Trinidad; donde el pensamiento humano, humillado y transformado, se convierte en un fiel recipiente de la materialización del amor. Para los ortodoxos, los llamados asuntos prácticos de la Iglesia son, a final de cuentas, una extensión de los principios dogmáticos. Así que creemos que la teología Trinitaria de oriente es la mejor infraestructura teológica para la apreciación de la importancia de la *persona* humana, y la armoniosa coexistencia con otras *personas* humanas en una comunidad de amor (κοινωνία ἀγάπης).

Esta certeza y perspectiva teológica hace posible superar, tanto el individualismo egoistico cultivado por la mentalidad capitalista de occidente, como el peligro de masificación que reduce a las personas en masas deshumanizadas, bajo las varias formas de dictatoría que atormentan y agobian a tantos países. El mensaje cristiano, al revelar el inmenso valor y

la potencialidad de la *persona* humana, busca transfigurar la vida a través de la "comunión" con la vida de la Santa Trinidad. De esta manera, se convierte en testimonio de la epifanía de la gloria de Dios en el mundo contemporáneo; mundo que está ardiendo con el deseo de una transfiguración divina.

3. Autenticidad interna.

En la tradición ortodoxa se le da un énfasis especial a la autenticidad interna, y al significado dinámico de la misma santidad de vida de cada fiel para lograr una radiación del Evangelio. Cuando una persona se somete conscientemente a las normas y las exigencias del reino de Dios, cuando se convierte en morada del Espíritu Santo, entonces se convierte en una viva "señal" de la esperada culminación de la Segunda Parusía. El reino del Dios del amor está iluminado y reflejado como un espejo por las caras de los Santos, quienes lo recibieron con toda su alma.

En la historia de la Ortodoxia, los más grandes misioneros fueron los monjes, quienes vivieron sin concesiones el Evangelio, y quienes tuvieron el corazón latiendo con el grito del Apocalipsis, "¡ven, Señor Jesús!" Lo que creaba una asombrosa persuasión en la actividad misionera de monjes, era la coherencia de sus vidas según los consejos evangélicos de pobreza, castidad y amor. Nos referimos, claro está, a los héroes consecuentes con el ideal monástico, y no a los que pobremente los imitaban.

El carácter ascético de la Iglesia Ortodoxa no se limitaba únicamente a los monasterios, sino que impregnaba de manera general la conciencia de todos los fieles. Porque la vida en matrimonio tiene también su propio ascetismo, y cada creyente está llamado a una lucha espiritual para establecer el reino de Dios dentro de sí, independientemente de las condiciones externas en la cual vive.

La tradición ortodoxa tiene profundamente arraigada en su conciencia que el vivir tiene prioridad sobre el hablar. "Vida sin habla puede ser más beneficiosa que habla sin vida. Porque la primera puede ser beneficiosa incluso sin hablar, pero la segunda, aun gritando, puede perturbar", escribió San Neilos (†430). Superando cualquier polarización, la conciencia ortodoxa observa, claro está, que lo ideal se encuentra en la combinación de estos dos elementos. "Y si el habla y la vida van juntas, se convierten en imagen de toda la filosofía"[4].

Toda la tradición tiene enfocada su atención en el "ser" en Cristo, o más precisamente en el incesante "estar haciéndose" en Cristo, en el continuo esfuerzo por el arrepentimiento y la transformación. La purificación interior

---

4   San Neilos, *Epístola 3*, 242, *PG* 79:496D. Cf. *Epístola* 2, 103, *PG* 79:245BC.

está por encima de la predicación. Por esta razón, en la espiritualidad ortodoxa, los Santos siempre han ejercido una mayor influencia que aquella de los predicadores. Como escribió San Gregorio Nacianceno: "Es grandioso hablar de Dios; pero es mayor aún el purificarse uno mismo por Dios"[5].

4. La Divina Liturgia como eje central.

La vida litúrgica y en especial la Divina Liturgia son los *ejes* alrededor de los cuales giran la comunidad ortodoxa, y las fuentes de las cuales saca fuerzas espirituales para su misión. La contribución ortodoxa a la misión está determinada por el mensaje y el sentido teológico y sacramental de la Liturgia. "La Liturgia es la acción de gracias hecha por el mundo y en favor del mundo; es la restauración en Cristo del mundo caído. Es la imagen del reino; es la transformación del mundo en Iglesia[6]. En la Santa Eucaristía, el estado de vigilancia del Espíritu es intensificado, la "era venidera" es anunciada en gloria, el sentido de la histórica cotidianidad del tiempo es transformado, y el día presente es bañado por los destellos de la eternidad. De esta manera la Liturgia es presentada como testimonio y como misión. La misión no significa simplemente el anunciamiento de la redención en Cristo sino, sobre todo, su revelación; es la invitación a una participación doxológica en el evento de la salvación en Cristo, a través del Espíritu Santo.

Al experimentar el creyente en la Liturgia la comunión con Dios, la santificación en la verdad, la inclusión en Cristo y a través de Cristo en el Padre, la incorporación en la Iglesia del pasado del presente y del futuro, podrá ampliar los horizontes de sus pensamientos y de sus intereses, y adquirir fuerzas internas *para prolongar la experiencia de la Liturgia en la vida*. Es decir, trabajar por la promoción esencial de una hermandad en el mundo, por extender puentes a los que están separados y por la eliminación de todas las formas de barreras culturales, lingüísticas y políticas. Existe otra clase de liturgia (*liturgia* significa el trabajo del pueblo); la "liturgia después de la Divina Liturgia", que cada creyente ha de continuar después de la celebración de la Liturgia en la Iglesia. La Divina Liturgia es continuada, siendo cada uno de nosotros un celebrante ante el místico altar de piedra, es decir de la realidad, de las obligaciones cotidianas. De esta manera la Liturgia se convierte en vida, y la vida entera es elevada como si fuera una Divina Liturgia, elevada a gratitud, amor, doxología de Dios, comunión con Él y con todo el mundo. (Ver "Clarificación de la Frase: "Liturgia Después

---

5   San Gregorio Nacianceno, *Homilía 53*, *PG* 36:581A.

6   Comentarios en la Conferencia con tema "Confesando a Jesús Cristo hoy", en Bucarest-Cernica, 4-8, Junio 1974, Informe No. 3, parágrafo 2, publicada en *Orthodox Theology, The Orthodox Contribution to Nairobi*, documentos recopilados y presentados por el Orthodox Task Force del Consejo Mundial de Iglesias, Geneva, 1974, p. 18.

de la Liturgia", al final del capítulo 4).

5. Con tranquilidad frente al mundo.

Una espiritualidad litúrgica como esta no supone una actitud negativa hacia el mundo, al contrario, adquiere una postura ante el él con admirable libertad y tranquilidad, llena de afecto y amor para con el hombre. Entre más cerca esté uno a Dios, más cerca estará al mundo. Y, al contrario, cuando perdemos nuestra relación con Él, perdemos nuestra intimidad con la vida. "El que ha perdido la semejanza con Dios, ha perdido la intimidad con la vida", nos dejó dicho San Basilio[7]. Los Padres de la Iglesia han sido tan importantes para la vida y el pensamiento de los ortodoxos, porque al acercarse cada vez más a Dios, se familiarizaron cada vez más con la vida y sus problemas, tanto a nivel personal como social.

Existe una sensibilidad especial en el pensamiento patrístico por la justicia, la verdad y la compasión, y tiene un evidente sentido de comunión con todos los seres humanos. Incluso los ascetas, quienes han sido tan malentendidos por la mentalidad activista de hoy, no viven para ellos mismos, sino son intensamente conscientes de que pertenecen a una sociedad más amplia, la sociedad de la Iglesia. Leemos en la Filocalía las siguientes asombrosas definiciones: "Monje es aquel que, separado de todos, está unido (συνηρμοσμένος) con todos". "Monje es aquel que se considera uno con todos, porque continuamente le parece verse a sí mismo en cada uno"[8]. "Bendito el monje que, después de Dios, considera a todos los hombres como a Dios"[9]. La cuestión de la justicia social adquiere en el pensamiento de los Santos dimensiones cristológicas. Para ellos, la persona que ha sufrido una injusticia, el pobre, el enfermo, el despreciado, es el mismo Cristo en persona. "Mientras haya todavía tiempo, visitemos a Cristo, sanemos a Cristo, alimentemos a Cristo, vistamos a Cristo, ofrezcámosle hospitalidad a Cristo, honremos a Cristo", escribió San Gregorio Nacianceno[10].

La lucha de los Santos por la liberación de las ataduras del egoísmo personal está directamente ligada al "estar unidos con todos los seres humanos", de estar con el mismo sentimiento y la misma vibración de la sociedad, y de tener interés por el mejoramiento de sus estructuras. La petición por la justicia está entretejida con la predicación del reino. Este no es "comida ni bebida, sino justicia, paz y gozo en el Espíritu Santo" (Rom. 14:17). A favor de la justicia, la cual convierte más que cualquier otra cosa

---

7   San Basilio Magno, *Homilía Ascética,* PG 31:869.

8   San Nilo el Asceta, *Discurso sobre la oración*, 124, 125, Filocalía, vol. 1, Ed. Lumen, Bueno Aires 1998, p. 289.

9   San Nilo el Asceta, *Discurso sobre la oración*, 121, Filocalía, vol. 1

10   San Gregorio Nacianceno, *Sobre la caridad*, 50, PG 35:909.

al hombre semejante a Dios, los fieles deberán luchar con la palabra y con el silencio, con su resistencia activa o pasiva, con el martirio. Pero sería muy ingenuo y superficial identificar la venida del reino de Dios con luchas sociopolíticas y con románticas concepciones mesiánicas.

6. "Mi fuerza se muestra perfecta en la flaqueza".

En la Iglesia oriental, uno puede encontrar un fuerte entendimiento existencial del concepto "mi fuerza se realiza en la flaqueza" (2 Cor. 12:9). Esto conduce a una serena liberación de complejos de "poder", y de angustias por el éxito, complejos que frecuentemente atormentan a los "misioneros" y a las "sociedades misioneras". Se tiene la conciencia de que muchas veces lo que parece externamente un fracaso, puede asemejarse al grano de trigo que muere al caer en la tierra, y que más tarde producirá mucho fruto. Si juzgáramos la insuperable epopeya misionera de los dos hermanos de Thessaloniki, Metodio y Cirilo, por los inmediatos frutos de sus trabajos a finales del siglo X, deberíamos catalogarla como un fracaso. Sus esfuerzos colapsaron en Moravia. Más tarde, sin embargo, con la dispersión de sus discípulos a las tierras Eslavas del sur y a Bulgaria, y con la consecuente radiación de su trabajo en Rusia, sus vidas sellaron la historia de los pueblos eslavos y, en gran parte, la historia del mundo.

Muchas Iglesias Ortodoxas locales vivieron durante siglos bajo una opresión política. En el cristianismo oriental tiene cierta familiaridad con lo trágico, con la pobreza, con la enfermedad, con la debilidad externa, con una intensa vivencia de la Cruz. Pero estas Iglesias Ortodoxas locales mostraron al mismo tiempo una extraordinaria resistencia y poder para estar renovándose. Después de largos períodos de opresión y posiblemente también de agotamiento interno, surgieron nuevas fuerzas e inspirados hombres que contribuyeron a la creación de nuevos períodos de prosperidad espiritual.

Cada día, durante la hora de la oración, nosotros los ortodoxos dirigimos nuestros pensamientos y nuestros himnos a determinadas personas: apóstoles, confesores, mártires. Según el criterio de sus tiempos, muchos de ellos completaron sus vidas trágicamente. En su aparente "fracaso" la Iglesia encontró apoyo. Existe una directa relación entre el martirio de Cristo y la martírica aceptación de la debilidad externa, teniendo siempre viva la esperanza, la cual "no falla" (Rom. 5:5).

Muchos santos, evitando la gloria de este mundo, permanecieron desconocidos en la historia. Pero la autenticidad de sus vidas, su incondicional e inflexible amor por Dios, afectó profundamente las almas de los pueblos que los conocieron y los amaron. Muchos de ellos realizaron un extraordinario trabajo misionero sin que se hubieran dado cuenta. Hicieron

un incalculable bien, sólo por el hecho de haber existido. Vivieron libres. Libres del deseo por las riquezas, por la fama, por el poder, y del temor por el fracaso humano. El carácter ($\mathring{\eta}\theta o\varsigma$) ortodoxo está formado por el diario contacto del fiel con todos estos santos, quienes tuvieron fija su mirada de manera doxológica en la primera Parusía de Cristo y en su definitivo retorno.

Este carácter ($\mathring{\eta}\theta o\varsigma$) litúrgico, ascético, social y martírico está siempre actualizándose. Y puede dotar a las intenciones misioneras con una especial cualidad de expresión y de presencia, con una invencible resistencia y una gozosa libertad.

7

El Ascenso de la Naturaleza Humana

(1980)

Homilía durante el principal evento de adoración litúrgica en la Conferencia Mundial de Misiones del Consejo Mundial de Iglesias en Melbourne, 1980. • "The Ascent of Human Nature", *International Review of Mission* 69 (1980), pp. 202-206. • *Your Kingdom Come. Mission Perspectives*, Geneva 1981, pp. 237-242. • En francés: "L´élévation de la nature humaine", *Que ton Règne Vienne! Perspectives missionaires*, Genève 1982, pp. 101-105. • «Ἡ ἀνύψωση τῆς ἀνθρωπίνης φύσεως» (El ascenso de la naturaleza humana) Πάντα τά Ἔθνη 6 (1987), vol. 22, pp. 3-5. • Ἱεραποστολή στα ἴχνη τοῦ Χριστοῦ. Θεολογικές μελέτες καί ὁμιλίες, (Apostolado, hacer misión tras

A. los pasos de Cristo. Estudios y conferencias teológicas), Atenas, 2007, cap. 7, pp. 175-183. • "Mission in Christ´s Way, An Orthodox Understanding of Mission", Holy Cross Orthodox Press, Brookline, 2010, cap. 7, pp. 135-143.

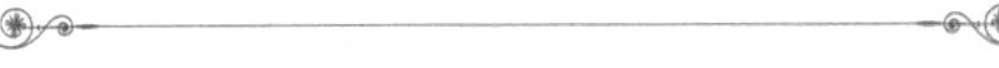

A. El estado de gloria más elevado de la naturaleza humana

on el desarrollo de las ciencias y de la tecnología en el siglo XX, muchos han hablado de las asombrosas capacidades del hombre. Se han escuchado incluso frases ampulosas como: "Dios está muerto", "nosotros somos dioses". Estas frases suenan como un eco directo de la antigua afirmación del Diablo en Edén: "y seréis como dioses, conocedores del bien y del mal" (Gen. 3:5). Pero el Diablo no puede crear algo verdaderamente nuevo. No está en posición de crear algo; solamente puede distorsionar la creación. Con esa antigua propuesta suya, distorsionó la verdad y la convirtió en mentira. Entonces, tal como en Edén, comenzó utilizando una verdad básica, pero la expresó de tal manera que terminó empujando a la humanidad hacia una dirección incorrecta; hacia el camino de la arrogancia y de la auto-realización.

De igual manera, el deseo del hombre de auto elevarse al mismo trono de Dios, no es del todo errado. Es principalmente una *distorsión* de una tendencia que tiene su origen divino. Porque Dios creó al hombre a "su imagen", para que estuviera junto a Él.

La humanidad encontró finalmente su dirección correcta hacia el trono de Dios a través de Jesús Cristo, el "segundo Adán". Esto es exactamente el punto principal del mensaje cristiano, el cual culmina con la festividad de la ascensión. El destino final del hombre es precisamente la deificación, el llegar a ser divinos (lo que en la teología ortodoxa llamamos *théosis*). Pero esto es posible solamente a través de Jesús Cristo, quien "se despojó a sí mismo, tomando condición de esclavo" (Flp. 2:7).

Este mensaje teológico tan básico es transmitido a través de la festividad de la ascensión. De acuerdo con la consciencia cristológica y con la subconsciencia litúrgica de la antigua y todavía indivisa Iglesia, vemos en la ascensión la consumación, el "final" de todas las otras fases determinantes de la vida de Cristo, del Dios-Hombre. El descenso del Verbo de Dios del cielo a la tierra comenzó con la anunciación. El ascenso del mismo Verbo de Dios de la tierra al cielo se lleva a cabo con la ascensión. La anunciación fue el preludio de la encarnación, mientras que la ascensión fue su conclusión. En la anunciación entonces, Él, desnudo todavía de carne humana bajó del cielo a la tierra, y ahora asciende de la tierra al cielo, elevando con Él la naturaleza humana. A los cuarenta días después de su nacimiento, fue conducido al templo como "primogénito" y fue dedicado "al Señor" de acuerdo con la Ley. Cuarenta días después de su resurrección, la cual es el renacimiento del género humano, asciende al santuario supra celestial como el "primogénito entre los muertos", para presentar a Dios y Padre, su naturaleza humana "santa y pura".

"El Dios sin principio y que existe antes de todos los siglos, Quien tomó en sí mismo la naturaleza humana y místicamente la deificó, fue elevado el día de hoy. Los ángeles corriendo ante los Apóstoles lo señalaban a Él quien avanzaba hacia los cielos con gran gloria; y mientras lo veneraban, gritaban diciendo: gloria a Dios quien ha sido elevado"[1].

La clave básica para el entendimiento teológico del mensaje de la festividad de la ascensión es el concepto bíblico de Cristo como el "segundo Adán" y como "el primogénito" de la creación. Todo el plan divino en Cristo, no solo trae la reconciliación entre Dios y el hombre, sino que también vuelve a unir lo que el pecado del primer Adán había separado: la humanidad y el cielo. Vuelve a dar "gloria" divina a la existencia humana. Así como la caída Adán abrió para el hombre el camino hacia el Hades, de igual manera la ascensión del "segundo Adán", de Jesús Cristo, nos abrió las puertas para nuestra entrada al cielo, donde prevalece absolutamente la presencia y la voluntad de Dios.

Con su nacimiento, Cristo se convirtió en "el Primogénito entre muchos hermanos" (Rom. 8:29). Su presencia y su obra tienen dimensiones cósmicas. Es el "Primogénito de toda la creación" (Col. 1:15), es "el Principio, el Primogénito de entre los muertos, para que sea él el primero en todo" (Col. 1:18). […]

El propósito central de la misión redentora del Señor no era simplemente agregar algunos principios morales, o de clarificar algunos puntos de vista del Antiguo Testamento, sino de renovar ontológicamente "todas las cosas"; de levantar a todos los que habían caído, de hacerlos incorruptibles, de glorificar a los condenados, de deificar a la naturaleza humana. Esto es exactamente el corazón del mensaje evangélico, que Jesús Cristo se encarnó, "moró entre nosotros", predicó el reino de Dios con la palabra y con poder, sufrió por nosotros, resucitó, ascendió, abriendo para la humanidad el reino de Dios. Cristo transfiguró la naturaleza humana que Él asumió. Esto es, nuestra propia naturaleza, y finalmente la elevó al cielo junto con el glorificado cuerpo de su Persona divino-humana, donde Dios está absolutamente presente, por encima y más allá de nuestra capacidad de comprender, pero a la vez tan cerca de nosotros.

El antiguo lenguaje clásico, tan atado con conceptos estáticos del espacio y del tiempo, "arriba", "abajo", nos amenaza con encerrarnos en falsos y peligrosos dilemas respecto de la presencia de Cristo en el cielo y simultáneamente "con nosotros" en la tierra. Sin embargo, los avances

---

1   Himno Kathisma en maitines de la festividad de la ascensión, tono tercero.

contemporáneos en las ciencias naturales dicen enfáticamente que el espacio no es estático, que el universo está en movimiento y que el espacio está continuamente expandiéndose; el espacio y el tiempo son mutuamente interdependientes.

La asimilación de la naturaleza humana y su elevación han sido realizadas ontológicamente por nuestro "Primogénito hermano", nuestro Señor el Dios-Hombre. Este evento constituye el más elevado grado de gloria de la naturaleza humana. Para nosotros es una enorme potencialidad, todavía subdesarrollada. Cada ser humano, siendo una persona libre, está llamado para que libremente la acepte, para que la active a través del poder del Espíritu Santo, el cual nos trae el reino de Dios dentro de nosotros, y nos conduce "al seno del Padre".

B. Consecuencias de asuntos inmediatos

Todas estas cosas, que a primera vista pueden aparecer muy teóricas, tienen de hecho, como todos los dogmas de la Iglesia, una directa relevancia con los problemas concretos y prácticos de nuestra vida; muy de la misma manera que las ecuaciones matemáticas ofrecen soluciones a muchos problemas prácticos de la física.

1. *Valor del mundo material y del hombre.*

La contemplación de la importancia de la elevación del cuerpo humano con la ascensión de Cristo, enfatiza exactamente el enorme valor del mundo material y del hombre como una unidad psicosomática. Esta verdad se constituye como la más sorprendente afirmación para el hombre entero. Cristo santifica al cuerpo humano, lo transforma, lo resucita, lo eleva a los cielos; ese mismo cuerpo del Dios-hombre, el cual antes de su resurrección, trabajó, caminó, sirvió, se fatigó y que llevaba las "señales de los clavos". La revelación cristiana no nos habla de una liberación del alma y del espíritu de las ataduras del cuerpo, como lo hacen otros sistemas filosóficos y religiosos. Está opuesto a todo idealismo indefinido y a cada humanismo ateo. Predica la resurrección y la ascensión de la totalidad de la naturaleza humana. Después de ser presentada al Padre, la regenerada naturaleza humana habrá llegado al más alto grado de su desarrollo. *El ser humano y el mundo habrán adquirido una indescriptible dignidad y significado.*

Todos los que se preocupan con respeto por atender las necesidades humanas de todas las personas, de asegurarles su salud, su libertad, su justicia, su dignidad, se encuentran sintonizados con el gran propósito de la ascensión de la entidad humana (ἀνθρώπινου ὄντος), la cual realizó el resucitado y ascendido Cristo. Para poder ser verdaderamente humano, uno tiene que

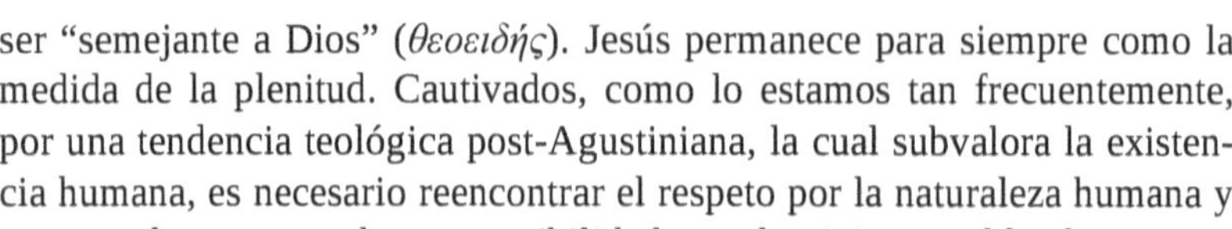

ser "semejante a Dios" ($\theta\varepsilon o\varepsilon\iota\delta\acute{\eta}\varsigma$). Jesús permanece para siempre como la medida de la plenitud. Cautivados, como lo estamos tan frecuentemente, por una tendencia teológica post-Agustiniana, la cual subvalora la existencia humana, es necesario reencontrar el respeto por la naturaleza humana y comprender sus asombrosas posibilidades, y los inimaginables horizontes que fueron abiertos para ella por el ascendido Jesús.

2. Invitación a transformar el mundo entero.

La obra misionera, en la cual estamos sirviendo, no es simplemente una proclamación de una predicación moralista, ni tampoco consiste en llamar a una salvación a solamente algunos individuos. Es más bien una invitación a un caminar, a una liturgia de transformación del mundo entero, a la activación de la potencialidad de ascender, de hacer "ascender" a toda la masa humana hasta el "trono de Dios", a alcanzar la deificación por la gracia de Dios y por la participación en la vida del amor de la bendita Santísima Trinidad.

Con la misión de la Iglesia, los seres humanos están llamados a familiarizarse con las interminables potencialidades que fueron dadas a la humanidad a través de la encarnación y la resurrección de Cristo (Rom. 8:17), para que participen en la plenitud de la vida, "para que tengan vida y la tengan en abundancia" (Jn. 10:10). Nuestra participación en esa vida, en esa gloria, alcanzará su total desarrollo al final de los tiempos ($\check{\varepsilon}\sigma\chi\alpha\tau\alpha$), en la Segunda Parusía. "Cuando aparezca Cristo, vida vuestra, entonces también vosotros apareceréis gloriosos con Él" (Col. 3:4). Esta gloria divina irradia continuamente en todo el mundo, en toda la creación. El ascendido Cristo es quien "llena todo el universo". De esta manera, el reino de Dios que ya ha comenzado dentro de nosotros y que estamos aspirando su culminación, es experimentado de esta manera con una asombrosa y dinámica esperanza.

3. Profunda alegría por el entendimiento de la venida del reino de Dios.

Después de la Ascensión, los discípulos "se volvieron a Jerusalén con gran gozo" (Lc. 24:52), llenos de certeza, fuerza, ilusiones y esperanza. "Este Jesús" dijeron los ángeles, "que de entre vosotros ha sido llevado al cielo, volverá así tal como le habéis visto marchar al cielo" (Hch. 1:11), este mismo Jesús, con su naturaleza divina-humana ($\theta\varepsilon\alpha\nu\delta\rho\iota\kappa\acute{\eta}$). Existe una profunda alegría debida al entendimiento de la venida del reino de Dios, debido a la certeza de conocer este mensaje crucial para la historia de la humanidad.

Existe un gozo como consecuencia del poder que Cristo dejó en promesa: "recibiréis una fuerza, cuando el Espíritu Santo venga sobre vosotros" (Hch. 1:8). Hay alegría también, debido al decisivo papel que nos ha sido confiado como "hijos del reino" que somos, para trabajar conjuntamente

como "cotrabajadores de Dios" en la propagación de este testimonio redentor, "hasta los confines de la tierra" (Hch. 1:8).

El traslado del reino a nuevas fronteras no es simplemente una actividad humana. El Espíritu Santo es aquel que continúa la misión de Cristo en el tiempo y el espacio, con sus "cristificados" discípulos, haciendo del reino un estado presente y activo "dentro de nosotros", dentro de cada persona que está en la Iglesia. Pero esta gran alegría es primordialmente derramada en nuestras vidas, cuando contemplamos las inmensas potencialidades que la ascensión del Señor abre en la vida del hombre y del mundo entero. Está activo incluso en nuestras horas difíciles, cuando seguimos a Cristo por el campo de la siega, por las calles de la Jerusalén intelectual, en el místico monte de la transfiguración, en su confrontación con los poderosos líderes religiosos y políticos de su tiempo, en su caminar hacia el Gólgota. Porque sabemos que este mismo camino culmina en la resurrección, en la ascensión, en el "seno del Padre". Esta alegría no es cerrada ni individualista; se desarrolla dentro de la Iglesia, es la doxología de la comunidad de los fieles, es la dinámica proclamación de las nuevas potencialidades que el hombre ha adquirido.

En estos últimos años se han escuchado muchas declaraciones por los derechos del hombre. Al observar a la humanidad y a nuestras obras bajo el prisma de la Ascensión, nos damos cuenta cada vez más, que nuestra misión cristiana consiste en una *proclamación y una lucha por el más alto derecho humano*, es decir, que el hombre logre alcanzar el objetivo por el cual fue creado, que llegue a ser semejante a Cristo ($\chi\rho\iota\sigma\tau\omicron\epsilon\iota\delta\acute\eta\varsigma$), que con la ayuda de la gracia alcance a ser dios, que alcance a realizar su verdadera naturaleza. Todos los demás derechos humanos derivan de esto. En esto todos los derechos encuentran su cumplimiento. Cualquier pensamiento que trate de ignorar o de hacer a un lado este derecho del hombre, terminará en su propia desorientación, y lo hace indiferente al elemento esencial de su existencia: su origen divino y su divino destino.

Nuestro más elevado deber misionero se puede resumir en la proclamación y la vivencia del hecho, que cada ser humano tiene el derecho y también el deber de activar las infinitas potencialidades que le son proporcionadas en Cristo, y a través del Espíritu Santo; esta es la manera que podrá proceder al cumplimiento de su existencia humana, a la gloria divina, a eso que en el lenguaje teológico de la Iglesia oriental se llama "deificación" ($\theta\acute\epsilon\omega\sigma\iota\varsigma$). Este "final", el cual nos es revelado por la ascensión de nuestro Señor de una manera audaz y alegre, va más allá de cualquier establecido y estático pensamiento humano.

8

Eucaristía, Servicio y Testimonio en Reciprocidad Mutua

(1983)

Ponencia en la 6ª Asamblea del Consejo Mundial de Iglesias en Vancouver, Canadá. •"Worship–Service–Martyria", Paper for the Sixth Assembly of the World Council of Churches, *International Review of Mission 72* (1983), pp. 635-639. • «Εὐχαριστία, Διακονία, Μαρτυρία, σέ ἀλληλοπεριχώρηση» (Eucaristía–Servicio–Testimonio en Reciprocidad Mutua), Πάντα τά Ἔθνη 2 (1983), vol. 13, pp. 6-8. • "Christlicher Zeugnis in einer gespaltener welt. Leiturgia–Diakonia–Martyria", Hrsg. L. Coenen, W. Tranmüller, Vancouver 1983. *Zeugnisse, Predigten, Ansprachen, Vortragë, Initiativen* (Bzör 48), Frankfurt, a. m. 1984, pp. 124-128. • Ἱεραποστολή στα ἴχνη τοῦ Χριστοῦ. Θεολογικές μελέτες καί ὁμιλίες, (Apostolado, hacer misión tras los pasos de Cristo. Estudios y conferencias teológicas), Atenas, 2007, cap. 8, pp. 185-194. • "Mission in Christ´s Way, An Orthodox Understanding of Mission", Holy Cross Orthodox Press, Brookline, 2010, cap. 8, pp. 145-154.

a experiencia apostólica, sobre la cual se desarrolló la Iglesia, no se fundamentó sobre el conocimiento de una enseñanza teórica, sobre una nueva ley, sino primordialmente sobre una persona y un poder: la Persona de Jesús Cristo y el poder de su resurrección. El Señor escogió a los primeros miembros de la Iglesia, a sus Apóstoles, "para que estuvieran con Él, y para enviarlos a predicar con poder de expulsar los demonios" (Mc. 3:14-15).

A. Culto litúrgico

El primer objetivo de aquellos que se han convertido a Cristo, es "estar con Él"; de estar continuamente en una viva relación con Él. Poco antes de su sacrificio en la Cruz, el Señor encomendó a sus Apóstoles el misterio (*sacramento*) de la Divina Eucaristía, con el fin de asegurar esta constante comunión también en el futuro. Más tarde, antes de enviarlos a "enseñar" a las naciones, les confirió el don del Espíritu Santo.

Es precisamente esta experiencia apostólica del conocimiento de Cristo y de la "comunión" con Él, la que permanece como una experiencia viva dentro de la Iglesia. Esta experiencia es expresada y vigorosamente preservada en la liturgia eclesiástica. Está especialmente en la Divina Eucaristía, la cual no consiste solamente en la *recapitulación* del misterio de la encarnación, de la resurrección y del Pentecostés, sino que es una vivencia de la obra redentora de Cristo en el aquí y el ahora. La Liturgia es una contemplación que mira fijamente hacia el final de los tiempos ($\check{\epsilon}\sigma\chi\alpha\tau\alpha$), cuando se consumará la Pascua "en el día sin ocaso de su reino". Es una forma de participación en su vida y su gloria.

Cada Divina Liturgia renueva la consciencia del reino de Dios, a nuestro alrededor y dentro de nosotros: (a) Revelando sinópticamente el sentido de la historia, que es la transformación del cosmos dentro del amor del Verbo de Dios y de la energía del Espíritu Santo. (b) Invitando a un movimiento de liberación de cada tipo de convencionalismo, de estar dándole vueltas a los pensamientos apasionados, de la atracción que ejercen las tendencias egocéntricas. (c) Conduciendo a una comunión amorosa con todos los creyentes de todas las épocas y lugares; fortaleciendo un sentimiento de unidad con todas las gentes. Unifica a todas las personas, tanto aquellas que son conscientes de que poseen dentro de sí la imagen de Dios, como aquellos que dudan esto, debido a las influencias que tienen de varios sistemas ideológicos y religiosos.

De esta manera el evento eucarístico de la Liturgia concede estabilidad a la experiencia cristiana y constituye a la vez su culminación. Transforma la existencia humana y la hace partícipe de la gloria de Dios. El culto litúrgico, y en especial la Divina Liturgia, contribuyen a la ininterrumpida recepción del Evangelio de la gracia y la salvación, y esto no como un conocimiento abstracto, sino como poder. La Divina Liturgia es un anunciamiento doxológico y una manifestación del reino de los cielos que el mundo, aunque aparentemente trate de ignorarlo, en realidad lo está buscando.

La congregación eucarística, siendo una "señal del reino", es un desafío para el mundo tecnocrático de hoy, ya que continuamente está enfatizando el hecho de que hay una dimensión más a la existencia humana. Es además una invitación a una comunión de amor con Aquel que es Amor, con el Dios Trinitario. De esta manera, el culto litúrgico preserva firmemente su "carácter misionero" para una sociedad secularizada, atrayéndola como una fuerza centrípeta hacia el centro del universo, el cual es Cristo, para "hacer que todo tenga a Cristo por cabeza" (Ef. 1:10).

A través de la oración personal, esta "comunión" que se completa durante la Liturgia se extiende también a nuestras actividades diarias y a nuestros esfuerzos, los cuales pueden parecer a primera vista como muy neutrales. La "oración de Jesús" o la continua "oración del corazón", conducen continuamente la mente y el corazón a la presencia del Cristo resucitado, e irradia su presencia en todo nuestro entorno.

B. Servicio

La oración de la Iglesia alcanza su culminación durante la anáfora[1] eucarística, en el momento de la consagración de los Santos Dones, cuando se consagra también por extensión a toda la creación: "que tu Espíritu Santo descienda sobre nosotros y sobre estos Dones aquí presentes". Es de esta manera que se vive ininterrumpidamente en la Iglesia el Pentecostés. Pero cada comunidad eclesiástica que recibe el Espíritu debe saber que Él no viene para convertirse en posesión de solamente algunos individuos, para impartirles un gozo y un éxtasis personal, sino *para una misión de dimensiones ecuménicas* (ver Hch. 1:8). En el Pentecostés, todas las barreras y las fronteras que dividían a los seres humanos fueron destruidas por el impetuoso viento y por las lenguas de fuego. Pentecostés es la superación de lo sucedido en la torre de Babel, (o sea de la confusión), inaugura una nueva relación de confianza y de amor, con Dios y con los demás seres humanos; una nueva y decisiva posibilidad de comunión entre Dios y la humanidad. Los frutos del Espíritu Santo no están limitados a fenómenos extáticos;

---

1 La parte principal de la Divina Liturgia Ortodoxa, durante la cual se lleva a cabo la consagración de los Santos Dones (N. del T.).

se refieren más bien a la trasformación de relaciones personales: "el fruto del Espíritu es amor, alegría, paz, paciencia, afabilidad, bondad, fidelidad, modestia, dominio de sí" (Gál. 5:22-23).

Las Iglesias locales, las diócesis, las parroquias, y toda forma de expresión de la vida eclesiástica como monasterios, organizaciones religiosas, sociedades misioneras, varios pequeños e informales grupos misioneros y comunidades, tienen la tarea de permanecer *constantemente abiertas*, para poder comprender y llevar a cabo su deber dentro de la sociedad a favor de todo el mundo (οἰκουμένη); continuamente recibiendo y otorgando el Evangelio. Cualquier encerramiento en sí mismos, significa una negación de su propia naturaleza y conduce a una sofocación. El secreto de su existencia es estar continuamente ofreciendo lo que tienen, lo que son. Cuando personas donan lo que tienen, sus pertenencias se multiplican; lo mismo sucede cuando uno reparte alegría. Cuando guardan exclusivamente para sí mismos lo que se les da, terminan perdiéndolo. Este principio básico es válido tanto para los bienes espirituales como para los materiales, y también para los carismas. Esto es una realidad para todos los niveles de existencia, desde los más simples hasta los más complejos. Cualquier comunidad eclesiástica, ya sea grande o pequeña, cuando se encierra en ella misma, se pierde a sí misma, se auto destruye. Uno se encuentra esencialmente a sí mismo, cuando se ofrece a sí mismo. Esto es un principio cristiano de aplicación universal. Así que el desinteresado servicio dentro de la amplia sociedad humana, no es un "deber" ético, sino una expresión de vida, es la respiración de la Iglesia.

En las varias conferencias y reuniones internacionales se habla mucho de la justicia, la unidad, la igualdad, de participar en los problemas de los pobres. ¡Eso sería lo fácil! Pero en seguida evitamos esta participación, y preferimos nuestra riqueza, nuestro confort, nuestra seguridad, es decir nos preferimos a nosotros mismos. Y surge una pregunta básica, ¿quién nos podrá rescatar de este cautiverio a nosotros mismos? De acuerdo con la experiencia apostólica, solamente a través de una viva relación con Cristo, la cual se lleva a cabo en la oración y en el culto litúrgico, podremos ser liberados de nuestros intereses personales. Solamente con una relación con Cristo vamos a poder renovar continuamente un espíritu de sacrificio y de audacia, para trabajar por la justicia y la hermandad, incluso cuando las situaciones parezcan desesperadas. Sin esta fortaleza interna y esta libertad, todas nuestras intenciones peligran por degenerarse en una aburridora charlatanería.

El culto litúrgico y el servicio están relacionadas entre sí como las dos fases de nuestra respiración: inhalación y exhalación. No puede existir una vigorosa exhalación de servicio, sin una vigorosa inhalación de culto litúrgico, y viceversa. No puedes tener la falsa ilusión de estar viviendo "en Él", que se la pasó "como el que sirve" (Lc. 22:27), el cual "pasó haciendo

el bien y curando" (Hch. 10:38), sin que la presencia tuya en la vida sea una expresión dinámica de esta fortaleza transformadora, una resistencia a los poderes demoniacos que corrompen y hacen inútil la existencia humana con la injusticia, con la codicia, con la distorsión del pensamiento y del sentido a la vida, contaminando continuamente la fantasía humana. No puede uno permanecer indiferente ante las varias formas de opresión de la gente a través de la pobreza, la violencia, las injustas discriminaciones; ante el egoísmo humano, que es de por sí exactamente el pecado y la rebelión en contra del amor del Dios Trinitario.

La participación, entonces, en cualquier actividad dinámica para poder liberar la vida humana de cada dominación demoniaca, de cada estructura corrupta e injusta, es una consecuencia directa de la experiencia litúrgica, es una expresión directa de la vivencia de la salvación. Durante la conferencia ortodoxa en Etchmiadzin en 1975, habíamos enfatizado que después de la Divina Liturgia en el templo, comenzaba una nueva liturgia sobre el altar de piedra de la realidad cotidiana, una liturgia que debe ser realizada por cada creyente. Esta idea se convirtió más tarde en una frase clave del movimiento ecuménico como "liturgia después de la Liturgia" (ver final del capítulo 4). Cualquiera que quiera vivir en Cristo, está obligado a seguirlo, no solamente al alto aposento y al monte de la Transfiguración, sino también por las sendas polvorientas del caminar apostólico, camino arriba hacia Jerusalén y al Gólgota.

C. Testimonio

La experiencia apostólica es expresada por el continuo anunciamiento del "Evangelio de la gloria" hacia nuevas fronteras y regiones difícilmente accesibles. Inaccesibles no solamente en el sentido geográfico, sino también en un sentido social. Una enfermedad contemporánea que amenaza en paralizar a la misión cristiana es la noción que, como en todas partes hay necesidad de hacer misión, entonces somos todos "misioneros"; nos confinamos, por lo tanto, a nuestras propias circunstancias de vida, ignorando a las más difíciles y olvidadas regiones donde hace falta un testimonio cristiano. En su último mandamiento, sin embargo, el Señor insiste en una disposición universal: "seréis mis testigos en Jerusalén, en toda Judea y Samaria, y hasta los confines de la tierra" (Hch. 1:8).

La experiencia y el testimonio apostólico llegan a su punto máximo con el martirio. "Y serán mis testigos (μάρτυρες - mártires)". Dicho de otra manera: "deben decir algo esencial acerca de Mi vida y de Mi muerte, y decirlo con su vida y con su muerte". Es revelador que en el Nuevo Testamento la palabra griega "mártir (μάρτυς)", tiene dos significados. El

uno es dar un testimonio de algo, y el otro es también dar un testimonio, pero sellándolo con sangre, con "martirio". El conocimiento que podemos adquirir de la persona de Cristo, se culminará con el conocimiento existencial de Su muerte. "Y conocerle a Él, el poder de Su resurrección y la comunión en sus padecimientos hecho semejante a Él en la muerte" (Flp. 3:10). Esto queda como un llamado común a los miembros de la Iglesia, como porción de todos los creyentes, tanto en el testimonio como en el martirio. Esta clase de testimonio, el que está ligado con el martirio, transforma el padecimiento en profunda alegría, el externo fracaso social en madurez interna, en una participación existencial en la muerte y vida de Cristo. Sucede muchas veces que lo que llamamos éxito, no es nada más que un fracaso enmascarado. Y aquello que socialmente es visto como un fracaso, a veces puede esconder un esencial éxito. [...]

Durante los primeros siglos del cristianismo, fue necesario que millones de cristianos dieran testimonio de Cristo con su sangre. En todas las épocas críticas hasta el día de hoy, antes de que se cimentaran las nuevas Iglesias locales o también en los intentos de destruir las antiguas, se requirió una vez más dar el testimonio de sangre. Todos conocemos, más o menos, a algunos mártires contemporáneos que terminaron pagando con su vida el ser fieles y devotos a la justicia y a la verdad de Cristo.

Existen también otros millones de cristianos que se mantuvieron "fieles hasta la muerte", que no fueron martirizados de manera externa, sino que vivieron de otra manera su martirio personal, su amor por el Crucificado. Los Apóstoles fueron los primeros en vivir esta primera fase de dar testimonio y de martirio, enfrentándose a miles de peligros y dificultades en su obra apostólica, "que perdimos la esperanza de conservar la vida" (1 Cor. 1:8). Más tarde los monjes también vivieron su martirio en la vida ascética del desierto, en sus luchas contra los ataques demoniacos, aceptando libremente el participar en la pobreza y las privaciones del pueblo, oponiendo resistencia a las desviaciones de los poderes civiles y eclesiásticos.

En la Iglesia Ortodoxa, diariamente conmemoramos a los santos mártires y monjes, entre los cuales están incluidos hombres, mujeres, niños, ricos, pobres, de alto o de bajo rango, personas "de toda nación, razas, pueblos y lenguas" (Ap. 7:9). En la vida litúrgica se lleva a cabo una comunión, un "festival", con todos aquellos que amaron a Cristo incondicionalmente y con valentía, hasta la muerte. La participación en este festejo con los Santos, concede al creyente un nuevo coraje, esperanza e inspiración para vivir un martirio personal, en cualquier forma o proporción que le pueda tener reservada la vida.

La participación en algún tipo de martirio toma hoy día nuevas e inesperadas formas, en las luchas multifacéticas por una justicia social, por la igualdad, la paz, la unidad, por la vivencia del Evangelio en la vida personal, en las horas de tomar decisiones críticas, en los enfrentamientos con las fuerzas de este mundo, dentro de los retos de las estructuras de la sociedad contemporánea. Todos conocemos, unos más y otros menos, el martirio que Dios nos tiene reservado dentro de las variadas circunstancias de la vida: en el desierto de las grandes ciudades, en la prueba diaria y silenciosa de trabajar juntamente con otras personas, o el de tener un cargo administrativo. Cargando nuestra cruz personal "cada día" (Lc. 9:23), siempre con una perspectiva de esperanza dinámica y de gozo místico, "con gozo del Espíritu Santo en medio de muchas tribulaciones" (1 Tes. 1:6).

* * *

En la búsqueda espiritual contemporánea es necesario que tratemos de vivir la experiencia apostólica en toda su plenitud. Hacer un exclusivo énfasis en algo particular conduce a una forma de vida herética y a un esencial debilitamiento de todos los otros elementos de la vida. El culto litúrgico, el servicio y el testimonio se influyen mutuamente y están en mutua coexistencia. El culto litúrgico —al estar continuamente sometiendo a una "limpieza biológica" los diferentes residuos de una mentalidad de intereses propios, de intenciones y de hechos egoístas— ofrece incesantemente el agua pura que necesitan las actividades personales o grupales para que sean verdaderamente "eclesiásticas", y para que produzcan muchos y ricos frutos. Esta limpieza y santificación contribuye invisiblemente a la renovación de la vida humana y de la vida del mundo.

9

Comprensión Doxológica de la Vida y de la Misión

(1984)

«Ἡ δοξολογική κατανόηση τῆς ζωῆς καί τῆς ἱεραποστολῆς» (La comprensión doxológica de la vida y de la misión), *Ἐποπτεία, Ἀφιέρωμα στό Ἅγιον Ὄρος* 96 (1984), pp. 1123-1232. Πάντα τά Ἔθνη 5 (1986), vol. 17, pp. 20-27, vol. 18, pp. 4-7. • Ἱεραποστολή στα ἴχνη τοῦ Χριστοῦ. Θεολογικές μελέτες καί ὁμιλίες, (Apostolado, hacer misión tras los pasos de Cristo. Estudios y conferencias teológicas), Atenas, 2007, cap. 9, pp. 195-216. • "Mission in Christ´s Way, An Orthodox Understanding of Mission", Holy Cross Orthodox Press, Brookline, 2010, cap. 9, pp. 155-175.

 uando utilizamos expresiones como "gloria a Dios", "actitud de glorificación", "para la gloria de Dios", la mayoría de nosotros acostumbramos pensar que se trata de algo que le ofrecemos a Dios, una actitud de alabanza, algo que se hace para la gloria de Dios. El hecho de estar utilizando paralelamente de la palabra "gloria" para cuestiones relacionadas con la vida humana, ha contribuido para la alteración del significado bíblico original. Algunos incluso se preguntan, ¿qué necesidad tiene el autosuficiente Señor del universo para que sus criaturas le ofrezcan gloria? No obstante, el sentido, el mensaje y la actualidad de las verdades que se relacionan con la gloria de Dios son mucho más amplias y profundas, y tienen conexiones multifacéticas con la vida y la misión.

A. Revisión teológica y bíblica

1. *La manifestación de Su gloria. Distinción entre la esencia y las energías de Dios.*

Una de las verdades fundamentales de nuestra fe acentúa que Dios es incomprensible e inaccesible en Su esencia. La revelación bíblica, sin embargo, supera este impase de esta posición inicial respecto de la incomprensibilidad de Dios, al anunciar claramente que, aunque la esencia de Dios permanece incognoscible e incomprensible, Su presencia, sin embargo, se hace perceptible en el mundo, en el universo, a través de la *manifestación de Su gloria*. Cuando Dios es revelado en las varias *teofanías*, no es Su esencia la que se vuelve perceptible, sino Su gloria. Porque el hombre en su finita naturaleza está en una posición de comprender y de experimentar solamente la gloria de Dios, la cual es el fervor de la presencia divina, inconcebible, inaccesible, pero directamente perceptible. Esta gloria son las energías dinámicas, creativas y transfiguradoras de la divina supra-esencia de la Santísima Trinidad. La gloria del Dios Trino abraza el universo entero, abraza "todas las cosas", y las trae al alcance de Su amor y de Su gracia redentora, y permanecerá en la inmensidad de la eternidad, incluso cuando el tiempo haya sido ya abolido.

Este punto crítico de la incomprensibilidad de Dios, revelada por Su propia iniciativa, es un tema que el pensamiento patrístico trató de iluminar utilizando la *distinción entre la esencia y las energías de Dios*. Desde San Basilio Magno hasta la teología más sistemáticamente desarrollada de San Gregorio Palamás, el pensamiento cristiano de oriente distingue categóricamente entre el universo creado y las energías increadas de Dios. Dios que "está más allá de toda esencia" (ὑπερούσιος) no se identifica

con ningún concepto o idea creada, como lo es en el significado filosófico de esencia. Lo que el hombre es capaz de recibir, a final de cuentas, es solamente la gloria de Dios. La distancia entre criatura y Creador permanece inconmensurable. Cualquier palabra que hablemos sobre Dios, en última instancia, podrán ser palabras únicamente acerca de la gloria de Dios, la cual expresa al mismo tiempo Su inconmensurable distancia, pero también Su cercanía.

Cualquier cosa que sepamos acerca del misterio de Dios, acerca del mensaje evangélico de la salvación del hombre, está relacionado fundamentalmente con la manifestación de la gloria de Dios. Y es por eso que la forma más auténtica de expresar este misterio es el que tiene que ver con Su gloria. La más apropiada reflexión sobre el significado y sobre la manera como este mensaje es comunicado es también doxológica. No es tanto una cuestión de método, como lo es de postura de pensamiento, de disposición y de vida, ante el inaccesible misterio del eterno Dios. El verdadero entendimiento de la gloria de Dios, su experimentación propia y su transmisión son de central interés para la Ortodoxia, y vale la pena hacer un acercamiento más analítico de sus fundamentos bíblicos.

2. La gloria de Dios es extendida por el mundo entero.

La realidad que la gloria de Dios se extiende al mundo entero es el punto de partida de la experiencia cristiana y el fundamento del optimismo y de la esperanza. Cuanto más inaccesible y transcendental es la esencia de Dios, tanto más las energías de la esencia divina, la gloria de Dios, abrazan el universo entero. "Los cielos cuentan la gloria de Dios" (Sal. 18:1 [19:1]). "Santo, santo, santo, Señor Sebaot: llena está toda la tierra de Su gloria" (Is. 6:3).

La tragedia del mundo comienza cuando la gloria de Dios fue ocultada por el uso egoísta de la libertad por parte de los seres racionales, inicialmente por una parte del mundo angelical y, después, por la primera pareja humana. Porque después de esta explosión de egolatría y de intereses propios, se intercaló una neblina polucionada entre la realidad de la gloria divina y la conciencia humana, conciencia que es la cumbre de la creación. Esta discapacidad agrava la existencia humana: "todos pecaron y están privados de la gloria de Dios" (Rom. 3:23). Los seres humanos quedaron incapaces de alegrarse con Su presencia, "no le glorificaron como a Dios, ni le dieron gracias" (Rom. 1:21). Victimas de sus falsas ilusiones y de sus idioteces "cambiaron la gloria del Dios incorruptible" por los diferentes ídolos de sus fantasías y de sus deseos (Rom. 1:21-23).

Una nueva decisiva y definitiva manifestación de la gloria de Dios se llevó a cabo con la revelación de Cristo. "Y el Verbo se hizo carne, y puso

su Morada entre nosotros, y hemos contemplado su gloria, gloria que recibe del Padre como Unigénito" (Jn. 1:14). De acuerdo con lo experimentado por Juan, el conocimiento del Verbo, la comunión con Él consiste en "la contemplación de Su gloria". Todos los eventos de la vida de Cristo, a través de las cuales se lleva a cabo la revelación de Dios y la renovación del universo, son expresiones de la gloria de Dios. Su nacimiento significa "gloria a Dios en las alturas y en la tierra paz a los hombres en quienes Él se complace" (Lc. 2:14). El milagro en Caná, con el cual comienzan las "señales" de Su reino, fue un evento a través del cual Jesús "manifestó su gloria" (Jn. 2:11). En el monte de la transfiguración, de manera más directa y hasta cegadora, revela a sus tres discípulos "Su gloria" (Lc. 9:32), su naturaleza divina y humana (θεανθρώπινη) transfigurada por el brillo increado de Su divina gloria.

Pero fueron la pasión y la crucifixión las que manifestaron de manera especial la gloria de Dios, en sus dimensiones más inconcebibles y sin precedentes. Fue Cristo mismo quien, en Su última oración al Padre, se refiere directamente a esta verdad, y quien conecta de manera orgánica e interna los temas relacionados con el amor, la vida, la gloria, los cuales constituyen expresiones de la acción redentora (Jn. 17:1-26). Cristo entra "en Su gloria" (Lc. 24:26) a través de Su Pasión, la cual es seguida directamente por Su resurrección. Al destruir definitivamente el imperio de la muerte, y al recibir "todo poder el en cielo y en la tierra" (Mt. 28:18), el Cristo resucitado "asciende en gloria" y unifica "las cosas de la tierra con las del cielo", y eleva la naturaleza humana "a la diestra del Padre de la gloria", restaurando el curso de la historia humana a su dirección definitiva.

Desde entonces, todo aquello que se llevó a cabo ontológicamente a favor de la naturaleza humana en la persona de Cristo, el Primer nacido de la creación (Πρωτότοκος), es continuado ahora por el derramamiento del Espíritu Santo. En Pentecostés, la gloria de Dios es revelada y manifiesta de otra manera dinámica, la de la "impetuosa ráfaga de viento" y las "lenguas de fuego" (Hch. 2:2-3). La manifestación de la presencia del Dios Trinitario en el universo, en el tiempo y en la eternidad, se lleva a cabo con las constantes energías del Espíritu Santo.

Después de Pentecostés, los apóstoles de la Iglesia de todas épocas de su historia, invitan a las personas a que "vivieseis de una manera digna de Dios", quien llama a todos los hombres "a Su reino y gloria" (1 Tes. 2:11-12). Esta invitación, esta "exhortación" y "consolación", es lo que compone el objetivo de la misión ortodoxa. El núcleo del mensaje apostólico es la proclamación que dice "cuál es la riqueza de la gloria de este misterio entre los gentiles, que es Cristo en vosotros, la esperanza de la gloria" (Col. 1:27). El objetivo de la vida cristiana está determinado por la participación en esta gloria de Cristo.

Toda la orientación escatológica de la Iglesia alcanza su cúspide donde la gloria de Dios será manifestada en todo su resplandor y su plenitud, cuando el Hijo del hombre venga "en su gloria" y se "siente sobre el trono de Su gloria" para el definitivo juicio y el cumplimiento de Su reino.

Todos los que hayan recibido la luz de la gloria de Dios con humildad y con fe, transformándola en sus vidas en amor, pueden ver verdaderamente la gloria de Dios como luz. Todos los que hayan rechazado y repelado la revelación de la gloria de Dios, en su forma humilde, la encontrarán en última instancia como un fuego enceguecedor y devorador. El resplandor de la gloria de Dios sella el curso de la historia y lo exalta a dimensiones inimaginables.

Las últimas páginas del Nuevo Testamento, iluminando la visión escatológica de la Iglesia, describen "la ciudad santa de Jerusalén", la cual desciende de parte de Dios desde el cielo, y es iluminada exclusivamente por la "gloria de Dios" (Ap. 21:24-26). Toda otra gloria del mundo, de las civilizaciones de los pueblos de la tierra, será colocada a los pies de Dios, y encontrarán su "fin" y su cumplimiento en la participación de la gloria divina.

B. Apropiación e irradiación de la gloria de Dios

Dentro de esta perspectiva doxológica, no se entiende por misión el hacer proselitismo y atracción de nuevos miembros a una comunidad cerrada que vive únicamente para sí misma. Más bien, se trata de una polifónica y multidimensional manifestación de la gloria de Dios por parte de la glorificadora Iglesia, por parte de cada glorificador creyente, teniendo como objetivo el anunciamiento: a) que la totalidad de la humanidad pueda apropiarse y posteriormente anunciar la gloria de Dios, y b) la movilización de toda la humanidad a una marcha común, dentro de un mismo terreno iluminado por la gloria de Dios; contribuir para que la creación entera pueda regresar al mismo ritmo doxológico.

1. Dos movimientos continuos del mismo pulso.

Apropiarse de la gloria de Dios e irradiarla son dos movimientos del mismo pulso. La proclamación doxológica del Evangelio viene como una respuesta a la revelación de la gloria divina que ha sido recibida en el alma. A es to le sigue una nueva justificación de recibir la gloria de Dios.

La vida en Cristo no significa la simple aceptación de algunas afirmaciones de fe, de principios y de reglas de comportamiento. Cuantas veces se ha hecho énfasis en estas cosas, hemos acabado en estériles y ofensivas formalidades externas, en un espíritu legalista y en una seca mentalidad moralista. El objetivo de la vida cristiana sigue siendo la apropiación de la gloria de Dios, en Cristo, a través del Espíritu Santo. Esta apropiación es revelada como luz, como amor y como gozo, proceso que comienza, incluso, a partir de esta vida. El resplandor de la gloria de Dios penetra la existencia humana a través de la gracia de los misterios (*sacramentos*).

La contemplación de la gloria de Dios es seguida como consecuencia de una viva fe. Las palabras de Cristo están dirigidas no solamente a Martha, sino a cada persona. "Si crees, verás la gloria de Dios" (Jn. 11:40).

Cristo no nos ofrece una especie de absolución legalista de la culpabilidad, una justificación estática. El "llamado" y la "justificación" son etapas transitorias. El fin sigue siendo la gloria, el trayecto y la participación en la gloria de Dios. "A los que justificó, a ésos también los glorificó" (Rom. 8:30). Iluminación y gloria, fe y gloria, alabanza y gloria, gloria y obras avanzan paralelamente.

Todos los esfuerzos y las actividades de los fieles deben hacer alusión a la gloria de Dios. "Glorificad, por tanto, a Dios en vuestro cuerpo y en vuestro espíritu, los cuales son de Dios" (1 Cor. 6:20). Toda la existencia humana, las funciones y las posibilidades corporales y espirituales participan en la gloria de Dios. La reciben y la remiten.

La participación en la gloria divina, a la cual han sido llamados los cristianos, significa una transformación general de la existencia, una transfiguración total, dentro del aliento y el fuego del Espíritu Santo. Se trata de una mezcla general de la existencia del hombre con las energías del Espíritu Santo, para su renovación total. El momento en que el creyente se convierte, por la presencia del Espíritu Santo, en estancia de la gloria de Dios, él o ella comienzan simultáneamente a irradiar la gloria divina.

En los dichos patrísticos incluidos en el libro Los apotegmas de los Santos Padres, existe un excelente acontecimiento de la vida de un santo anónimo:

> "Dijo el Abad Juan Colovos, que un ermitaño muy espiritual se convirtió en recluso voluntario, y llegó a ser muy bien conocido en la ciudad y glorificado por todos. Le informaron un día "que uno de los santos se está muriendo; vaya a despedirse de él antes de que se duerma". Pensó para sí mismo: "si salgo durante el día, toda la gente correrá alrededor mío y me honrarán, y perderé mi paz. Así que iré de noche, en la oscuridad, y los evitaré a todos". Salió entonces de su celda cuando ya había anochecido, porque no quería que la gente se diera cuenta. Pero ya ve, fueron enviados por parte de Dios

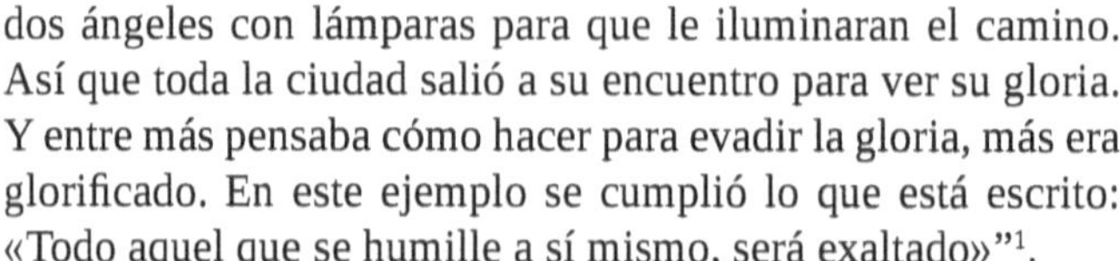

dos ángeles con lámparas para que le iluminaran el camino. Así que toda la ciudad salió a su encuentro para ver su gloria. Y entre más pensaba cómo hacer para evadir la gloria, más era glorificado. En este ejemplo se cumplió lo que está escrito: «Todo aquel que se humille a sí mismo, será exaltado»"[1].

Todos los que llegan a ser recipientes de la gloria divina, transmiten consecuentemente un resplandor transformador a la sociedad en general, hacia toda la humanidad. Solamente los que han sido glorificados por la gracia divina son los que pueden esencialmente glorificar a Dios, siendo ellos portadores de Su gloria. Por eso los Santos han sido siempre los más importantes "misioneros" del cristianismo.

2. Debe esparcirse por toda la tierra.

Esta expresión de gloria y esta forma de vida no debería, ni siquiera puede, permanecer como un acto personal de fe o como una privada experiencia comunal de la Iglesia. Debe esparcirse por toda la tierra. "¡Álzate, oh Dios, sobre los cielos, y llene la tierra tu gloria!" (Sal. 108:6 [107:6]). Este verso bíblico, el cual es recitado al final de la Divina Liturgia, es en sí mismo un mensaje misionero para la comunidad de fieles, quienes poco después se van a dispersar a sus quehaceres cotidianos. El himno doxológico debe esparcirse por toda la humanidad. "Contad su gloria a las naciones" (Sal. 96:3 [95:3]). No es permitido que la experiencia de la luz divina de la gloria del Dios Trinitario permanezca como un privilegio de solamente algunas comunidades o pueblos. "Los pueblos todos ven su gloria" (Sal. 97:6 [96:6]). Todos los que hayan recibido y se hayan beneficiado de la gloria de Dios, están en el deber de convertirse en focos que irradien la luz divina "para iluminarnos con el conocimiento de la gloria de Dios que está en la faz de Cristo" (2 Cor. 4:6).

El esfuerzo misionero visto desde esta perspectiva es claramente un movimiento doxológico. "Porque esto también está por encima de toda alabanza, esto también está por encima de toda gloria para Dios, cuando buscamos que sean muchos los que en un futuro gocen Su salvación"[2].

El interés misionero se extiende hacia la renovación de toda la realidad histórica y toda forma de expresión cultural. Debemos poner a un lado cualesquiera que sean las tendencias dualistas platónicas o

---

1   Abad Juan Colovos, *Εἶπε Γέρον… Τὸ "Γεροντικὸν" (Dijo un anciano… "Apotegmas de los Santos Padres")*, en Griego moderno, ed. Astir, Al. y E. Papademetríou, Atenas 1974, 28, p. 114.

2   San Juan Crisóstomo, *Interpretación al Salmo 145, 1* PG 55:473.

neoplatónicas, con la certeza que la revelación de la gloria de Dios no está dirigida exclusivamente a la mente, a la imaginación, o a solamente algunas de las funciones de nuestro ser inmaterial interno, sino a la totalidad del ser humano y a toda la naturaleza humana. Estamos, por lo tanto, llamados a trabajar para la renovación de todos dentro de este resplandor de la gloria de Dios.

"Todas" las cosas participan en el proceso de transformación. La gracia es transmitida a través de la materia, santificando toda la creación con el pan y el vino, los cuales se convierten en Cuerpo y Sangre de Cristo, "el Señor de la gloria". No solamente el espíritu humano es santificado a través de la participación en la doxología Eucarística, sino también otros elementos materiales como el fuego, el agua, el incienso, el aceite.

La doxología de la creación es armonizada con la doxología voluntaria de los seres que tienen libre albedrío. El universo material también toma parte en la doxología de Dios. "Más alta que los cielos su gloria" (Sal. 113:4 [112:4]). La gloria de Dios resplandece sobre toda la tierra, a través de las incesantes actividades del Espíritu Santo. "La tierra toda se llene de su gloria" (Sal. 72:19 [71:19]). Todos los que participan en la Iglesia de Cristo están llamados a contribuir en esto.

La manifestación de la gloria, la cual fue revelada a la creación racional por la presencia de Cristo, con la proclamación de su total autoridad sobre "todas las cosas", y en seguida por el derramamiento del Espíritu Santo "sobre todo mortal" (ἐπὶ πᾶσαν σάρκα) (Jl. 3:1; Hch. 2:17), debe penetrar en la historia, en las estructuras sociales y en las expresiones culturales. Todas las cosas están llamadas a ser transformadas y recapituladas en Cristo, a través de las energías del Espíritu Santo. Todas las expresiones de la creatividad humana, "todas las cosas" están llamadas a participar en este movimiento doxológico. Al final de todo, incluso la creación será "liberada de la esclavitud de la corrupción para participar de la gloriosa libertad de los hijos de Dios" (Rom. 8:21).

La transformación del mundo se está llevando a cabo con la activa participación de los fieles que se encuentran en el campo de radiación de la gloria divina. El "logos" del mundo, o sea la razón del mundo y el significado de su existencia, está concentrado en la gloria de Dios. La misión significa, a fin de cuentas, una movilización global para una doxología general del universo.

C. El carácter doxológico del pensamiento teológico y de la vida litúrgica

1. Presagio y preludio de la hora final.

La doxología de la Iglesia es un presagio y preludio de la hora final, durante la cual el universo será transformado dentro de la suprema manifestación de la gloria de Dios. Esta perspectiva de la gloria y esta visión de los eventos de la historia de la salvación, la Iglesia la resume, la manifiesta y la preserva en sus definiciones dogmáticas y en sus expresiones litúrgicas, las cuales determinan doxológicamente el ritmo de la vida cristiana y de la misión.

El pensamiento teológico es, primeramente, doxológico en su más profunda y esencial expresión. "Porque incluso el que teologiza ($\theta\varepsilon\lambda o\gamma\tilde{\omega}\nu$) en palabras sabias, le trae gloria al Señor[3], enfatizó Orígenes. La sensibilidad particular de la Iglesia respecto de las definiciones doctrinales, no es tanto una preocupación teorética filosófica sobre las exactas y verdaderas "opiniones" y "doctrinas", como lo es una vigilancia por la orientación del recorrido que hace el hombre y el mundo hacia una familiarización con la gloria de Dios. Está relacionado directamente con el decisivo significado de una verdadera y correcta doxología de Dios.

Cada errónea concepción y creencia acerca del Dios Trinitario y del significado de la salvación humana, altera y oculta la gloria de Dios. Enturbia la mente y el alma, extravía al hombre hacia direcciones equivocadas, y crea confusiones en la manera que la gloria de Dios es experimentada y expresada por la Iglesia. Es por esta razón que, en la tradición ortodoxa, la ansiedad y la preocupación por el correcto dogma, va de la mano y está entretejido con el anhelo por una correcta gloria de Dios.

Por eso la teología, y cada expresión de ella en particular, no se limita a ser simplemente una "ciencia". Trata más bien, después de haber pasado por las etapas de un conocimiento científico preparatorio, filosófico o filológico, de hacer doxológicamente un salto al terreno de la aproximación y de la asimilación, en Cristo, de la gloria divina; trata de vivir una trayectoria a los infinitos mundos del amor y de la gloria de Dios.

El intento de una profunda penetración teológica en la visión y en la experimentación de la gloria de Dios, es particularmente intensa en el pensamiento y en la vida de los Padres de la Iglesia. La postura doxológica conduce al campo de experiencias religiosas, y concede un "entendimiento"

---

3   Orígenes, *Sobre los Salmos, Salmo 28,* PG 12:1289, 33-34.

que sobrepasa los límites y la naturaleza del conocimiento empírico, analítico y científico. Conduce a una participación, a una "comunión", a una divina y vivificadora iluminación.

2. Se lleva a cabo en la Iglesia.

Este caminar doxológico al que nos estamos refiriendo, no es una cuestión personal. Se lleva a cabo en Cristo, en la Iglesia. Por esta razón, el propósito directo y básico de la misión es el establecimiento de una Iglesia local. En ella, a través de la celebración de los misterios (*sacramentos*) y de toda su naturaleza doxológica, se podrá proclamar la gloria de Dios y se podrá participar en las alabanzas de la "Iglesia, una, santa, católica y apostólica". El camino hacia la gloria de la deificación ($\theta\acute{\varepsilon}\omega\sigma\iota\varsigma$) que se realiza a través de la gracia, se desenvuelve en la Iglesia y a través de la Iglesia. "La Iglesia es la realidad del misterio de la gloria de Dios, donde se lleva a cabo la creación de una nueva vida en comunión, a través de la participación en esta gloria" (N. Nissiotis).

La vida doxológica de la Iglesia es cultivada y llega a su culminación a través del culto litúrgico. En la asamblea litúrgica, cada fiel como individuo, y todos juntos como "Cuerpo de Cristo", nos paramaos existencialmente frente a la gloria mística de Dios. Vivimos el misterio del reino de Dios, el cual vino y está por venir, y proclamamos doxológicamente su llegada. Esto sucede de manera especial en la Divina Liturgia, durante la cual se vuelven a repetir, en el aquí y el ahora, los eventos de la divina "abnegación" ($\kappa\acute{\varepsilon}\nu\omega\sigma\iota\varsigma$), del Amor, del sacrificio en la Cruz, de la resurrección, y nos convertimos en partícipes de la vida y de la muerte del resucitado y ascendido Cristo. Nos incorporamos en Su Cuerpo, y entramos en comunión con la gloria divina.

Esta postura doxológica la escogió la Iglesia desde el primer momento con la institución de la asamblea eucarística, para poder proclamar y festejar el "Evangelio de la gloria de Dios". La Iglesia escogió esta postura como centro de su vida, para poder vivir y expresar dinámicamente la recepción y la apropiación de la gloria divina, la cual se manifestó en Cristo Jesús, de manera única e inconcebible.

Esta actitud y postura doxológica creó una fuerza misionera centrípeta que atrajo a millones de personas, incluso durante las más difíciles épocas de persecuciones y de martirio. Es en esta asamblea litúrgica donde se lleva a cabo el profundo cambio, el arrepentimiento ($\mu\varepsilon\tau\acute{\alpha}\nu o\iota\alpha$), la contemplación existencial de la humildad en gloria, y de la gloria en la humildad de Cristo, el cual acepta que Su Cuerpo y Su Sangre sean ofrendadas a cambio de nuestros pobres dones y nuestras sumamente pobres peticiones.

Con esta expresión y este resurgimiento doxológico, la existencia

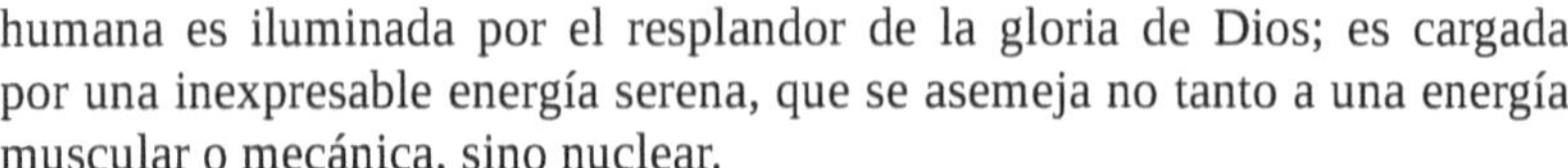

humana es iluminada por el resplandor de la gloria de Dios; es cargada por una inexpresable energía serena, que se asemeja no tanto a una energía muscular o mecánica, sino nuclear.

Esta atmósfera de gloria tiene empoderada a la Iglesia oriental, la cual preserva la tradición de la Iglesia una e indivisa. Las asambleas doxológicas presentan acá una excepcional variedad de expresiones, con el ritmo diario de Maitines, las Horas, Vísperas, Vigilias, las veladas, las festividades de los Santos; todo esto incluido dentro de la sucesión de las temporadas del año litúrgico. Todas estas asambleas congregan a los fieles de forma constante e ininterrumpidamente a formar parte de un ritmo doxológico, el cual los renueva en la certeza de la fe.

Cada acto y cada oración en el culto litúrgico ortodoxo están coronados y culminados con una exaltación de gloria, con una insistente anunciación y proclamación de la gloria de Dios. Una de las más frecuentemente repetidas frases es: "Gloria al Padre y al Hijo y al Espíritu Santo". Todas las exclamaciones en la Divina Liturgia vuelven a lo mismo y están coronadas con el tema de la gloria. "Porque tuyo es el dominio, y tuyos son el reino, el poder y la gloria…" "Porque santo eres Dios nuestro, y a ti rendimos gloria…" (recibimos la gloria, la aceptamos y después la remitimos, la volvemos a enviar a su punto de partida). Debemos ver aquí, no solamente una referencia a la gloria divina, sino una firme reorientación a la realidad de la gloria de Dios, la cual, mucho más allá de cualquier otra "realidad" convencional, penetra toda la vida, penetra la historia del mundo y la eternidad misma.

En la parte central de la Divina Eucaristía está el himno "Santo, santo, santo, Señor Sebaot: llena está toda la tierra de Su gloria… (Is. 6:3)" De esta manera es proclamado festivamente el principio cosmológico que la gloria de Dios llena el universo entero, tanto el espacio como el tiempo. Se trata de una fe que consecuentemente llena al creyente de optimismo y de gozo, lo llena de una certeza de la cual adquiere vitalidad y valentía. La tradición musical del canto de la vida de la Iglesia, unifica a los fieles como un sólo cuerpo doxológico, les concede nueva fuerza para poder trasladar la vida eterna y la esperanza en Cristo, a los acontecimientos de la vida cotidiana.

Los monasterios, en especial, siendo comunidades doxológicas organizadas con una continua e intensa vida litúrgica, han preservado y continúan preservando, dentro de las más variadas condiciones históricas, un resplandor misionero. Tanto en el oriente como el occidente, en las ciudades y en los desiertos, en civilizaciones desarrolladas o primitivas, es indisputable la contribución de los monasterios en la propagación y la estabilización de la fe cristiana, pero también en mostrar un espíritu de oposición (cuando ha sido necesario) y de resistencia. Recordemos en especial el papel de los

monasterios en la propagación del cristianismo en las regiones del norte de Europa, en las vastas tierras del norte de Asia, y más tarde su oposición ante la presión del yugo islámico en Asia Menor, en Egipto y en los Balcanes.

Influidos por las categorías sociales y las tendencias de nuestros tiempos, muchos se limitan en ver la contribución misionera de los monasterios solamente en la predicación que hacen y en sus obras sociales. Pero todo este trabajo viene como consecuencia de, como un aliento de vida. El trabajo primordial, aquello que hace que los monasterios se destaquen como el soporte de la evangelización y como centros dinámicos de misión, es que han sido y se mantienen como firmes comunidades doxológicas de culto litúrgico, que viven el misterio del reino y que irradian el esplendor de su presencia y de su advenimiento escatológico.

Estando usualmente erosionados por una mentalidad de practicidad, no tenemos siempre la sensibilidad de valorar una verdadera santidad, la cual irradia gloria y transforma por el sólo hecho de existir. En cada época, sin embargo, es perceptible la profunda influencia social de los Santos, los cuales son una reflexión de la presencia mística de la gloria de Dios.

Pero incluso muchos de nosotros, que estamos tan activos en tantas actividades eclesiásticas y esfuerzos misioneros, sabemos por experiencia personal como tan peligrosamente nos vaciamos a nosotros mismos, distraídos y "atareados en muchos quehaceres" (Mt. 10:40), y como de una manera tan salvadora somos renovados al regresar a la atmósfera doxológica del culto litúrgico. Esta doxología nos ofrece una fortaleza espiritual interior, una visión y una vigilancia ascética, con directas y continuas repercusiones en la purificación y dedicación de nuestro servicio diario. Porque esta postura doxológica de la cual estamos hablando no es estática ni pasiva. Está conectada orgánicamente con la apropiación e irradiación de la gloria divina.

Muy frecuentemente, cuando decimos la frase clásica "para gloria de Dios", el centro de gravedad cae en el hecho de que hacemos algo lo cual ofrecemos seguidamente para la gloria de Dios. Sin embargo, el verdadero significado de esta frase es que toda nuestra vida se encuentra en este camino y procedimiento de "ser glorificada juntamente con" ($\sigma\upsilon\nu\delta o\xi\alpha\sigma\theta\tilde{\eta}\nu\alpha\iota$), de ser transfigurada, de ser amoldada con la vida de Cristo. La oración es un procedimiento de ser conformados con el que "nos llama a Su reino y gloria". Cada esfuerzo creativo y cada participación en esta continua transformación del universo, que se lleva a cabo por el glorificado Señor, cualquier servicio que se haga en la Iglesia, cualquier expresión de amor es un brillo, un rayo de la radiación de la gloria de Dios amador, de Dios enamorado.

La oración y el amor son las únicas cosas que de ninguna manera se detendrán en la eternidad, son el idioma de la era futura. Cuando uno va a viajar a otro país para vivir ahí, tiene que aprender correctamente el idioma

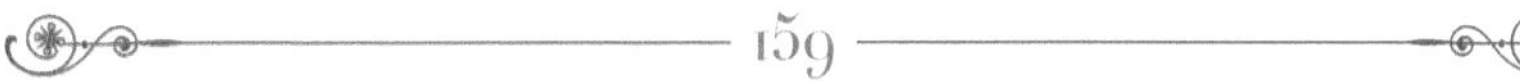

y tener a su disposición la moneda que se usa ahí. Lo mismo sucede con la oración doxológica, el idioma del siglo futuro, y con el amor, que es la única moneda en el "reino de los cielos".

D. Viviendo en humildad el amor crucificado "de gloria a gloria"

La postura doxológica a la cual nos hemos estado refiriendo, no desplaza las otras dimensiones de la vida y de la experiencia cristiana. No las excluye; al contrario, las incluye.

1. En Cristo y por obra del Espíritu Santo.

La doxología de Dios no es algo que simplemente ocurre, algo que fluye automáticamente de la mente y de la voluntad humana. Se lleva a cabo en Cristo, con el poder y el aliento del Espíritu Santo, y dentro de la Iglesia. Jesús fue el único ser de la raza humana que verdaderamente glorificó al Padre con su vida y su obra.

La manifestación de la gloria de Dios, en Cristo, se lleva a cabo primordialmente con la "abnegación" (κένωσις) y el amor crucificado. Esto permanece permanentemente como el aspecto revolucionario del amor divino, que lo hace diferenciar definitiva y decisivamente de las expresiones comunes de gloria humana.

Con nuestros pensamientos contaminados por los convencionalismos de este mundo, nos es difícil conciliar la humildad con la gloria. Alineados por nuestra sed de publicidad, de auto proyectarnos y de ser elogiados, se nos olvida que la humildad es la auténtica expresión de la gloria de Dios. Jesús Cristo "se despojó de sí mismo" (Flp. 2:7), para revelar la gloria de Dios. Quien quiera vivir el Él, está obligado de participar ininterrumpidamente en la divina humildad de Jesús. Por eso es que en el cristianismo oriental se hace énfasis en la Oración de Jesús[4], (para que Su nombre y Su presencia se quede constantemente en el corazón), y en la búsqueda de la misericordia divina, teniendo consciencia de nuestra indignidad y pecaminosidad. Solamente cuando nos auto-despojamos internamente, es cuando será existencialmente posible el convertirnos en vasijas de la gracia de Dios.

Todos los demás intentos de expresar la gloria de Dios, las externamente grandiosas organizaciones, las imponentes y pomposas creaciones de riqueza y de poder mundano, las cuales intentan de imitar las medidas humanas de

---

4   La Oración de Jesús consta de repetir sin cesar la oración "Señor Jesús Cristo, ten misericordia de mi". Ver: *"El Peregrino Ruso"*, Editorial de Espiritualidad, Madrid, 1987. (N. del T.).

gloria, demostraron ser enfermas y peligrosas caricaturas de la proclamación "del Evangelio de la gloria de Dios".

El amor por la gloria de los hombres se opone al amor de la gloria de Dios (Jn. 12:43). Quien desea la gloria humana, no puede trabajar auténticamente en la misión para manifestar la gloria de Dios. Entre más uno se apropia y recibe la luz de la gloria divina, tanto más se libera del anhelo de ser reconocido por el mundo, del dinero, la fama, el poder y la autoridad.

Este punto está ilustrado en el ejemplo que leemos en el libro de los *Apotegmas de los Padres del desierto*: "Existía un Abba con el nombre de Pambo, y dicen de él que durante tres años le imploraba a Dios diciendo: Señor, no me glorifiques aquí en la tierra´. Y fue tanto lo que Dios lo glorificó, que las demás personas no podían mirarlo de frente, por la gloria que resplandecía de su rostro"[5].

La tentación de alterar el significado de la gloria divina con apariencias externas de grandeza, con demostraciones espectaculares, con grandilocuentes declaraciones, ha herido repetidamente a la iglesia y a las varias formas de los esfuerzos misioneros. Hizo daño al cristianismo en muchas regiones del mundo, identificándolo con los pensamientos de la gente, con varios intereses propios y con las autoridades de este mundo, dando de esta manera a la propaganda anticristiana motivos para aprovecharse.

La hora por excelencia de la gloria de Dios, fue la hora de la libre aceptación de la Pasión. Es insistente el uso de las palabras que fueron utilizadas por el Señor durante la Última Cena, como un preludio festivo y como un resumen de lo que iba a revelar sobre el amor, sobre el camino hacia el Padre, sobre la venida del Espíritu, sobre el significado de su martirio: "Ahora ha sido glorificado el Hijo del hombre y Dios ha sido glorificado en Él. Si Dios ha sido glorificado en Él, Dios también le glorificará en sí mismo y le glorificará pronto" (Jn. 13:31-32).

La gloria de Dios no puede ser vivida y revelada en ningún otro contexto, que no sea el contexto del amor crucificado. Esta es la profunda convicción de los Santos. Así escribió San Simeón el Nuevo Teólogo: "Esas cosas, hagámoslas también nosotros con diligencia, para glorificar a Aquel que ha aceptado que lo llamemos *Padre nuestro que estás en los cielos*, y para ser glorificados por Él con la gloria del Hijo, la que venía de Él antes que el mundo fuese. Y estas cosas son la cruz, o sea el morir hacia todo lo de este mundo, las tribulaciones, las tentaciones, y lo que queda de los padecimientos de Cristo; si soportamos estas cosas con mucha paciencia, imitamos los padecimientos de Cristo y a través ellos glorificamos al Padre

---

5   Sobre el Abba Pambó, *Εἶπε Γέρον… Τò "Γεροντικòν" (Dijo un anciano… "Apotegmas de los Santos Padres")*, Op. cit. 1, p. 224.

nuestro Dios, como hijos suyos por gracia y coherederos de Cristo"[6]. La libre aceptación del dolor en nombre del amor y de la justicia no se opone a la vida doxológica. Al contrario, la sostiene. Le concede una verdadera dimensión escatológica (2 Cor. 4:17).

Benditos son todos aquellos que pueden ver el resplandor de la gloria de Dios en la paciente y voluntaria participación en los sufrimientos de la humanidad; en la pobreza de los pobres de este mundo, en la debilidad de los débiles, en la sed por la justicia; en participar libremente en el dolor y el martirio de los demás, con un amor auténtico y desinteresado. La decisiva novedad que nos reveló Cristo no es el "amaos los unos a los otros", sino principalmente lo que sigue: "como yo os he amado", es decir con desinterés, con plenitud, con respeto a la libertad humana, con todas las dimensiones de un sufrimiento semejante al de la cruz, y de sus consecuencias. "El Evangelio de la gloria de Cristo" (2 Cor. 4:4), vuelve y nos llama constantemente a estar ordenadamente en línea, poniéndonos en frente a la dura y demandante forma de la gloria de la Cruz.

De esta manera, la vida y la postura doxológica no significa escaparse para ir a cantar cantos eclesiásticos en un ambiente idílico. Significa más bien una apertura universal, una participación en los problemas de toda la humanidad, en especial los de los humildes y de los que han sido tratados injustamente. Significa ser solidario con todos. Es un ininterrumpido soplo y una radiación del fuego del Espíritu Santo. Directamente conectados con los significados de "luz" y de "poder", la "gloria de Dios" expresa algo particularmente dinámico. Las sorprendentes y brillantes vidas de los Santos reflejan una vida doxológica como esta, plenas de la humildad y del amor de Cristo, y otorgan una convicción misionera oportuna para cualquier persona, para cualquier época, cualquier sociedad.

2. En un ininterrumpido y dinámico desarrollo.

El movimiento doxológico del creyente y de la Iglesia se encuentra en un ininterrumpido y dinámico desarrollo. Es un continuo caminar de "gloria en gloria". "Mas todos nosotros, que con el rostro descubierto reflejamos como en un espejo la gloria del Señor, nos vamos transformando en esa misma imagen cada vez más gloriosos: así es como actúa el Señor, que es Espíritu" (2 Cor. 3:18).

Y como escribe San Gregorio de Nisa, que el creyente se vaya transformado, cambiándose como sea hacia lo mejor y transfigurándose de "gloria en gloria", creciendo diariamente en algo mejor y siempre

---

6   San Simeón el Nuevo Teólogo, "Capítulos Prácticos y Teológicos", *Filocalía*, Grupo Editorial Lumen, Buenos Aires, 2005, Párrafo 101, pp. 365-366.

perfeccionándose, sin que nunca alcance el final de la perfección. Porque la verdadera perfección consiste en nunca detenerse uno de crecer hacia lo mejor, y en no restringir la perfección con algún límite. Y como dice con sus propias palabras: "Siempre transformándose hacia lo mejor y transfigurándose de gloria a gloria, así es como deben ir cambiando, creciendo día tras día, siempre llegando a ser mejores y constantemente perfeccionándose, y nunca alcanzando al final de la perfección. Esta es la verdadera perfección, el nunca detenerse de crecer hacia lo mejor y el nunca limitar la perfección"[7].

Se trata, a final de cuentas, de una continua prolongación, de un fortalecimiento de capacidades y de logros, que conducen a la deificación ($\theta\acute{\epsilon}\omega\sigma\iota\varsigma$) por la gracia de Dios. La vida cristiana consta de un incesante movimiento de purificación a purificación, de arrepentimiento a arrepentimiento, de virtud a virtud, de conocimiento a conocimiento; es un movimiento dinámico de continua renovación en el Espíritu.

El límite fijo es la divina esencia. El hombre nunca podrá alcanzarla. No participa de la esencia de Dios, pero es elevado y es deificado por la radiación de la gloria de Dios, de las energías divinas. Eso que llamamos deificación es la participación en la energía, en la gloria, y no en la esencia de Dios. Llegado a este punto, el intelecto ($\nu o\acute{\upsilon}\varsigma$ - *nous*) humano se da cuenta que se encuentra en un límite, el cual no puede rebasar. Por esta razón renuncia a cualquier intento de hacer descripciones, y se entrega extasiado, enamorado y con un júbilo en el resplandor de la gloria de Dios, la cual lo recrea, lo transforma, lo convierte todo en luz.

Cada día del creyente debe ser una trayectoria hacia "ser glorificado junto con" Cristo. Viviendo el misterio de la transformación interior con la oración y el ascetismo, en fijar la mirada en el rostro del Amado, viviendo el misterio de la humildad y el de ser crucificados juntamente con Cristo, lo cual es la puerta para una comunión con el glorificado Señor. Viviendo la intención de la propagación de la radiación de la gloria de Dios en los corazones de otras personas, inmerso en el silencio de la humildad y de la amorosa aceptación de ellos, dentro del misterio del Verbo, el cual revela el sentido y la grandiosidad de nuestro llamado. El creyente debe también participar en la transformación y renovación de la creación, del mundo, con una intención positiva, tranquila y creativa, desde el sector al cual ha sido encomendado, sea este científico, o práctico, o administrativo, o en cualquier otra área del servicio social.

* * *

---

7   San Gregorio de Nisa, *A Olimpio sobre la perfección*, 8, 1, Ἕλληνες Πατέρες τῆς Ἐκκλησίας *(Padres Griegos de la Iglesia)*, Γρηγόριος Νύσσης, vol. 8, p. 422.

Resumamos: el entendimiento doxológico de la vida y de la misión, y las más claras expresiones de esta disposición doxológica en nuestros pensamientos, estudios y actividades misioneras, no significan bravatas verbales "por la gloria de Dios"; tampoco significa limitar el dinamismo misionero en reuniones de culto litúrgico y de canto. No significa un menosprecio de las otras facetas de la vida espiritual, sino la adaptación de ellas, un esfuerzo de articularlas y combinarlas. La gloria de Dios ya ha sido revelada en Cristo, y los cristianos estamos "llamados" a vivir y manifestar continuamente esta gloria, lo cual se conoce en la terminología bíblica como el "reino de Dios".

El pensamiento teológico, la vida litúrgica, el movimiento y la actividad cotidiana pasan a otro nivel, cuando se desarrollan a través de esta visión doxológica, de este interés y de esta esperanza. A un nivel que está por encima de análisis abstractos, de exaltaciones sentimentales y de voluntarias expresiones de deber. Se convierten en una palpitación de la vida en Cristo, en un rebosamiento de la luz del Espíritu Santo, en un himno de gozo.

10

"Hágase Tu Voluntad"
(reflexión teológica sobre la misión)

(1987)

Ponencia en Commision on World Mission and Evangelism, July 1987, Geneva. • "Your Will be Done – Mission in Christ´s Way. A meditative introduction", *International Review of Mission*, 77 (1988), pp. 173-178. • "Your Will Be Done", en el volumen conmemorativo para *Νικόλαος Ἀγγ. Νισιώτης, Θρησκεία, Φιλοσοφία καί Ἀθλητισμός σέ διάλογο* (Religión, Filosofía y Atletismo en Diálogo), Atenas, 1987, pp. 93-105. • Ἱεραποστολή στα ἴχνη τοῦ Χριστοῦ. Θεολογικές μελέτες καί ὁμιλίες, (Apostolado, hacer misión tras los pasos de Cristo. Estudios y conferencias teológicas), Atenas, 2007, cap. 10, pp. 217-228. • "Mission in Christ´s Way, An Orthodox Understanding of Mission", Holy Cross Orthodox Press, Brookline, 2010, cap. 10, pp. 177-187.

A. La postura de Cristo en relación con su Padre

uando reflexionamos sobre la oración que el Señor nos entregó como una continua petición, "hágase tu voluntad", entonces nos viene a la mente la postura de Cristo en relación con su Padre quien lo envió; "porque he bajado del cielo, no para hacer mi voluntad, sino la voluntad del que me ha enviado" (Jn. 6:38). La certeza de que ha venido obedeciendo el deseo del Padre, y su absoluta auto-identificación con esto, es lo que define la auto conciencia del Dios-hombre, del nuevo Adán, el enviado por excelencia del Padre.

Por consiguiente, todos aquellos que sirven en la misión, fieles a las palabras del Señor resucitado, "como el Padre me envió, también yo os envío" (Jn. 20:21), no existe otra alternativa a la de estar continuamente preparados de hacer la voluntad de Aquel que los envía. Cuando nos referimos a "hacer misión tras los pasos de Cristo", deberemos primeramente examinar el contenido y la profundidad de nuestra autoconciencia, tratando de entender ¿qué somos, qué deseamos, cuáles son nuestros sueños, qué estamos haciendo, hasta qué punto estamos armonizados con la voluntad de Aquel que nos ha enviado? De esta manera encontraremos hasta qué punto hemos purificado nuestra propia voluntad de criterios e intenciones egoístas, para que nuestra voluntad se acerque lo más posible de Aquel que nos ha enviado.

Jesús Cristo estaba en absoluta armonía y unidad con Su Padre. Y, sin embargo, Él enfatiza su firme resolución de obedecer la voluntad del Padre. Nosotros, siendo simples seres humanos, heridos como estamos por el pecado ancestral de la desobediencia, y frecuentemente viendo que tenemos "otra ley en mis (nuestros) miembros que lucha contra la ley de mi (nuestra) razón y me (nos) esclaviza a la ley del pecado que está en mis (nuestros) miembros" (Rom. 7:23), ¿cómo podremos liberarnos de nuestra propia voluntad, y sintonizarnos diariamente con la voluntad de Dios? Este esfuerzo nos llama a una continua vigilancia y arrepentimiento, para poder llegar al estado de "no os acomodéis al mundo presente, antes bien transformaos mediante la renovación de vuestra mente, de forma que podáis distinguir cuál es la voluntad de Dios: lo bueno, lo agradable, lo perfecto" (Rom. 12:2).

Temas como la justicia mundial y la comunidad teológica han fascinado estos últimos años nuestros corazones, y han dominado en nuestras conversaciones. Pero en nuestra búsqueda, es posible que entren otros elementos y prejuicios a nuestras preocupaciones. La espantosa desviación de Israel es también un peligro para la Iglesia de Cristo, la cual es el nuevo Israel de la gracia. "Testifico en su favor que tienen celo de Dios, pero no conforme a un pleno conocimiento. Pues desconociendo la justicia de Dios y empeñándose en establecer la suya propia, no se sometieron a la justicia de Dios" (Rom. 10:2-3). Si nos examinamos a nosotros mismos honradamente y traemos en mente nuestro comportamiento en determinadas circunstancias, si examinamos nuestros dilemas y nuestras decisiones, nos daremos cuenta de las veces que nos hemos sometido a nuestra propia voluntad.

La necesidad de liberarnos cada vez más de nuestra propia voluntad y de estar listos para aceptar la voluntad divina, es para cada uno de nosotros un principio primordial en nuestras vidas, y también la piedra angular en "hacer misión, tras los pasos de Cristo". Podemos encontrar miles de veces en la historia de la Iglesia el peligro causado por el egoísmo humano, el cual altera el sentido de la justicia. La única salida de la cautividad del laberinto de nuestro egoísmo es el buscar continuamente cuál es la voluntad de Dios aquí y ahora. "Y mi juicio es justo, porque no busco mi voluntad, sino la voluntad del que me ha enviado" (Jn. 5:30).

B. Respuesta al amor de Dios

Muy frecuentemente utilizamos la palabra obediencia en una tonalidad como de "sumisión" a la voluntad de Dios, como si fuera una pasiva aceptación de una voluntad superior. Pero esta clase de énfasis se parece más al Islam (que precisamente quiere decir "sumisión"), y no al carácter ($\check{\eta}\theta o\varsigma$) cristiano. La obediencia cristiana significa *corresponder al amor de Dios y aceptar las consecuencias de nuestro amor hacia Dios*. Se trata de una relación amorosa, donde dos voluntades alcanzan a armonizarse de una manera absoluta y espontánea. Se trata de un amor que fortalece toda nuestra existencia, y nos hace capaces de realizar los más audaces y asombrosos esfuerzos y logros. Cada acción, cada pensamiento y cada palabra de Jesús Cristo es una expresión de amor hacia el Padre. Esta clase de amorosa aceptación de la voluntad de Dios ha sido la fuerza motriz de la misión.

En el pensamiento teológico se hace énfasis, a veces en la "fe", menospreciando las "obras", y otras veces en la "obediencia" a los mandamientos, poniendo en contraposición la libertad y el amor. Pero separaciones como estas nunca han sido fructíferas a la vida espiritual y a la obra de la Iglesia. La consciencia entera ($\kappa\alpha\theta\acute{o}\lambda o\upsilon$) de la "Iglesia, una, santa, católica y apostólica", vive todas estas cosas simultáneamente como una armoniosa unidad. Mandamientos, amor, visión, proclamación del misterio de la persona de Jesús, todas estas cosas son vividas juntamente. "El que tiene mis mandamientos y los guarda, ése es el que me ama; y el que me ame, será amado de mi Padre; y yo le amaré y me manifestaré a él" (Jn. 14:21).

No existe verdadero amor sin aceptar la voluntad del Padre de todo corazón, la cual es expresada en Sus mandamientos. Todos estos mandamientos determinan el amor. Cada aceptación de algo que está definido por los mandamientos, constituye una expresión de amor. "Y me manifestaré a él". La contemplación de Dios, la amorosa relación con Él y la devoción a Dios están entretejidas con la específica y amorosa sintonización de la voluntad del creyente con la voluntad de Dios, de ese mismo Dios del amor.

Esta devoción interna a la voluntad de Dios concede al ser humano serenidad y una fuerza firme. La identificación amorosa de nuestra voluntad personal con la voluntad de Dios, quien es amor, concede pureza cristalina y una resistencia de acero para llevar a cabo el trabajo de la misión.

C. Sentimiento simultáneo de flaqueza y fortaleza

Paralelamente con la certeza interior y la fortaleza que concede la firme autoconciencia de todos los que laboran en la misión, está presente también la preocupación interna y el sentimiento de debilidad. Los Evangelistas no esconden en sus relatos las dudas de muchos, incluso llegan a nombrar a algunos, respecto de lo que pensaban del mismo Cristo. No presentan todas las cosas como si fueran excelentes, como sucede por ejemplo en los textos relacionados con Buda. El Nuevo Testamento nos presenta frecuentemente la crítica y el cuestionamiento de algunos círculos religiosos y político-sociales de la época de Cristo, y que alcanzaron el punto de relacionarlo con Satanás, "por el Príncipe de los demonios expulsa a los demonios" (Mt. 9:34). La disputa y la negación culminan en la confrontación y el rechazo, el cual se consume totalmente en la crucifixión, afuera de las murallas de la ciudad.

La duda provenía de diferentes entornos y continuó durante la era apostólica, no solamente de parte de los paganos y los judíos, sino también de algunos grupos eclesiásticos con intereses propios. Las cartas del apóstol Pablo están llenas de crónicas de disputas y difamaciones, que tienen que ver incluso con su identidad apostólica. Él, quien tan intensamente vivió su "hacer misión, tras los pasos de Cristo", afirmando que "ya no vivo yo, sino que Cristo vive en mi" (Gál. 2:20), definió de una manera asombrosamente dramática, la identidad de la vida apostólica: "porque pienso que a nosotros, los apóstoles, nos ha asignado el último lugar, como condenados a muerte… nosotros, locos a causa de Cristo… Débiles nosotros… nosotros despreciados" (1 Cor. 4:9-10).

Uno de los grandes dones dados por Dios a aquellos que se ofrecen a sí mismos a la obra misionera, es la experiencia personal de esas horas y esas circunstancias tan difíciles. Gracias a este don, los textos del Nuevo

Testamento no son simplemente un relato histórico, sino que resumen nuevas experiencias existenciales y reveladoras. Este tipo de duda, de negación y de debilidad pertenece a la naturaleza de la misión, y muy frecuentemente subrayan su autenticidad. El amor por Dios se relaciona, de una u otra manera, con la cruz. La triple afirmación de Pedro de su amor por Cristo, no recibió como respuesta la promesa de una vida con comodidades y honores, sino la advertencia que su amor tendría como culminación el sacrificio (Jn. 21:15-19).

Sin embargo, todas las tribulaciones externas y las penas, son incapaces de tambalear la certeza interna y el entusiasmo del amor, el cual anima y fortalece a aquel que ha sido enviado por Jesús. "¿Quién nos separará del amor de Cristo? ¿La tribulación?, ¿la angustia?, ¿la persecución?, ¿el hambre?, ¿la desnudez?, ¿los peligros?, ¿la espada?" (Rom. 8:35-39). *La doble experiencia, la de debilidad, por un lado, y simultáneamente la de la fortaleza de Dios*, componen los dos polos de la vida apostólica. "Pero llevamos este tesoro en recipientes de barro para que aparezca que una fuerza tan extraordinaria es de Dios y no de nosotros" (2 Cor. 4:7-9; 1 Cor. 4:12-13).

Incluso una seria enfermedad, no nos produce descorazonamiento y desespero; se convierte más bien en una mística fuente de fortaleza. "Cuando soy débil, entonces es cuando soy fuerte" (2 Cor. 12:10). Esta es la más asombrosa paradoja de la experiencia cristiana, experiencia que define el carácter, el ethos y la fortaleza del misionero cristiano hasta el final de los tiempos.

D. Experiencia existencial de la resurrección

Esta actitud dinámica, incluso en los estados de más profunda debilidad, es fruto no de una certeza teórica, sino de una experiencia existencial de la resurrección de Cristo. El tema de la resurrección era tan fuerte en la predicación de Pablo, que los Atenienses se formaron la impresión de que el Jesús y la resurrección (*anastasi*, que es un sustantivo femenino en Griego), que Pablo proclamaba, eran una pareja de dos nuevas deidades (Hch. 17:18).

La promesa de la resurrección y de la vida eterna es directamente relacionada con la voluntad de Dios. Jesús repite enfáticamente: "porque esta es la voluntad de mi Padre: que todo el que vea al Hijo y crea en Él, tenga vida eterna y que yo le resucite el último día" (Jn. 6:40). La buena noticia alcanza su cenit con la proclamación de la resurrección de los muertos, la regeneración ontológica de la naturaleza humana. Cualquier ocultamiento de esta verdad central, conduce a una peligrosa y catastrófica distorsión del mensaje cristiano. La aceptación de la resurrección permanece siempre como un requisito para la salvación (Rom. 10:9). Por esta razón, en la Iglesia Ortodoxa, la vida espiritual y todas las cosas giran alrededor del eje de la resurrección.

Lo que transforma la debilidad en fortaleza es el "poder" definitivo que le fue dado al resucitado Cristo. "Me ha sido dado todo poder en el cielo y en la tierra" (Mt. 28:18). Y es muy importante la correspondencia de la segunda parte de esta frase "en el cielo y en la tierra", con su similar de la oración del Señor. La misión cristiana está esencialmente relacionada con este "poder". En la continuación de este verso, la palabra "pues" ($o\breve{v}v = por$ *consiguiente*), la cual une las dos frases, es frecuentemente pasada por alto. Porque "me ha sido dado todo poder en el cielo y en la tierra", por esta razón, basados en esta certeza, "id, pues, y haced discípulos a todas las gentes". La primera y la última palabra en la historia y en el mundo, "en el cielo y en la tierra", pertenece al Resucitado. Sin temor y sin vacilación, ha traído la buena noticia a toda la creación.

La apertura hacia el mundo, lo cual quiere decir hacia la totalidad de la humanidad, incluyendo al llamado mundo secularizado, es una consecuencia de la resurrección y es claramente voluntad de Dios. La apertura de la misión de la Iglesia hacia el "todo" es claramente determinada y predicada como voluntad de Dios. Es una nueva perspectiva que abarca a toda la creación.

Pero existe otro aspecto de la catolicidad, del "kathólou" de la voluntad de Dios. El primero es *todas* ("todas las naciones"), la cual es seguida por una segunda "…enseñándoles a guardar todo lo que yo os he mandado". Es inconcebible el limitarnos a ser selectivos por solamente algunos mandamientos.

Debe ser cada vez más fuerte el estar conscientes de esta totalidad, cada vez que proclamamos que pertenecemos a la "Iglesia católica y apostólica". La totalidad de la voluntad de Dios es lo que debe determinar nuestra vida. Una de las tragedias de la historia cristiana y de la realidad de la Iglesia de hoy es la escogencia que hacen algunos cristianos de solamente algunos principios y mandamientos, y el rechazo (teórico o práctico) de otros. Hablamos elocuentemente de la libertad, del amor, de la sociedad humana, pero tartamudeamos cuando hablamos de auto control, de humildad, de arrepentimiento, de crucificar al hombre viejo, del "camino angosto", y de auto sacrificarse. Nos olvidamos que la voluntad de Dios está constituida por una unidad, por una realidad que abraza todo. Con este entendimiento holístico de la misión, ya es hora que enfaticemos la necesidad de entender la voluntad de Dios como una totalidad.

E. Un proceso de dimensiones cósmicas

Esta misma palabra crucial "todo" (πάντα) aparece otra vez en la visión y en la perspectiva del Apóstol Pablo, cuando contemplaba el futuro de la Iglesia, teniendo miras al definitivo fin del mundo. Con el derramamiento del Espíritu Santo y la formación de la Iglesia, comenzó a través de la continua presencia del Espíritu, un proceso de transformación de la vida humana, el cual eleva a la humanidad y transforma el mundo. En toda esta evolución existe un misterio, "el misterio de su voluntad según el benévolo designio que Él se propuso de antemano para realizarlo en la plenitud de los tiempos" (Ef. 1:9-10). El pensamiento humano siente vértigo en frente de esta espléndida visión. *Todas las cosas* encontrarán su razón de ser, la cual es Cristo. "Todas las cosas, en el cielo y la tierra".

Participamos en este "misterio de Dios" al ejercitarnos en la misión. Esta perspectiva nos libera de cada tipo de piedad individualista y de cada tendencia de marginar el esfuerzo apostólico. Tomamos parte en un esfuerzo divino de dimensiones cósmicas. La misión es, repitámoslo una vez más, misión de Dios y no de nosotros. En Su magnífica iniciativa, Dios nos llama a ser Sus co-trabajadores e intermediarios. El plan de Dios se va a realizar como sea. Nuestra fortaleza y nuestra resistencia están basadas sobre esta realidad. En ella está la fuente de nuestro gozo y de nuestro optimismo.

Cristo se revela como el centro de la creación, como la *entelequia* (objetivo y propósito) del mundo. El decisivo nuevo elemento que Cristo ofrece no es un conjunto de algunas verdades y principios, parecido a las enseñanzas de algunos sabios (como por ejemplo de Gautama Buda o de Confucio), o de algún profeta (como Zoroastro o Mahoma). Lo que hizo Jesús Cristo fue unir, de una manera única e irrepetible, la naturaleza divina con la humana y, al hacer esto, regeneró la naturaleza humana y le concedió, me atrevo a decir, nuevos cromosomas. Cromosomas espirituales, los cuales determinan un código místico de evolución; convierten a la persona humana (ἀνθρώπινο πρόσωπο) en persona semejante a Cristo (χριστομίμητο πρόσωπο); convierten a la persona racional, en una persona humana unida con el Verbo; convierten a una comunidad humana, en una comunidad de amor. Y extendiendo esta realidad, realiza también una transformación de toda la creación.

Cristo como amor que es, se constituye en la Omega (el fin último) de la evolución del mundo. Dentro de las aventuras que pasa la humanidad en cada época, nosotros los cristianos tenemos la intuitiva certeza, con la fe de que todas las cosas, el universo entero, toda la creación, se encuentran en un proceso de transformación, de evolución hacia la unión con Cristo, quien es la razón de ser (λόγος- *logos*) de todo el universo. La incorporación

en Él, constituye la propuesta cristiana para una creativa superación del caos robótico que presagia la fría tecnología, tan indiferente a la existencia (ὑπόστασῃ) humana.

Cuando utilizamos la frase "Hágase Tu voluntad – Apostolado, hacer misión tras los pasos de Cristo", frecuentemente concentramos nuestra atención en la vida terrenal de Cristo, desde la encarnación hasta la crucifixión. Pero el Cristo en el cual creemos, es también el resucitado, el ascendido, y el que volverá nuevamente, el Señor y Logos del universo. Sobre esta fe se fundamenta la solución al problema de fortaleza y debilidad. Esta fe es la que mantiene viva nuestra esperanza para el futuro.

La contemplación de la obra del Verbo, antes de la encarnación y después de ella, sobre todo después de la resurrección, es el centro de la experiencia litúrgica, y se mantiene firme en la conciencia de la Iglesia *católica* y apostólica.

Fe y confianza en el Señor es lo que determina la autoconsciencia de la Iglesia, dándole una asombrosa vitalidad y fortaleza para dar su testimonio, incluso en las más duras persecuciones. La certeza de que, por el hecho de aceptar la voluntad del Señor del universo, asumimos un claro y crítico papel en el mundo, ahora y hasta el final de los siglos, llena nuestro corazón con entusiasmo.

Es esta la confianza en la sabiduría y en el poder de la voluntad de Dios, la cual nos llena de anhelo para orar "Hágase tu voluntad, así como en el cielo también sobre la tierra", porque sabemos que en esa voluntad encontramos vida, libertad, esperanza, belleza y, sobre todo, amor.

11

Misión Ortodoxa:
Pasado - Presente - Futuro

(1989)

«Ὀρθόδοξη Ἱεραποστολή. Παρρελθόν – Παρόν – Μέλλον», *Γενηθήτω τό θέλημά σου. Ἡ ἀποστολή τῆς Ὀρθοδοξίας σήμερα.* ("La misión Ortodoxa. Pasado – Presente – Futuro". El apostolado de la Ortodoxia hoy). ed. G. Lemópoulos, Neápolis-Thessaloniki 1989, pp. 69-95. • "Orthodox Mission, Past, Present, Future", *Your Will Be Done. Orthodoxy in Mission*, ed. G Lemopoulos, Tertios-Katerini-Geneva 1989, pp. 63-92. • En Alemán: "Orthodox Mission. Vergangenheit, Gegenwart, Zukunft", *Die Orthodox Kirch*. Eine Standortbesttimmung an der Jahr Tausendwende. Festschrift für Anastasios Kalis, Hrsg. Eumenius von Lefka, Athanasios Basdekis und Nikolaos Thon, Lembek, Frankfurt am Main, 1999, pp. 93-121. •"Orthodox Mission", *Leitfaden Okumenische Missionstheologie*, Hrsg. Chr. Tahlin-Sander, An Schultz, D. Werner, H. Wrogemann, Chr. Kaiser, Güttersloch 2003, pp. 113-129. • Ἱεραποστολή στα ἴχνη τοῦ Χριστοῦ. Θεολογικές μελέτες καί ὁμιλίες, (Apostolado, hacer misión tras los pasos de Cristo. Estudios y conferencias teológicas), Atenas, 2007, cap. 11, pp. 229-263. • "Mission in Christ´s Way, An Orthodox Understanding of Mission", Holy Cross Orthodox Press, Brookline, 2010, cap. 11, pp. 189-221.

l testimonio ortodoxo está entrelazado con el anhelo de vivir la voluntad de Dios con una disposición amorosa y heroica. El "vivir en Cristo" y el "seguir sus huellas" (1 Pe. 2:21) siempre ha sido el ideal y el corazón de la espiritualidad ortodoxa. El anhelo central de la vida litúrgica ortodoxa es expresada, en resumidas cuentas, en la petición que se hace durante la *Liturgia de los Dones Presantificados*[1], cuando la "Iglesia de los fieles" se dirige a Dios Padre suplicándole: "a fin de que, comulgando de estos Divinos Santos Sacramentos, y siendo vivificados por ellos, nos unimos con tu Cristo, así que… habitando tu Verbo en nosotros, oh Señor, y andando entre nosotros, nos convirtamos en templo de tu adorado y santísimo Espíritu". La gloria y el poder transformador del Dios Trinitario deben brillar en el tiempo, en cada expresión de la vida humana y en la creación entera, gracias a la misión de la Iglesia.

Debido a que la palabra clave "misión", alrededor de la cual van a girar nuestra conversación —palabra que con frecuencia es utilizada con varios matices—, es necesario aclarar lo que queremos decir que con esta palabra: dar testimonio del vivo Dios Trinitario, quien llama a la salvación y que une a la Iglesia a seres humanos que no pertenecían a ella, o que habían perdido su conexión con ella. Esta característica la hace diferente al simple cuidado pastoral de la Iglesia, el cual está dirigido a los que ya están incorporados en ella. El campo de acción de la misión hoy día es, tanto las regiones geográficamente alejadas, las del llamado tercer mundo (para ser más exactos, el mundo compuesto de las dos terceras partes de la población de la tierra), como también el resto de la ecúmene. Se trata por lo tanto de hacer misión, de ahora en adelante, con dirección a todos los continentes.

Para cada Iglesia local la misión es "interna", cuando se lleva a cabo dentro de las mismas fronteras geográficas, lingüísticas y culturales, y es "externa" cuando se extiende más allá de estas fronteras, a otros pueblos, a otros países.

La "Iglesia, una, santa, católica y apostólica", está obligada de dar testimonio a los que están cerca y los que están lejos, y a interesarse por el ser humano íntegro, tanto a nivel personal como social. Debe interesarse por el progreso del mundo entero. La misión ortodoxa no puede ser indiferente a cualquier cosa que se relacione con la existencia humana.

---

1   La Divina Liturgia que se celebra entre semana, durante la Gran Cuaresma, y se llama así porque los Santos Dones no son consagrados durante esa Liturgia, sino en la Divina Liturgia del domingo anterior (N. del T.).

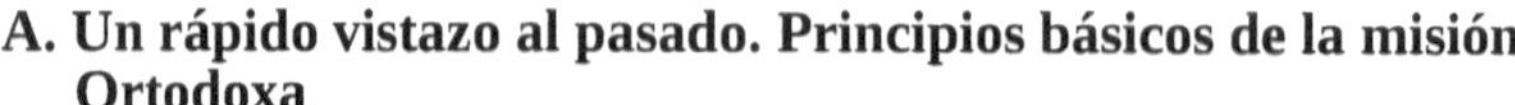

A. Un rápido vistazo al pasado. Principios básicos de la misión Ortodoxa

En 1958, cuando comenzó a haber en la Ortodoxia contemporánea un renovado interés por el ideal de la misión en el exterior, tuvimos que enfrentar dos dificultades: el asombro de los occidentales, quienes pensaban que los ortodoxos son introvertidos y que no les interesaba la misión; y una pasiva oposición interna entre los ortodoxos, quienes consideraban que un interés como este es algo importado del extranjero. Es por esta razón que, durante esa primera década, no sólo se hizo énfasis en el hecho que la misión es una necesidad de la teología y eclesiología ortodoxa, sino que también se hizo un intento especial de estudiar su historia.

De los textos relacionados que se publicaron estas últimas décadas, ha sido más que claro que el deber apostólico es un elemento básico de la autoconciencia ortodoxa[2]. Esto incluso durante períodos, cuando debido a circunstancias históricas, la actividad misionera de algunas Iglesias locales se encontraba en receso, y el interés por la misión se encontraba en letargo.

El aniversario de este año (1989) que celebra el milenio del bautismo de los rusos, ilumina más ampliamente, tanto las iniciativas misioneras de los bizantinos, como las actividades misioneras de sus discípulos rusos en siglos posteriores.

1. Misiones bizantinas.

Durante todo el milenio de su existencia, el Bizancio ortodoxo se interesó por la propagación de la fe cristiana, tanto a los paganos que estaban dentro de sus fronteras, como a las tribus paganas que invadían el Imperio,

---

2   A. Schmemann, "The Missionary Imperative in the Orthodox Tradition", *The Theology of the Christian Mission*, G. H. Anderson, ed., New York 1961, pp. 250-257. G. Khodre, «Ἐκκλησία καὶ Ἀποστολή (Iglesia y Apostolicidad)» Πορευθέντες, 3 (1961), pp. 40-42, 56-58. N. Nissiotis, "The Ecclesiological Foundation of Mission", *The Greek Orthodox Theological Review*, 8 (1962), pp. 22-52. A. Yannoulatos, "Orthodoxy and Mission", *St. Vladimir's Seminary Quarterly*, 8 (1964), pp. 139-148. Idem, "Σκοπός καὶ κίνητρον Ἱεραποστολῆς ἐξ ἀπόψεως θεολογικῆς (El propósito y la motivación de la misión desde el punto de vista teológico)", Atenas 1966. Reimpresión en la revista Θεολογία 37, 1966. [Ver la republicación en capítulos anteriores de esta publicación]. Idem., «Ἀφετηριακαὶ σκέψεις διὰ τὴν Ἐξωτερικὴν Ἱεραποστολήν *(Pensamientos iniciales sobre la misión en el exterior)*», Atenas 1968. Reimpresión en la revista Πορευθέντες, 10 (1968) y en Ἐκκλησία, 55 (1968). Idem., «Ἀδιαφορία γιὰ τὴν Ἱεραποστολήν σημαίνει ἄρνηση τῆς Ὀρθοδοξίας *(Indiferencia por la misión significa negación de la Ortodoxia)*", Atenas 1971. J. Meyendorff, "The Orthodox Church and Mission: Past and Present Perspectives", *St. Vladimir's Seminary Quarterly*, 16 (1972), pp. 58-71. E. Voulgarakis, "Orthodox Mission", *Lexikon Missionstheologischer Grundbegriffe*, Hrgb. K. Müller and Th. Sundermeier, Berlin 1987. Jon Bria (ed.), *Martyria/Mission. The witness of the Orthodox Churches today*, Geneva 1980. Para una más amplia presentación sobre este tema y para una detallada bibliografía ver J. Stamoolis, *"Eastern Orthodox Mission Theology Today"*, New York, 1986. (Ver también la nota 10 más abajo).

y también a los países vecinos. Podemos distinguir dos periodos en especial en los cuales el fervor misionero estuvo muy intenso: a) de los siglos IV a VI, teniendo como momento cumbre las actividades misioneras durante el tiempo del Emperador Justiniano, y b) durante los siglos IX a XI, durante la Dinastía Macedónica. Tanto en el primer periodo como en el segundo, las actividades misioneras iban de mano con una más profunda búsqueda teológica y con un auge de espiritualidad.

Durante el primer periodo, iluminados obispos trabajaron en el campo misionero como, por ejemplo, San Juan Crisóstomo (†407), también santos monjes como San Hilarión (†371), San Euthemios (†473) y San Savvas (†532). Los Bizantinos se interesaron por la cristianización de diferentes pueblos fronterizos con el Imperio, tales como los godos, los hunos, los íberos, con diferentes tribus de Colchis y del Cáucaso. También en el sur, después de la cristianización de los etíopes, se interesaron por la evangelización de varias tribus de Nubia y de las partes nórdicas de lo que hoy es Túnez. Este primer periodo de misiones es poco conocido, debido a que se realizaron en lugares que más tarde sufrieron fuertes restructuraciones de sus poblaciones.

El segundo periodo, el relacionado con la cristianización del mundo eslavo, ha sido más estudiado. En estos últimos años se ha concentrado un especial interés en este periodo, debido a la celebración de los 1.100 años de aniversario de las misiones de los Santos Cirilo y Metodio, así como por la celebración del milenio ya mencionado.

La misión bizantina estuvo basada sobre varios claros y fundamentales principios. Recordémoslo bien: tuvo como primacía el deseo de crear auténticas comunidades eucarísticas locales. Por eso se le dio prioridad a la traducción de las Sagradas Escrituras, a los textos litúrgicos y a los escritos Patrísticos, y también a la construcción de hermosas iglesias que proclamarían con el elocuente silencio de la belleza, que Dios había venido a morar entre los humanos. La importancia que la teología bizantina dio a la vida litúrgica y a la "deificación" del ser humano, no impidió a la Ortodoxia de interesarse también directamente en las dimensiones sociales y culturales de la vida. Los bizantinos, junto con el Evangelio, transmitieron también a los pueblos que estaban siendo cristianizados, toda su experiencia, política, artística, económica y cultural, experiencia empapada con todos los principios evangélicos y con la visión cristiana de la vida. Contribuyeron también para que estos nuevos pueblos pudieran formar su propia autoconciencia y desarrollar su propia cultura.

El Bizancio cristiano infundió, con el poder del Evangelio, una vida totalmente nueva a las olas de pueblos incivilizados que invadieron a Europa, otorgándoles una nueva vida espiritual, social, política. La flexibilidad y el entendimiento con la que los misioneros griegos adaptaron la tradición y la forma litúrgica bizantina a las diferentes circunstancias, les dieron a estas

misiones un carácter ecuménico y las conectó con los pueblos ortodoxos. Simultáneamente, el desarrollo de los idiomas propios y de la forma de ser de cada nación, por las cuales trabajaron con tanto respeto y cariño los misioneros bizantinos, ayudó a preservar la personalidad de los pueblos cristianizados por ellos. Muy contrariamente a cualquier centralización administrativa y a tener un concepto monolítico de la Iglesia, los misioneros bizantinos veían la unidad de la Iglesia que se extendía, en la doxología que se llevaba a cabo en común, con muchas voces, pero "en un solo espíritu", y en su participación sacramental al cáliz de la vida, "porque uno solo es el pan, aun siendo muchos, un solo cuerpo somos"" (1 Cor. 10:17).

Y por terminar, la misión en Bizancio no fue obra solamente de algunos "especialistas". Se involucraron en ella obispos, sacerdotes, monjes, emperadores (grandiosos y medianos), princesas, diplomáticos, oficiales, soldados, comerciantes, marineros, emigrantes, viajeros, cautivos[3]. El paciente y modesto heroísmo con el cual laboraron en esta dirección los miles de conocidos y desconocidos bizantinos, durante la larga vida del Imperio, obligan al estudiante de historia a subrayar aquello que escribió Charles Diehl, respecto de la conversión de los Eslavos: "la obra misionera fue una de las glorias de Bizancio"[4].

2. Misiones rusas.

La labor misionera rusa presenta un interés muy amplio y una extraordinaria variedad. En el primer periodo, el cual se extiende desde el bautismo de los habitantes de Kiev hasta la conquista de los Mongoles (988-1240 d.C.), hay la creación de centros monásticos los cuales funcionaron como bases misioneras; obispos, sacerdotes, monjes trabajan heroicamente por la evangelización de las tribus Eslavas del norte.

En el segundo periodo, desde la invasión de los Mongoles hasta aproximadamente finales del siglo XV, muchos de los monjes se retiraron

---

3   Ver A. Yannoulatos, «Βυζάντιον, ἔργον Εὐαγγελισμοῦ (Bizancio, obra de Evangelización)» Θρησκευτικὴ καὶ Ἠθικὴ Ἐγκυκλοπαιδεία (Enciclopedia de Religión y Ética), vol. 4, (1964), col. 19-59. Idem., «Κύριλλος καὶ Μεθόδιος, δεῖκται πορείας *(Cirilo y Metodio, indicadores de un camino)*», reimpreso de la revista Ἐκκλησία 53 (1966). Idem., "Monks and Mission in the Eastern Church during the Fourth Century", en: *International Review of Mission* 58, (1969), pp. 208-226. Para aspectos específicos de la misión Bizantina ver: F. Dvornik, *Les Slaves, Byzance et Rome au IXe siècle*, Paris, 1929. M. Lacko, *Saints Cyril and Methodius*, Rome, 1963. M. Spinka, *A History of Christianity in the Balkans*, Hamden, CT, 1968. D. Gonis, «Βίος καὶ δράση τοῦ Ἁγίου Μεθοδίου (Vida y obra de San Metodio», *Πάντα τά ἔθνη* 4 (1985), vol. 15, pp. 6-9. Ver otros artículos en ese mismo tomo conmemorativo.

4   C. Diehl, *Les grands problèmes de l'histoire byzantine*, Paris, 1943, p. 17.

a los bosques, e hicieron de sus ermitas centros de actividad misionera y cultural. Los primeros apóstoles de los tártaros, lo hicieron siendo prisioneros de guerra. Aparte de los diversos anónimos evangelistas, esta época fue adornada por excepcionales personalidades misioneras como Estaban de Perm (†1396).

Durante el tercer periodo, desde el siglo XVI hasta el siglo XVIII, cientos de miles de musulmanes de la población regional de Kazán ingresaron a la Iglesia. Con la expansión del Imperio hacia Siberia, donde el cristianismo era hasta entonces desconocido, se realizó la construcción de muchos templos y monasterios, y, sin embargo, su número no fue suficiente para cubrir las necesidades locales. Durante este tiempo, el Estado estuvo frecuentemente adverso hacia la misión. Hubo, empero, grandes personalidades misioneras como San Trifon de Nóvgorod (†1583), misionero de los Lapps, el Obispo Filoteo de Tobolsk (†1727) y otros, quienes con su fervor misionero pudieron atraer a miles hacia Cristo.

El cuarto periodo, desde el siglo diecinueve hasta la Revolución Rusa (1917), presenta un carácter eclesiástico más intenso, y se distingue por sus numerosos frutos. Son muchos los misioneros: obispos, sacerdotes, monjes y laicos. Están el monje Macario Gloukharev (†1847), apóstol de las belicosas tribus de la inaccesible cordillera de Altái; el Obispo Inocencio Veniaminov (†1879), (quien fue posteriormente Metropolita de Moscú) quien trabajó con los aleutianos, los esquimales y otras tribus de Alaska; San Germano, también en Alaska; el mercader Sidenikoff, quien trabajo entre los samoyedas; el lingüista y teólogo Nicolás Ilminsky, quien introdujo nuevos métodos de traducción y de trabajo misionero entre los tártaros. Fueron muchas las tribus hacia las cuales se dirigieron las misiones rusas. También fueron muchos los idiomas a los cuales se tradujo el Evangelio.

En todo este esfuerzo misionero, fue inmensa la contribución hecha por la Sociedad Misionera Ortodoxa, fundada en Moscú en 1870, la cual asumió el soporte económico de las delegaciones misioneras. Otra gran contribución fue hecha por la Academia de Kazán, la cual se convirtió en un centro de estudios misioneros. Su departamento de traducciones publicó diferentes libros en decenas de idiomas en las regiones de Volga, Siberia y Cáucaso, entre otras.

Los misioneros rusos trabajaron también por fuera de las fronteras del Imperio, en China, Corea y Japón, teniendo como protagonistas a iluminados personajes como el Obispo Inocencio Figurovski en China y el Arzobispo Nicolás Kasatkin (1836-1912) en Japón[5].

---

5   Para más acerca de las misiones Rusas, ver: E. Smirnoff; *A Short Account of the His-*

Los misioneros rusos estuvieron inspirados por los principios ortodoxos de Bizancio, y los desarrollaron con originalidad y audacia. Crearon alfabetos para idiomas que no tenían escritura. Tradujeron textos bíblicos y litúrgicos a nuevos idiomas. Celebraban la Liturgia en varios dialectos locales, manteniendo un cuidado lingüístico de manera sistemática. Preparaban y promovían a clérigos nativos lo más pronto posible. Hacían partícipes al clero y al pueblo, haciendo énfasis en la activación de los fieles. Patrocinaban la educación en la agricultura, en el desarrollo tecnológico y, en general, en el avance sociocultural de las tribus y pueblos que atraían a la Ortodoxia. Continuando la tradición ortodoxa, dieron una posición central a la vida litúrgica, a la armoniosa arquitectura de las iglesias, a la belleza del culto litúrgico y a las consecuencias sociales de la vida en Cristo. Ciertos fundamentos principales, que hasta hace poco fueron adoptados por misioneros occidentales, existieron desde siempre como incuestionables fundamentos en el esfuerzo misionero ortodoxo.

3. Resistencia paciente.

Muchas Iglesias Ortodoxas, obligadas a vivir bajo regímenes musulmanes (cuatro siglos de ocupación turca en los Balcanes y trece siglos de dominación Árabe en Egipto), no estuvieron, claro está, en posición de organizar apostolados en el exterior. Al contrario, con el fin de afrontar el terrible peligro de la conversión de la población cristiana al Islam, estuvieron obligados de luchar fuertemente para mantener el control de su rebaño y de recibir, de vez en cuando, el retorno de los que se habían extraviado. Este prolongado esfuerzo se desenvolvió como una heroica resistencia a las

variadas y fuertes presiones de otra religión, y que agregó a miles de nuevos mártires a la Iglesia[6].

---

torical Development and Present Position of Russian Orthodox Missions, London 1903. Otis Cary, *Roman Catholic and Greek Orthodox Missions, Vol. 1: A History of Christianity in Japan*, New York, 1909. S. Bolshakoff, *The Foreign Missions of the Russian of the Russian Orthodox Church*, London 1943. J. Glazik, *Die russisch-orthodox Heidenmission seit Peter dem Grosse*, Münster 1954. J. Glazik, Die Islammission der russisch-orthodoxen Kirche, Münster 1959. A. Yannoulatos, «Ὀρθοδοξία στὴν Κίνα (La Ortodoxia en China)», *Πορευθέντες*, 4 (1962), pp. 26-30, 36-39, 52-55. Idem., «Ὀρθοδοξία στὴν Ἀλάσκα (La Ortodoxia en China)», *Πορευθέντες*, 5 (1963), pp. 14-22, 44-47. Idem., "Orthodoxy in the Land of the Rising Sun", *Orthodoxy 1964, A Panorthodox Symposium*, Atenas 1964, pp. 300-319, 338-340. E. Voulgarakis, *Ἡ Ἱεραποστολή κατὰ τὰ ἑλληνικά κείμενα ἀπὸ τοῦ 1821 μέχρι τοῦ 1917*, Atenas 1971. E. Widmer, *The Russian Ecclesiastical Mission in Pekin during the Eighteenth Century*, Cambridge, MA, 1976. P. D. Garret, *St. Innocent, Apostle to America*, Crestwood, NY, 1979. J. J. Oleksa, "Orthodoxy in Alaska. The Spiritual History of the Kodiak Aleut People", *St. Vladimir´s Theological Quarterly* 25 (1981), pp. 3-19.

6   Para más acerca de los Nuevo-Mártires, ver: Nicodemo del Monte Athos, Néov

Y en el siglo veinte, en países gobernados por regímenes fanáticamente antirreligiosos, la Iglesia Ortodoxa ha vivido su *misión como resistencia*, de manera constante, pacífica, de acuerdo con el carácter ($\tilde{\eta}\theta o\varsigma$) de los primeros cristianos de la Iglesia Primitiva. Ella ha dado de los más heroicos y auténticos capítulos de la historia eclesiástica, que están esperando ser estudiados sistemáticamente.

4. Periodos débiles.

Debemos ver este tema del pasado desde otro punto de vista. Cuando nos encontramos en un ambiente occidental, automáticamente tenemos la tendencia de describir lo excelente que es todo en nuestra Iglesia. Frecuentemente tenemos la tendencia de comparar nuestras cumbres con los barrancos de los demás. Ya es hora de que seamos más objetivos cuando analizamos el pasado. Esto además nos lo impone el carácter ($\tilde{\eta}\theta o\varsigma$) ortodoxo, el cual es guiado por la luz del Espíritu Santo, "pues el fruto de la luz consiste en toda bondad, justicia y verdad" (Ef. 5:9).

Al estudiar la realidad histórica con un espíritu "ortodoxo", debemos estar atentos no solamente a los periodos de efusión de las misiones ortodoxas, sino también a *los periodos de decaimiento y de letargo*. Los primeros condujeron a nuevas creaciones, como en los casos de la cristianización de muchos pueblos, en especial la de los pueblos eslavos. Las horas de letargo y de omisiones causaron desarrollos históricos y convulsiones socio-religiosas que le costaron mucho a la Ortodoxia. El debilitamiento del interés de Bizancio por una correcta, consistente y continua misión externa contribuyeron a la creación de circunstancias y vacíos, los cuales propulsaron el Islam en el mundo árabe, y consecutivamente condujeron al derrumbamiento del Imperio Bizantino. Si la Iglesia Bizantina de los siglos cuarto, quinto y sexto, hubiera hecho un esfuerzo sistemático y esencial por una apropiada traducción de las Sagradas Escrituras al árabe, con el objetivo de promover una identidad cultural con las tribus árabes, tal como lo hizo más tarde en los siglos noveno y décimo con las tribus eslavas y las gentes

---

Μαρτυρολόγιον *(Nuevo Martirologio)*, 3ª ed. Atenas 1961. Chrysostomos Papadópoulos, *Οἱ Νεομάρτυρες (Los Nuevo-Mártires)*, 2ª ed. Atenas 1934. I. Perantonis, *Λεξικόν τῶν Νεομαρτύρων. Οἱ Νεομάρτυρες ἀπό τῆς ἁλώσεως τῆς ΚΠόλεως μέχρι τῆς ἀπελευθερώσεως τοῦ δούλου Ἔθνους (Lexicón de los Nuevo-Mártires. Los Nuevo-Mártires desde la conquista de Constantinopla hasta la liberación de la esclavizada Nación)*, 3 tomos, Atenas 1927. A. Vakalópoulos, *Ἱστορία τοῦ νέου Ἑλληνισμοῦ (Historia del nuevo Helenismo)*, vol. 2, Thessaloniki 1976 (en especial las páginas 236-242). I. Menounos, *Κοσμᾶ τοῦ Αἰτολοῦ, Διδαχές καί Βιογραφία (Cosme de Aitolá, enseñanzas y biografía)*, Atenas 1976. D. Constantelos, "The 'Neomartyrs' as evidence for Methods and Motives Leading to Conversion and Martyrdom in the Ottoman Empire", *The Greek Theological Review* 23 (1978), pp. 216-234.

rusas del norte, la evolución de la situación en el Sur y también su propio desarrollo hubieran sido muy distintos.

Más tarde, además, la mediocre "misión interna" en las vastas regiones de Rusia, la falta de sensibilidad por la realidad social y por la aplicación de los ideales cristianos en los campos políticos y sociales, contribuyeron en el desarrollo del marxismo-leninismo, el cual se apoderó de la mayoría de los países ortodoxos durante el siglo veinte. Estas dos muy diferentes realidades sociopolíticas, la del Islam y la del comunismo, brotaron en el área geográfica, y frecuentemente también en el área cultural donde la Ortodoxia se había desarrollado, y florecieron en ella absorbiendo cada una, a su manera, elementos particulares de la Ortodoxia. Me atrevo a ver que estos dos sistemas fueron en su comienzo "herejías" radicales del oriente ortodoxo. El islam adoptó de manera fragmentada, elementos del cristianismo ortodoxo, alterándolas y distorsionándolas; la ideología socialista de Lenin, por su parte, reestructuró otros elementos de la mentalidad ortodoxa rusa, tales como el ideal de luchar heroicamente y el de la visión escatológica de una humanidad hermanada.

B. Periodo contemporáneo

Las condiciones sociopolíticas que se desarrollaron en los lugares donde residen muchas Iglesias Ortodoxas locales, y el peligro de la desviación de la gente, han creado en el siglo veinte un énfasis particular en la "misión interna", (aquella que se lleva a cabo en la región geográfica, idiomática y cultural de la Iglesia local). Podríamos distinguir tres diferentes entornos en los cuales las Iglesias Ortodoxas locales se han visto obligadas a vivir y a dar su testimonio hoy (1989): a) el entorno musulmán, en el que se encuentren principalmente las Diócesis de los antiguos Patriarcados Ortodoxos. b) el entorno socialista-marxista, dentro del cual se desarrollan muchas Iglesias de Europa del Este. c) el nuevo entorno secularizado, pluralista, tecnocrático, con una incrementada corriente agnóstica, en el que se encuentran las Iglesias Ortodoxas de la *Diáspora*, en Europa occidental, en América y últimamente también en Grecia.

Todos estos entornos presentan una dinámica multifacética, que tiene frecuentemente influencias perjudiciales para las Iglesias locales. Otros conferencistas de este congreso se han encargado de presentarnos las circunstancias particulares y los problemas que enfrentan las tradicionales Iglesias Ortodoxas locales. En la presente ponencia me limitaré a mencionar algunos datos específicos con relación a las nuevas Iglesias que se formaron durante el siglo veinte en África y Asia, y sobre los centros responsables que apoyan a las misiones en el exterior[7]. Las pequeñas Iglesias Ortodoxas misioneras de África y Asia, aunque numéricamente sean todavía pequeñas en tamaño han abierto, sin embargo, un importante capítulo en la historia ortodoxa. Están contribuyendo en el trasplante de la Ortodoxia a nuevas regiones. Numéricamente, claro está, no son impresionantes. Comparándolas con otras denominaciones cristianas son muy pobres; pero al compararlas con el pasado, muestran un serio crecimiento y son un semillero esperanzador para el futuro.

1. Jurisdicción del Patriarcado Ecuménico.

Comencemos con la misión que se llevan a cabo bajo la directa jurisdicción eclesiástica del Patriarcado Ecuménico de Constantinopla. La Iglesia Ortodoxa de Corea tiene hoy (1989) cuatro templos y parroquias en cuatro grandes ciudades, dos sacerdotes coreanos y más o menos 2.000 fieles. Para el desarrollo de esta misión, trabajan ahí dos sacerdotes misioneros, dos laicos y tres monjas, todos provenientes de Grecia. Para la formación de líderes nativos, está en funcionamiento un Seminario tres tardes a la semana. Estos últimos años se han traducido al coreano muchos libros ortodoxos, tanto litúrgicos como históricos, de espiritualidad en general. También se han desarrollado dos núcleos misioneros en Hong Kong y en Singapur. En la India fueron creadas recientemente dos parroquias ortodoxas en la ciudad de Arabachi, a cien kilómetros de Calcuta. Han sido ordenados dos sacerdotes indios, quienes trabajan allá con un misionero.

2. Jurisdicción del Patriarcado de Alejandría y toda África

Los intentos misioneros que se llevan a cabo bajo la jurisdicción del Patriarcado de Alejandría y toda África son de mayor extensión. Los primeros núcleos se formaron en la parte Este del continente africano, gracias a la iniciativa y solicitud de los mismos africanos. Hoy (1989) están en desarrollo en esa región unas doscientas diez parroquias ortodoxas y pequeñas comunidades, atendidas por setenta y cinco sacerdotes nativos y cincuenta lectores y catequistas. La mayor parte de ortodoxos se encuentran en Kenia, donde hay ochenta y cinco parroquias, y sesenta y siete comunidades más pequeñas. Tienen diez guarderías infantiles, cinco colegios de educación primaria, un bachillerato y tres consultorios clínicos. El número de fieles sobrepasa los sesenta mil. El grupo misionero se compone del obispo, un sacerdote, dos monjas, ocho laicos, todos enviados y financiados por las

---

7   Para el desarrollo reciente de las Iglesias misioneras, ver (en Griego) las noticias y cróni-
cas de las revistas: *Porefthendes – Go Ye* 1 (1959) hasta 10 (1968); *Φῶς Ἐθνῶν*, Pátras;
Ἐξωτερική Ἱεραποστολή, Thessaloniki; *Πάντα τά Ἔθνη*, Atenas; y Mission – *Ἱεραποστολή*,
St. Augustine, FL.

Iglesias de Grecia, Finlandia, Estados Unidos y Chipre. Esta colaboración inter-ortodoxa es una nueva característica en la historia de las misiones ortodoxas.

La Iglesia Ortodoxa en Uganda tiene veintinueve parroquias, atendidas por un obispo auxiliar africano y catorce sacerdotes africanos. El número de fieles está estimado en unos diez mil, más o menos. Bastantes Ugandeses han estudiado en el exterior, en las facultades de teología y otras facultades. Dentro del marco misionero funcionan dos bachilleratos, diez escuelas primarias y una clínica. Existen también cuatro enfermerías. El país ha sufrido por su guerra civil, por eso muchos planes de construcción de templos y de otros centros de atención a los fieles se han demorado.

La Iglesia Ortodoxa en Tanzania, que se conformó estos últimos ocho años, tiene nueve parroquias, veintiún núcleos comunitarios y nueve templos. El número de fieles se estima en ocho mil. Hace poco fueron fundados tres centros médicos. El clero está compuesto por cuatro sacerdotes y dos diáconos.

Con el fin de preparar clérigos nativos, funciona desde 1982 en Nairobi, la "Escuela Patriarcal Ortodoxa de Macario III, Arzobispo de Chipre", la cual tiene doce profesores y unos cuarenta y siete estudiantes. Los Ortodoxos del África del Este pertenecen a varias tribus. Para poder atender las necesidades litúrgicas, se ha publicado la Divina Liturgia de San Juan Crisóstomo en los idiomas Swahili, Kikuyu, Luya y Luganda; otras traducciones litúrgicas también han sido hechas a estos idiomas, como también a los idiomas Haya y Luo. También se adelantan traducciones para ser publicadas en los idiomas Nandi y Lango.

En África central, en Zaire, se han establecido dos grandes centros misioneros, uno en Kanaga y otro en Koluezi. Existen cuarenta y nueve parroquias y más o menos nueve mil ortodoxos en el país, atendidos por veintidós clérigos zaireños. En esta Iglesia local ayudan dos Archimandritas griegos y doce laicos. También funcionan una escuela primaria, un bachillerato, un pequeño seminario para futuros sacerdotes, un hostal para jóvenes, y un centro médico. El culto litúrgico y las catequesis se llevan a cabo en francés, swahili y otros dialectos locales.

En África occidental tenemos las siguientes misiones: en Camerún, una comunidad con dos sacerdotes nativos; en Ghana (desde 1977), hay doce parroquias Ortodoxas, nueve templos atendidos por cinco sacerdotes nativos y dos diáconos; en Nigeria existen dieciséis parroquias, atendidas por un sacerdote misionero y nueve sacerdotes nativos. Hay doce templos, cuatro escuelas primarias y bastantes guarderías infantiles. Ya se han traducido al idioma Fanti la Divina Liturgia, un resumen de la historia de la Iglesia y los oficios de bautismo, matrimonio y exequias.

Los esfuerzos misioneros ortodoxos en África continúan a un ritmo intenso. Iglesias Ortodoxas también se están desarrollando en otros países como Madagascar, Mozambique, Congo, Suráfrica, Zambia y Zimbabue. Para más información, ver el periódico oficial del Patriarcado de Alejandría y toda África: Pantainos (en griego), y ver también la publicación *Orthodox Christian Mission Center*, St. Augustine, Florida, EE.UU.

El campo de acción del trabajo misionero es muy amplio, y se agranda cada vez más cuando pensamos en la responsabilidad que tiene cada Iglesia local de ser solidarios con el pueblo en los campos de la salud pública, la educación y la cultura. Todas las expresiones de la vida humana deben transformarse en la gracia del Dios Trinitario.

La súplica y en anhelo de todos nosotros es que se puedan formar verdaderas Iglesias locales africanas, capaces de asumir por sí solas la propagación del Evangelio, de ser auto gobernables y auto sostenibles. Pero para que estas Iglesias puedan estabilizarse y crecer, será necesario tener durante las primeras décadas una seria y continua ayuda por parte de las antiguas Iglesias Ortodoxas, para recibir de ellas un correcto y sistemático apoyo, y una orientación teológica y pastoral.

3. Otros focos de misión Ortodoxa.

En nuestros tiempos, siguen considerándose como casos especiales las Iglesias de Alaska, Japón y China. La Iglesia de Alaska pertenece ahora a la de los Estados Unidos de América, la cual considera su misión ahí como misión "interna", estabilizando las poblaciones del lugar (Aleutianos, Esquimales y otros) en la fe ortodoxa, y tratando de resistir a la corriente tecnológica de la sociedad americana, la cual está socavando las profundas tradiciones de sus razas y, con ellas, también su Ortodoxia. La Iglesia allí está atendida por veintiséis sacerdotes nativos, bajo un obispo ruso. El entrenamiento del clero nativo se lleva a cabo en el Seminario Teológico de San Germán, el cual ha estado funcionando en la isla Kodiak desde 1972, y tiene estrechas relaciones con el Seminario Teológico Ortodoxo de San Vladimir en Nueva York.

La Iglesia de Japón tiene ya un siglo de existencia. El liderazgo allí y todas las actividades están en manos japonesas. Es como una pequeña isla en medio del archipiélago de la dinámica sociedad japonesa, la cual corre vertiginosamente en esta nueva era tecnológica. Enfrenta también la gran provocación tecnológica que tiene agitado al mundo occidental. En este momento, la Iglesia Ortodoxa Japonesa tiene en su seno unos treinta mil ortodoxos japoneses, quienes mantienen unos ciento cincuenta templos, los cuales son atendidos por un Arzobispo-Metropolita y treinta y cinco sacerdotes. Por supuesto que una cooperación con las más antiguas y grandes Iglesias Ortodoxas contribuiría en su desarrollo, pero la forma de la asistencia espiritual que requiere será determinada y decidida por ella misma.

El caso de la Iglesia de China es más complicado. Todo lo que queda del anterior esfuerzo ortodoxo ruso es como una pequeña llama parpadeante. La mayoría de los templos ortodoxos fueron destruidos (Beijing, Tianjin y Harbin). En 1983 una iglesia fue inaugurada en Harbin, donde oficia ahora un sacerdote chino. Se ha escuchado recientemente que hay otra comunidad ortodoxa en Urumchi. El problema más inmediato por solucionar es la ordenación de clérigos chinos, para poder mantener lo poco que queda de Ortodoxia en este vasto país, dado que es estrictamente prohibido a misioneros extranjeros de establecerse allá. Pueda ser que esta nueva vela de Ortodoxia que fue recientemente encendida en Hong Kong resulte valiosa para la conservación de la Ortodoxia en China.

4. Estructuras y Centros que apoyan la misión en el exterior.

En muchas Iglesias Ortodoxas locales, junto con el creciente interés en la iconografía, en la patrística y en la liturgia, se está viviendo también un doble florecimiento: primero que todo, un anhelo por la vida monástica, teniendo como ejemplo máximo la renovación que se está presentando en el Monte Athos[8]; y segundo, una reavivación del ideal misionero. Este último comenzó primero como una expresión de "misión interna", y estos últimos años se complementó con la reanimación de la "misión externa".

El resurgimiento de la vida monástica, la cual hace énfasis en el misterio del arrepentimiento personal y existencial, expresa la necesidad de una más coherente vivencia del Evangelio; contribuye ciertamente a la venida del reino de Dios y a la realización de Su voluntad, tanto en la vida personal como en el mundo entero. La reavivación del interés misionero, el cual hace énfasis en la apostolicidad y catolicidad de la Iglesia, nos hace recordar que no tenemos el derecho de convertir este don del arrepentimiento y de la salvación en un asunto solamente privado e individual. Debemos vivirlo más bien "eclesiásticamente", dentro de la Iglesia y teniendo como perspectiva la "totalidad" ($\kappa\alpha\theta\delta\lambda o\nu$) del horizonte eclesiástico, el cual es ecuménico. Se trata de un don destinado para todo el mundo, entregado para que transforme todas las cosas. Cristo fue crucificado a favor del mundo entero. Y quienquiera que se crucifique con Él, es crucificado también a favor del mundo entero. El monje se separa del mundo, pero su oración, sintonizada con la oración de Cristo, abraza el dolor y la expectativa de todos los seres humanos y de toda la creación. "Monje es aquel que, separado de todos, está unido a todos", hacen énfasis los primeros libros de la Filocalía[9].

---

8   Península en el norte de Grecia, habitada únicamente por monjes, que forman la comunidad monástica más grande del mundo cristiano. Comenzó desde el siglo séptimo, fue oficialmente establecida como comunidad monástica en el año 963 y se ha conservado casi intacta hasta el día de hoy (N. del T.).

9   Nilo el Asceta, *Discurso sobre la oración, 124*, Filocalía, Lumen, Buenos Aires, 1998, p. 289.

Creo que, de estas dos corrientes, y sobre todo por la combinación del renacimiento monástico y de la reanimación de conciencia misionera ortodoxa, excelentes frutos pueden llegar a su madurez y ser significativos para la Ortodoxia contemporánea. El mundo entero está internamente anhelando una auténtica expresión del Evangelio de la libertad, del amor, de la nueva vida en Cristo, está deseando la santidad.

En cuanto al desarrollo y apoyo de la misión exterior, los últimos treinta años se ha visto un notable avance. Se han formado centros y grupos de personas, con el exclusivo objetivo de fortalecer las misiones en el exterior. El más antiguo se llama *Porefthéndes* (*"Id pues"*)[10], que recibió su personería jurídica en Grecia en 1961 para poder recolectar y manejar fondos destinados a las misiones, y se ha mantenido siempre con una visión que abarca todas las Iglesias Ortodoxas. Su ejemplo fue seguido un poco más tarde en Thessaloniki, por un grupo que formaron en 1963 al centro *Oi Filoi tis Ugandas* (*Los Amigos de Uganda*). Más tarde cambiaron su nombre por *Ellinikí Adelfotis Orthodoxou Exoterikís Ierapostolís* (*Fraternidad Ortodoxa Griega para las Misiones en el Exterior*)[11]. Más tarde, en 1974 se formó otro grupo en la ciudad de Patras con el nombre *Protóclitos* (*El Primer Llamado*)[12]. En la década de 1980 se formaron otros grupos más pequeños, en varias ciudades de Grecia.

El centro Porefthéndes declaró, desde su inicio, que no tenía intenciones de crear un "movimiento" particular, sino que pondría todos sus esfuerzos en hacer proyectos, programas, trabajos de investigación, publicaciones y poner personal a disposición de la Iglesia, para la creación de una más amplia actividad eclesiástica misionera. Así que con los miembros más destacados de Porefthéndes, se fundó en 1968, el *Grafeío Exoterikís Ierapostolís* (*Oficina de Misiones Exteriores*), dentro del marco de la *Apostolikí Diakonía tis Ekklisías tis Elládos* (*Servicio Apostólico de la Iglesia de Grecia*)[13], que es un órgano sinódico de la Iglesia de Grecia. Desde entonces se instituyó la Semana de las Misiones Exteriores, la cual se lleva a cabo en todas las Metrópolis de Grecia. Su director fue llamado en 1969 para la creación de la "Oficina de Investigación y Relaciones de las Iglesias Ortodoxas", en el Consejo Mundial de Iglesias. En 1971 fue organizado el *Kentro Ierapostolikón Spoudón* (*Centro de Estudios Misioneros*), con la colaboración del

---

10   Πορευθέντες, https://porefthentes.gr/en/ (N. del T.).

11   Αδελφότητα Ορθοδόξου Εξωτερικής Ιεραποστολής, https://orthodoxmission.org.gr/ (N. del T.).

12   Πορευθέντες, https://ierapostoli.wordpress.com/ (N. del T.).

13   Αποστολική Διακονία της Εκκλησίας της Ελλάδος, http://www.apostoliki-diakonia. gr/index.html (N. del T.).

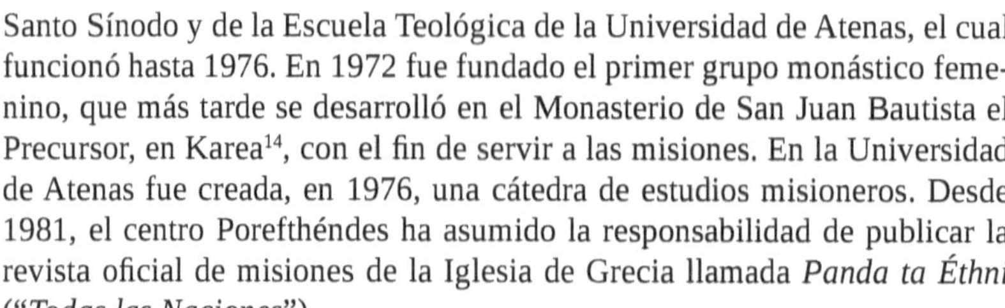

Santo Sínodo y de la Escuela Teológica de la Universidad de Atenas, el cual funcionó hasta 1976. En 1972 fue fundado el primer grupo monástico femenino, que más tarde se desarrolló en el Monasterio de San Juan Bautista el Precursor, en Karea[14], con el fin de servir a las misiones. En la Universidad de Atenas fue creada, en 1976, una cátedra de estudios misioneros. Desde 1981, el centro Porefthéndes ha asumido la responsabilidad de publicar la revista oficial de misiones de la Iglesia de Grecia llamada *Panda ta Éthni* (*"Todas las Naciones"*).

Al principio de la década de los sesenta, se realizaron varios intentos de extender la organización de Porefthéndes a otras Iglesias Ortodoxas, con las respectivas delegaciones de la *Asociación*, en Finlandia, en Estados Unidos y en otros países ortodoxos donde ya existían movimientos juveniles. Sin embargo, la ya conocida autonomía de las jurisdicciones eclesiásticas no favoreció este intento de coordinación, y finalmente en cada Iglesia local se desarrollaron otras estructuras más de acuerdo a las condiciones locales. En Finlandia está funcionando la "Oficina de Misión Externa de la Iglesia Ortodoxa de Finlandia" (1981), y en Estados Unidos el *Centro Misionero Arzobispal* del Arzobispado Ortodoxo Griego de América del Norte y del Sur. Este último fue organizado de forma permanente en 1985, extendiendo sistemáticamente el trabajo de la antigua "Comisión por las Misiones" que había comenzado en 1963[15].

En el campo de la investigación teórica de la misión dentro de la tradición ortodoxa, hubo una significante contribución por parte de la Oficina de *Investigación y de Relaciones con las Iglesias Ortodoxas* del Consejo Mundial de Iglesias, que organizó una serie de conferencias sobre temas específicos[16]. De esta manera, dio una oportunidad, tanto a los círculos

---

14   Ιερά Μονή Τιμίου Προδρόμου Καρέα, https://www.imaik.gr/ (N. del T.).

15   Hoy funciona en Estados Unidos el "Orthodox Christian Mission Center" (O.C.M.C), apoyado por la Asamblea de Obispos Ortodoxos Canónicos de los Estados Unidos, https://www.ocmc.org/ (N. del T.).

16   A. Yannoulatos, "Confessing Christ Today", Cernica, Rumania, Junio 4-8, 1974, *International Review of Mission* 64 (1975), pp. 64-94. Idem., "Confessing Christ Through the Liturgical Life of the Church Today", Etchmiadzin, Armenia, Sept. 12-21, 1975, *International Review of Mission* 64 (1975), pp. 417-423. Idem., "The Role and Place of the Bible in the Liturgical and Spiritual Life of the Orthodox Church", Prague, Checoslovaquia, Sept. 12-18, 1977, *International Review of Mission* 66 (1977), pp. 385-388. Contribution to the them: "Your Kingdom Come", Paris, Francia, Sept. 25-28, 1978, *International Review of Mission* 68 (1979), pp. 139-147. "The Place of the Monastic Liffe Within the Witness of the Church Today", Al Anba Bishoy Monastery, Egipto, Abril 30 – Mayo 5, 1979, *International Review of Mission* 68 (1979), pp. 448-451. "Preaching and Teaching the Christian Faith Today", Zica Monastery, Yogoslavia, Sept. 20-25, 1980, *International Review of Mission* 70 (1981), pp. 48-59. Para un resumen de las posiciones teológicas enfatizadas en estas consultaciones, ver *Go Forth in Peace: Orthodox*

ortodoxos de hacer un estudio sistemático de la misión, como también al entorno ecuménico de misiones de enriquecerse con las perspectivas ortodoxas.

5. Una obra todavía limitada.

A pesar de estos hechos que hemos mencionado hasta ahora, debemos admitir que la obra misionera de la Iglesia Ortodoxa hacia nuevas fronteras, hacia regiones no cristianas, es todavía muy limitada. Claro está que no hemos parado de confesar nuestra fe en la "Iglesia, una, santa, católica y apostólica". No sería exagerado decir, sin embargo, que en muchas circunstancias la autoconciencia ortodoxa, y la fidelidad en las dimensiones de catolicidad y apostolicidad de la Iglesia, aparecen ser bastante débiles. El nacionalismo excesivo de las Iglesias locales ha contribuido considerablemente para esta situación.

Ciertamente, cada nación que se ha hecho ortodoxa le debe mucho a la Ortodoxia, la cual ha sostenido no solamente su dignidad humana a nivel personal, sino también su valor y su entidad como pueblo. Pero esta autoconciencia y esta gratitud nacional muchas veces han conducido a un retroceso, a una peligrosa desviación teológica, a un encerramiento psicológico nacionalista. Existe un síndrome que frecuentemente inhibe y paraliza la misión ortodoxa: la idea de que nuestra responsabilidad se limita solamente a nuestra región, y que los problemas que enfrentan los demás "no son nuestros". Pero no existe ningún pueblo en este planeta, ningún conjunto de personas que pueda vivir aisladamente. Existe una influencia recíproca. Y en nuestros tiempos, la interdependencia se incrementa con una progresión geométrica.

La falta de continuidad en nuestros esfuerzos misioneros ha sido y sigue siendo otra de nuestras básicas debilidades. La misión se presenta frecuentemente como una repentina exaltación espiritual de la época, la cual termina siendo una excepción, si es que no se crean las estructuras e instituciones necesarias a nivel pan-ortodoxo, las cuales puedan garantizar una correcta presencia ortodoxa en situaciones difíciles. Ya es tiempo de que nos preguntemos el por qué la misión ortodoxa en China, después de siglos de duras luchas, haya tenido tan pobres resultados. Ahora que se está derritiendo la nieve de las persecuciones en China, y mientras andan brotando como trigo comunidades protestantes y católicas romanas, las ortodoxas se limitan a ser solamente dos. ¿Acaso la misión ortodoxa se coloreó de un color nacionalista? ¿Por qué no fueron llamados otros ortodoxos en las tribulaciones que estallaron en el siglo veinte, para que tomaran el relevo y ayudaran? Como sucedió, por ejemplo, en África del Este, cuando los

---

Perspectives on Mission, ed. Ion Bria, Geneva 1986.

luteranos alemanes pasaron la responsabilidad de la continuación de su misión a los escandinavos. También, siendo que la misión ortodoxa comenzó prácticamente al mismo tiempo con la protestante en Corea, ¿por qué los protestantes ya alcanzaron los cinco millones y medio de fieles, mientras los ortodoxos apenas se acercan a los dos mil? Nos esperan preguntas dolorosas también, cuando vemos los sesenta años de vida ortodoxa en la Iglesia de Uganda. ¿Puede acaso considerarse satisfactorio su desarrollo en comparación con el progreso de otras Iglesias? Ya es hora de que dejemos de generalizar las cosas, de simplificar y de embellecer los hechos. Se necesita un estudio del pasado sobrio y sin prejuicios. No, claro está, para juzgar o para condenar a otros, sino para poder movernos correctamente hacia una planeación futura, con responsabilidad, con seriedad y de acuerdo con nuestras posibilidades.

Y por terminar, existe el peligro de pensar que estamos cumpliendo con nuestra obligación misionera, simplemente por el hecho de estar asistiendo mutuamente a los demás fieles. La misión, sin embargo, no se lleva a cabo con la atención a "los nuestros"; no se puede igualar a la pastoral[17], aunque está estrechamente relacionada con ella. No es correcto llamar "misión" a cada esfuerzo espiritual, ni tampoco el tranquilizarnos de haber cumplido nuestras obligaciones misioneras con nuestros dinamismos pastorales.

La misión es principalmente conectar a los "no creyentes" con la Iglesia; a aquellos que se han hecho indiferentes o hasta hostiles con la fe; a aquellos que niegan teórica o prácticamente su enseñanza y sus principios. El tener un sentimiento así, es lo que conduce a los obispos, a los sacerdotes y a los asistentes a la Iglesia, a tener otra actitud frente a los no creyentes. Una actitud no de antipatía o de conflicto, sino a esforzarse por tratar de entender el idioma, los problemas, las desconfianzas, las tentaciones, las dificultades, los pecados, incluso hasta las enemistades de los demás. Conduce finalmente a intentar sobrepasar las barreras existentes, con el poder de la verdad, de la oración y del amor.

C. Hacia un desarrollo de la misión Ortodoxa en el futuro

Considero que hay dos cosas de fundamental importancia para que haya un estable florecimiento y fructificación de la misión ortodoxa en el futuro: primero, el desarrollo del pensamiento teológico misionero, o sea la concientización, si es posible por todos los miembros de la Iglesia, de que la misión es una expresión básica de nuestra autoconciencia eclesiástica, y

---

17   Ver el capítulo cuatro de este tomo.

en seguida, transferir esta certeza a nuestras infraestructuras e instituciones eclesiásticas. Y segundo, simultáneamente, hacer un sobrio estudio del mundo moderno, de la nueva civilización electrónica y globalizada que está emergiendo con el ocaso del segundo milenio, el entendimiento de su carácter pluralista.

1. Apoyo teológico.

El apoyo teológico de la misión no es una necesidad solamente para los teólogos. Es de crucial importancia para toda la Iglesia. Por esta razón, considero necesario en esta ponencia subrayar resumidamente algunas básicas realidades teológicas[18].

a) La base firme de todo esfuerzo misionero es *la contemplación de la misión dentro de la luz de la Revelación*, especialmente *del misterio de la Santa Trinidad*. El punto de partida para cada actividad apostólica nuestra es la promesa del mandamiento del resucitado Señor en su perspectiva trinitaria: "Como el Padre me envió, también Yo os envío. Dicho esto, sopló y les dijo: Recibid el Espíritu Santo" (Jn. 20:21-22).

El amor del Padre ha sido expresado con el envío del Hijo. "Porque tanto amó Dios al mundo que dio a Su Hijo unigénito" (Jn. 3:16). El Hijo enseguida envía a Sus discípulos, con el poder del Espíritu Santo, para llamar a Su reino a todos los dispersos hijos de Dios. Todos los seres humanos creados a imagen de Dios, deben regresar a la libertad del amor, deben participar en la vida del amor de las tres Personas de la Santísima Trinidad. La gloria de Dios que resplandece y vivifica la creación, debe transformar todas las cosas, debe ser exaltada "sobre toda la tierra y sobre los cielos".

El envío del Hijo constituye el principio y determina de manera especial la misión cristiana. La obra de Cristo no fue solamente un anunciamiento, fue un acontecimiento; el acontecimiento por excelencia de la historia universal, el cual abre el camino hacia el último fin, hacia la consumación de la elevación evolutiva del mundo. Se trata de la asimilación de la naturaleza humana, para su regeneración en la vida del amor de la Santa Trinidad. Y

---

18   Otros aspectos teológicos de este mismo tema has sido desarrollados en mis anteriores estudios, tales como: "A la redécouverte de l´ethos Missionaire de l´Eglise Orthodoxe", en *Aspects de l´Orthodoxie*, Strasbourg 1978, pp. 78-96. «Εὐχαριστία, Διακονία, Μαρτυρία σέ ἀλληλοπερισώρηση» (Eucaristía, Servicio, Testimonio en mutua reciprocidad), Πάντα τά Ἔθνη 4 (1985), vol. 13, pp. 6-8. «Ἡ δοξολογική κατανόηση τῆς ζωῆς καί τῆς ἱεραποστολῆς» (El entendimiento doxológico de la vida y de la misión), Πάντα τά Ἔθνη 5 (1986), vol. 17, pp. 20-32; 18 (1986), pp. 4-7. (Estos estudios has sido reeditados y publicados en anteriores capítulos de este tomo). "Culture and Gospel. Some Observations from the Orthodox Tradition and Experience", *International Review of Mission* 74 (1985), pp. 185-198; "Remembering Some Basid Facts in Today´s Mission", *International Review of Mission* 77 (1988), pp. 4-11. (Ver también la nota 2 de este estudio)

esta asimilación en amor, esta continua transferencia de la vida en el amor, la recreación de todas las cosas en la luz de la gloria de Dios, se continúa en el espacio y en el tiempo con la misión de la Iglesia.

La conjunción "como" que existe en Juan 20:21, es muy decisiva para la misión ortodoxa. "Yo soy su prototipo", nos dice Cristo enfáticamente. "Deben caminar tras mis pasos, deben seguir mi ejemplo". El dogma cristológico define la manera como los fieles deben seguir la misión del Dios Trinitario. Lo más útil de una misión no es lo que una persona pueda predicar, sino la manera como vive, lo que la persona es. Y el ser humano puede "llegar a ser", solamente permaneciendo en Cristo. El "ser en Cristo" es el corazón de la misión. "El que permanece en mí y yo en él, ése da mucho fruto; porque separados de mí no podéis hacer nada" (Jn. 15:5).

El Espíritu Santo participa desde el principio en el envío del Hijo. La encarnación se llevó a cabo por "el Espíritu Santo y María la Virgen". El Espíritu coopera con lo mejor que existe en el género humano: la Santísima Virgen, la cual de manera incondicional y con alegría se somete a la voluntad de Dios, para que se pueda realizar el envío del Hijo. El Espíritu en forma de paloma pone sello en el río Jordán al comienzo de la predicación pública del Hijo. Constituye a la Iglesia cuando apareció en forma de "lenguas de fuego" y como una "ráfaga de viento", transformando a los asustados discípulos en heroicos apóstoles, plenos de iluminación divina, de sabiduría y de poder. Es el Espíritu quien incesantemente vivifica a la Iglesia y a cada miembro, transformándolo en una viva célula de Cuerpo místico de Cristo, permitiéndole ser capaz de participar en Su continuo apostolado para la salvación del mundo entero. Los actos del Dios Trinitario son siempre personales. Del Padre, a través del Hijo en el Espíritu Santo. La fe y el pensamiento trinitario deben estar presentes en lo profundo de nuestro pensamiento y en nuestros actos.

b) El *entendimiento más profundo de la eclesiología ortodoxa* contribuye a un fortalecimiento de la conciencia ortodoxa misionera. En una época en la que había tantos términos para definir las diferentes comunidades religiosas, grupos o sociedades, los primeros cristianos escogieron la palabra "Iglesia" (ἐκκλησία - *ecclesia*) para autodefinirse a sí mismos, palabra que significa la asamblea o la convocación de todo el pueblo. En esta nueva realidad de cosas, en esta nueva "ciudad" escatológica construida encima de la cruz y la tumba vacía del Señor, el que invita es Dios, y los invitados son todo el mundo. Està es la *católica* "Iglesia de Dios". En una era de imperios y reinos, la nueva comunidad congregada por el Dios Trinitario, al escoger el término *ecclesia* para autodefinirse, recalcó la responsable participación de todos sus miembros.

No podemos olvidarnos que pertenecemos a una Iglesia "católica" que todo lo abraza, todo lo relacionado con el "ser humano" (τό ἀνθρώπινο), con toda nuestra vida. Nosotros los ortodoxos hacemos énfasis en la tradición de la Iglesia primitiva, según la cual, cuando hablamos de la Iglesia *"católica"* de una ciudad concreta, nos referimos a la Iglesia que es constituida y que se mantiene unida en cada asamblea eucarística. Así como Cristo está enteramente presente en el misterio (*sacramento*) de la Divina Eucaristía, de igual manera la Iglesia, Su Cuerpo Místico, está entera en la Iglesia "católica" local[19].

Esta postura básica no anula la otra gran verdad. O sea, la que tiene que ver con la perspectiva que tuvieron los apóstoles desde el principio, la cual era enteramente ecuménica; era la propagación del Evangelio "hasta los confines de la tierra", la invitación de todas las naciones a la Iglesia. "Id, pues, y haced discípulos a todas las gentes" (Mt. 28:19). Ningún pueblo está excluido. Ninguna Iglesia local tiene el derecho de beneficiarse de la tradición cristiana para sí sola, como si fuera exclusivamente su tesoro propio. Deber básico de cada Iglesia *"católica"* local es el vivir esta tradición, y de ofrecerla "católicamente"; de manera pacífica pero también decisiva, teniendo como perspectiva el mundo entero. La palabra ortodoxo fue utilizada originalmente como un adjetivo: "Iglesia Católica Ortodoxa"; una verdadera Iglesia *"católica"*, con correcta fe, con correcto dogma y con los dos significados que acabamos de mencionar. El entendimiento de estos dos aspectos del significado de la "catolicidad" de nuestra Iglesia, deben ser estudiados y enfatizados todavía más.

Ya es hora de que vivamos esta apostolicidad de nuestra Iglesia de una manera más consistente, enfatizando no solamente la sucesión apostólica, sino viviendo también la dinámica y la autoconsciencia de la Iglesia; fortaleciendo la mentalidad apostólica y la responsabilidad apostólica de todos los fieles. Cuando confesamos nuestra creencia en la "Iglesia, una, santa, católica y apostólica", estamos simultáneamente declarando nuestro deber de participar en su misión.

Dado que la Iglesia es "Cristo extendido por los siglos", es nuestro deber continuar su obra redentora para la reformación de toda la humanidad. La misión ortodoxa no puede convertirse en individualista; es personal y "eclesiástica". Está en comunión orgánica con el Cuerpo de Cristo, la Iglesia, con las demás personas que comulgan, con los que anhelan el amor de este

---

19   Para la eclesiología Ortodoxa, la unidad de la Iglesia no se basa solamente en la comunión de los fieles y los jerarcas a un máximo jerarca, sino en la comunión mística de todos los fieles que participan de la Divina Eucaristía. El Cuerpo Místico de Cristo es el que une a todos los fieles entre si (N. del T.).

Cuerpo y, a final de cuentas, con todos los seres humanos creados a imagen de Dios.

La Divina Eucaristía es el centro de la vida espiritual y misionera ortodoxa, con la cual nos hacemos un solo cuerpo con Cristo. Y al participar en Su vida, participamos también en Su misión. El "permanecer" en Cristo no se expresa con un escape de tipo místico o sentimental, sino es un continuo caminar tras Sus pasos. "Quien dice que permanece en Él, debe vivir como vivió Él" (1 Jn. 2:6).

c) Al participar en la misión, *participamos en un plan divino que se encuentra en desarrollo y que tiene dimensiones cósmicas*. Ya nos encontramos en la época escatológica. Con la venida del Espíritu Santo y con la fundación de la Iglesia, teniendo de manera continua Su presencia, comenzó un movimiento de transformación de la vida humana, a través de la cual la humanidad es elevada y el universo transformado. La misión es un requisito para la venida del reino. "Se proclamará esta Buena Nueva del reino en el mundo entero, para dar testimonio a todas las naciones. Y entonces vendrá el fin" (Mt. 24:14).

El juicio final es un evento universal. "Serán congregadas delante de Él todas las naciones" (Mt. 25:32). Todo en la época escatológica tiene dimensiones universales. El elemento básico que queda por cumplirse es la sorpresa, la ruptura de todo lo convencionalmente aceptado. Tanto los que hicieron el bien, como los que obraron el mal, nunca habían considerado que el criterio y la base del Juicio sería el hecho de si hubieran podido reconocer a Cristo —el Juez— con los humildes y los pobres de la tierra, con los cuales Él se auto identifica. "En verdad os digo que cuanto hicisteis a uno de estos hermanos míos más pequeños, a mí me lo hicisteis" (Mt. 25:40). La solidaridad con los pobres y los que sufren es en esencia un encuentro con el Señor que sufrió con nosotros. Esta faceta hace que la escatología cristiana sea en cada época incesantemente revolucionaria, misionera y actualizada.

De acuerdo con el pensamiento y a la tradición ortodoxa, el mundo entero está siendo conducido a una transformación. El universo entero ha sido invitado a entrar a la Iglesia, para que se convierta en Iglesia de Cristo, para que al final de los tiempos se pueda transformar en el celestial reino de Dios. "La Iglesia es el centro del universo, es el lugar donde su destino está decisivamente determinado"[20].

Con la idea, que es principalmente desarrollada por los Padre Griegos, que la persona humana debe incluir al mundo entero en su ascenso al Dios

---

20   V. Lossky, *Théologie mystique de l'Eglise d'Orient*, París 1944, p. 175. De acuerdo con O. Clément, "La Iglesia, siendo un misterio de agradecimiento (misterio Eucarísti-

personal, define y desarrolla un específico respeto ortodoxo, no sólo por cada persona humana sino también por la creación. Todas las cosas serán recapituladas en Cristo (Ef. 1:10). Todas las cosas encontrarán su razón de ser, la cual es Cristo. Todas las cosas "las que están sobre los cielos y las que están sobre la tierra". En este misterio de Dios participamos cuando trabajamos por la misión. Esta perspectiva nos libera de cualquier piedad individualista, de cualquier tendencia a despreciar y marginalizar el esfuerzo apostólico, y concede a la misión una perspectiva universal y escatológica.

2. Un estudio serio de un mundo en evolución.

En el Evangelio de San Marcos, la misión está conectada más intensamente con "todo el mundo" y con "toda la creación". "Id por todo el mundo y proclamad la Buena Nueva a toda la creación" (Mc. 16:15). Es *"este mundo" el cual la Iglesia debe tomar seriamente en consideración, y continuamente estudiar su evolución, su diversidad y su dinámica.*

a) Con la intensa conciencia histórica que caracteriza nuestra Iglesia, muchos de los ortodoxos somos frecuentemente orientados hacia el pasado. La dimensión escatológica, de la cual estuvimos hablando anteriormente, permanece, sin embargo, como un aspecto básico de la herencia teológica ortodoxa. Continuamente nos referimos a Aquel "que es, que era y que va a venir, el Todopoderoso" (Ap. 1:8). Por lo tanto, el futuro también debe ser un básico campo de visión para nosotros.

Dentro de una perspectiva como esta, es menester para nosotros un estudio teológico profundo de esta nueva emergente civilización y de los nuevos medios de comunicación, que mantienen conectados a la humanidad, los cuales acrecientan el mutuo intercambio de ideas y costumbres. Es urgente que estudiemos y que enfrentemos con seriedad la enorme revolución que está empujando a la humanidad de la antigua era industrial, a una cultura electrónica universal, a una sociedad mundial de interdependencia.

El antiguo paso del "lenguaje oral" al "lenguaje escrito", creó para la humanidad asombrosas posibilidades para almacenar conocimientos y experiencias, y aceleró decisivamente el progreso y la evolución humana. El nuevo paso del "lenguaje escrito" al "lenguaje electrónico", ha permitido inimaginables posibilidades para la acumulación de conocimientos a nivel mundial, y ha creado una nueva forma de raciocinio. El Evangelio tiene, por lo tanto, un papel crucial para desempeñar en esta nueva cultura que se está formando.

---

co = μυστήριο Εὐχαριστίας), nos concede el conocimiento de un universo creado con el propósito de llegar a ser enteramente un agradecimiento". Ἡ θεολογία μετά τόν θάνατο τοῦ Θεοῦ *(La teología después de la muerte de Dios)*, Atenas 1973, p. 118.

Estrechamente relacionado que esta nueva época, se encuentra la nueva forma de vida en los grandes centros urbanos, en las mega-ciudades. Los habitantes de ciudades alcanzan a ser más o menos la mitad de la población mundial (1987). Existen 3.050 ciudades con una población mayor a los 100.000 habitantes, y más o menos 296 "mega-ciudades" donde la población se estima por encima del millón[21].

Al mismo tiempo, sin embargo, el estudio de las maneras en que se pueda llevar a cabo la transmisión del Evangelio de la esperanza dentro de estas nuevas situaciones y este nuevo idioma, surge la necesidad de un correcto entendimiento de los nuevos problemas que crean el ateísmo contemporáneo, el agnosticismo, la absorción por las actividades mundanas de cada día, las cuales empujan cada interés espiritual a la sombra de la indiferencia. Tenemos el deber básico de entablar un dialogo responsable y serio con las corrientes contemporáneas de pensamiento, formadas por los avances de la ciencia.

En muchas instancias, las directrices de la Iglesia se han limitado a una tarea litúrgica y regional, y han sido indiferentes en acercarse a los intelectuales y los artistas, los cuales son más receptivos a las vibraciones de la problemática contemporánea, y tienen la capacidad de crear y transmitir nuevas vibraciones. Es una tarea difícil, y se necesita tener una especial sensibilidad, preparación, paciencia y esfuerzo. En todo caso, la Iglesia no puede ser indiferente en esta área. Los argumentos de vida, libertad, justicia, esperanza, que ha estado transmitiendo a través de los siglos, tiene que hacerlos llegar de forma dinámica al pensamiento y al corazón de sus más intranquilos y problematizados hijos.

b) Ya que la tierra se está convirtiendo en una inmensa mega-ciudad, en la cual los cristianos son una minoría, menos de una tercera parte, los temas concernientes a la unidad cristiana y al diálogo con gente de otras convicciones religiosas, toman nuevas dimensiones y una nueva intensidad.

El esencial acercamiento de los cristianos es lo más inmediato e imperativo[22]. Ya es un hecho reconocido por todos los cristianos, que no es posible dar un convincente testimonio de sí mismos mientras estemos

---

21   D. Barrett, "Annual Statistical Table on Global Mission: 1987", en *International Bulletin of Missionary Research* 11 (1987), p. 24.

22   E. Voulgarakis, «Ἱεραποστολὴ καὶ ἑνότης ἐξ ἀπόψεως θεολογικῆς» (Misión y unión desde el punto de vista teológico), *Πορευθέντες*, 7 (1965), pp. 4-7, 31-32, 45-47. A. Yannoulatos, "Réflexions d'un Orthodoxe sur la coopération interconfessionnelle en la Mission", *40e Semaine de Missiologie de Louvain*, Louvain 1970, pp. 101-110. J. Meyendorf, "Unity and Mission", *Worldmission*, 26 (1975), vol. 3, pp. 39-42.

divididos. La reconciliación y la unidad de los cristianos tendría importantes consecuencias misioneras. Para los ortodoxos, una inmediata prioridad tiene que ser dada a una colaboración más estrecha con las antiguas Iglesias de África y Asia, Iglesias que se desarrollaron habiendo aceptado solamente los tres primeros Concilios Ecuménicos. Se trata de Iglesias heroicas y martirizadas, las cuales han logrado subsistir de manera milagrosa, a pesar de las terribles condiciones que han tenido que confrontar durante siglos. Hoy en día son pulmones básicos en la propagación del Evangelio en Asia y África.

En estas últimas décadas, nosotros los ortodoxos hemos demostrado que tenemos la posibilidad, y también el deber de aportar, de manera decisiva, a la búsqueda inter-cristiana, poniendo de nuestra parte la riqueza teológica y la experiencia de veinte siglos, riqueza vivida en diversas condiciones históricas y sociales. Nuestra participación en las respectivas reuniones del Consejo Mundial de Iglesias, además, ha demostrado ser fructífera, no solamente para los demás, sino también para nosotros, con nuevos estímulos para nuestros propios cuestionamientos teológicos, con nuevos temas basados en la experiencia, con los logros y hasta con los errores de otros.

Y por terminar, en el diálogo interreligioso, que ya ha comenzado, tenemos la oportunidad de practicar otra clase de "testimonio ortodoxo", con un positivo y esencial desarrollo de la teología y de la experiencia de nuestra Iglesia, la cual frecuentemente ha ayudado a la superación de tendencias unilaterales que se han desarrollado en el pensamiento y la forma de obrar de otras Iglesias. El estudio científico de las religiones concerniente a su trabajo misionero en general, equivale a lo que son las matemáticas para el desarrollo de las ciencias físicas. Nosotros los ortodoxos, además, con nuestra experiencia de nuestras debilidades y padecimientos del pasado, compensamos las acusaciones que frecuentemente hacen en contra del cristianismo los seguidores de otras religiones, diciendo que ha sido agresivo y colonizador. Los cristianos de las Iglesias orientales tenemos para ofrecer, algo así como un contrapeso a las presiones y los errores provenientes del cristianismo occidental, el peso de nuestra propia experiencia y de nuestro propio martirio, vividos durante una larga historia de tribulaciones y opresiones por países con poblaciones mayoritariamente musulmanas (Asia Menor, Balcanes, Egipto, Siria).

En cuanto al entendimiento teológico de las religiosidades no-cristianas, visto desde un punto de vista ortodoxo, me limitaré[23] en recordar que, según

---

23   Ver más sobre este tema en L. Filippidis, *Religionsgeschichte als Heilsgeschichte in der Weltgeschichte*, Atenas 1953. N. Arseniev, *Revelation of Life Eternal: An Introduction to the Christian Message*, Crestwood, NY, 1965. G. Khodre, "Christianity in a Pluralistic World – The Economy of the Holy Spirit", *The Ecumenical Review*, 23 (1971), pp. 118-

la historia bíblica, ha habido en épocas muy remotas, varias alianzas entre Dios y la humanidad. Estas alianzas no han dejado de preservar su significado y validez. La primera sucedió con Adán y Eva, quienes representan a todo el género humano (Gn. 2). La segunda con Noé y la nueva humanidad que se salvó del diluvio (Gn. 8). La tercera sucedió con Abrahám (Gn. 12), el patriarca de un pueblo destinado a jugar un papel importante en el plan de Dios para la salvación de toda la humanidad. La última y definitiva alianza, la del "Nuevo Testamento", se llevó a cabo con la persona de Jesús Cristo, el nuevo Adán. Todos los seres humanos, creados a imagen de Dios, se encuentran en relación con Dios a través de alguna alianza.

Reconociendo la presencia de importantes valores que existen en las creencias religiosas de los demás, incluso las "semillas del Verbo" (*σπερμάτων τοῦ λόγου*), podemos admitir que ellos también tienen algunas posibilidades de un nuevo florecimiento, desde adentro. San Justino el Mártir resumió en su breve referencia sobre la "semilla del Verbo", con un principio básico, que asombrosamente no es acentuado lo suficiente por las personas que lo mencionan. Hace énfasis de la diferencia que existe entre "semilla" (*σπέρμα*), y la realización de la plenitud de vida inherente en ella. También diferencia entre la inherente "fuerza" (*δύναμιν*) y "gracia" (*χάριν*). "Porque una semilla de algo, un tipo dado según su fuerza inherente, no es lo mismo con esto, a través de la gracia por la cual la transmutación e imitación es realizada"[24]. [...][25]

Resumamos entonces, reiterando algunos de nuestros puntos básicos: en la existente búsqueda de hoy por parte de toda la humanidad, la forma de vida y el carácter (*ἦθος*) cristiano ortodoxo constituyen una riqueza única para todo el género humano. Nuestra misión es asimilarla, vivirla y desarrollarla creativamente en las nuevas condiciones que se están formando. Manteniendo siempre sensibles nuestras antenas a los mensajes que nos trae el mundo, o mejor aún, que nos trae Dios a través de Su gente y de Su creación, y estudiarlos con seriedad y realismo. Estamos llamados incesantemente a reevaluar nuestra postura y nuestra vida dentro de una

---

128. A. Yannoulatos, *Various Christian Approaches to the Other Religions: A Historical Outline*, Atenas 1971. Idem., "Emerging Perspectives on the Relationship of Christians to People of Other Faiths: An Eastern Orthodox Contribution, *International Review of Mission* 77 (1988), pp. 332-346. Idem., *Παγκοσμιότητα καί Ὀρθοδοξία (Globalización y Ortodoxia)*, Ἀκρίτας, Atenas 2004. I. Karmiris, «Ἡ Παγκοσμιότης τῆς ἐν Χριστῷ σωτηρίας» (La universalidad de la salvación en Cristo), *Πρακτικά τῆς Ἀκαδημίας Ἀθηνῶν*, 1980, vol. 55, Atenas 1981, pp. 261-289. A. Yannoulatos, «Ἡ σωτηρία τῶν ἐκτός τῆς Ἐκκλησίας ἀνθρώπων τοῦ Θεοῦ» (La salvación de los hombres de Dios que están fuera de la Iglesia), *Πρακτικά τῆς Ἀκαδημίας Ἀθηνῶν*, 1981, vol. 56, Atenas 1982, pp. 391-434.

24 Justino Mártir, *Segunda Apología*, 13, PG 6:1-3.

25 Ver más sobre esto en el capítulo 12 de este volumen.

perspectiva trinitariológica, eclesiológica y escatológica.

La misión, como cualquier otra cosa en la vida ortodoxa, no solamente se hace "en el nombre del Padre, del Hijo y del Espíritu Santo", sino que es principalmente una participación en la vida de la Santísima Trinidad, con toda la fuerza de nuestra existencia, "con toda nuestra alma, toda nuestra mente y todas nuestras fuerzas". Es como el hecho de estar gritando que se haga Su voluntad "así como en el cielo también sobre la tierra". La misión es una expresión esencial de la autoconciencia ortodoxa. Permítanme repetir una vez más un punto básico que hemos estado enfatizando los últimos veinticinco años: la indiferencia hacia la misión significa negación de la Ortodoxia.

La misión ortodoxa, sea interna o externa, es "eclesiástica" por naturaleza. No se puede entender como una actividad individual o grupal, desconectada del Cuerpo de Cristo. Todos los que trabajan en ella, están sirviendo a la Iglesia, están representando a la Iglesia, y es la vida de la Iglesia la que están trasplantando. Nadie se salva por sí mismo, nadie puede por sí solo ofrecer la salvación en Cristo. Uno se salva en la Iglesia, uno obra en la Iglesia, y lo que uno pueda transmitir, lo hace en nombre de ella.

Cualquier cosa que la Iglesia tiene, lo tiene por el bien del mundo entero. Lo irradia y lo ofrece, transformando "todas las cosas". "Todo el mundo", "toda la creación", no solamente lo humano, sino el universo entero participa en la restauración que ha sido realizada por la obra redentora de Cristo, y reencuentra su destino glorificando a Dios.

La misión es la extensión del amor del Dios Trinitario, para la transformación del mundo entero en el amor.

12

Diálogos y Misión

(1991)

Última sección del estudio: "Dialogue and Mission: An Eastern Orthodox View with Special Reference to Islam", *Bulletin, Pontificium Concilium pro Dialogo inter-Religiones*, Vatican 26 (1991), pp. 61-76. • Publicado como tercera parte del estudio, «Σχέσεις τῆς Ὀρθοδοξίας μέ τίς ἄλλες θρησκῖες» en el volumen *Ζωντανή Ὀρθοδοξία στό σύγχρονο κόσμο*, eds. A. Walker, K. Karrás, Atenas 2001. (Las primeras dos partes fueron publicadas en mi reciente libro, *Ἴχνη ἀπό τήν ἀναζήτηση τοῦ Ὑπερβατικοῦ. Συλλογή Θρησκειολογικῶν μελετημάτων*, Akritas, Atenas 2006, 3ra ed.). • Ἱεραποστολή στα ἴχνη τοῦ Χριστοῦ. Θεολογικές μελέτες καί ὁμιλίες, (Apostolado, hacer misión tras los pasos de Cristo. Estudios y conferencias teológicas), Atenas, 2007, cap. 12, pp. 265-275. • "Mission in Christ´s Way, An Orthodox Understanding of Mission", Holy Cross Orthodox Press, Brookline, 2010, cap. 12, pp. 223-232.

A. Diálogo intereligioso

uede ser que la Ortodoxia tenga una postura crítica hacia las otras religiones, como sistemas u organismos, pero siguiendo el ejemplo Cristo, mantiene siempre una postura de respeto y amor hacia los seres humanos que practican otras religiones o confesiones cristianas. Porque el ser humano continúa manteniendo dentro de sí ese "a imagen" de Dios, y con una vocación de alcanzar la "semejanza", gracias a los innatos componentes de su existencia: el libre albedrío, una mente capaz de razonar, la posibilidad y la predisposición de amar.

1. Nueva posibilidad y reto.

Los cristianos se vieron obligados desde el principio a dialogar con personas de otras convicciones religiosas, dando el testimonio de su autoconciencia y de sus esperanzas. Algunos de los principales principios teológicos fueron formulados durante procesos de diálogos. El diálogo pertenece a la tradición de la Iglesia y ha servido como factor motivador para el desarrollo de la teología cristiana. La mayor parte de la teología patrística es fruto de un directo o indirecto diálogo con el antiguo mundo Helénico, con las corrientes religiosas y con los sistemas filosóficos puros, que algunas veces estaban opuestos y otras a favor.

Con la expansión del Islam, los bizantinos buscaron el diálogo con los musulmanes, sin tener siempre una respuesta correspondiente[1].

Hoy, en esta inmensa gran ciudad que llamamos tierra, en este gran revuelto cultural, religioso e ideológico, el diálogo se presenta como una gran posibilidad y un gran reto[2]. Viviendo juntos la tribulación humana común a todos, y aspirando a una comunidad global en paz, justicia y hermandad, cada persona y cada tradición debe aportar lo mejor que haya heredado del pasado, y a la luz de la experiencia y de la crítica de los demás, deben cultivar las más sanas semillas que tengan de la verdad.

---

1   El Emperador Juan VI Kantakouzenós anotó de modo característico: "los musulmanes impidieron que algunos de ellos dialogaran con cristianos, como era de esperarse, no fuera ser que, en el curso de una tal discusión entre ellos, llegaran a conocer claramente la verdad. Los cristianos por su parte, teniendo confianza en su pura fe y en las correctas doctrinas a las cuales están adheridos, de ninguna manera impiden a algunos de los suyos, sino que, con todo permiso y autoridad, cada uno de ellos discute con todos los que deseen y estén interesados". *Contra los Mahometanos*, PG 154, 380BC.

2   Ver sobre este tema en A. Yannoulatos, "Problems and Prospects of Interreligious Dialogue", Ζῶ δὲ οὐκέτι ἐγώ, ζῇ δὲ ἐν ἐμοὶ Χριστός *(Ya no vivo yo, sino que Cristo vive en mí)*. Dedicado al Arzobispo Demétrios, eds. S Damaskenós, F. Dorís, B. Kyrkos, E. Moutsoúlas, G. Babiniótis, K. Béis, Th. Pelegkrínes, A. N. Sakkoúlas, Atenas 2002, pp. 1-8.

El diálogo puede contribuir al trasplante de nuevas semillas de una civilización a otra, al retoño de semillas que se encuentran en inercia en el campo de antiguas religiones, y en su desarrollo. Tal como lo habíamos señalado[3], las religiones son organismos conjuntos, y como son vividas por seres humanos vivos, son "organismos vivos" en desarrollo y evolución. Tienen su propio dinamismo interno, su propia tendencia a la perfección. Reciben influencias, asimilan nuevas ideas provenientes de su medio ambiente, se adaptan a nuevos retos.

Varios líderes religiosos e intelectuales proyectan o descubren en sus tradiciones elementos que corresponden a las nuevas exigencias de la sociedad. Dentro de esta dinámica, ideales cristianos se introducen y se desarrollan en las diferentes búsquedas religiosas alrededor del mundo, a través de otros canales. En momentos come estos, la contribución del diálogo puede ser decisiva.

En una perspectiva como esta, las nuevas preguntas que surgen de la reciente revolución tecnológica y los nuevos retos que estremecen a la comunidad mundial podrían ser más edificantes: por ejemplo el llamado a una paz mundial, a la justicia, a la dignidad humana, el significado de la vida humana y de la historia, la protección del medio ambiente, la bioética, los derechos humanos[4]. Aunque a primer vistazo estas cosas pueden parecer como muy "externas", viéndolas más profundamente desde un punto de vista religioso, posiblemente puedan ofrecer a las respectivas búsquedas nuevas ideas y nuevas aperturas. La enseñanza acerca de la encarnación, la cual concilia la transcendencia con la inminencia en la persona de Cristo, concede un valor único a la humanidad, inconcebible a cualquier otra antropología no cristiana.

2. La Ortodoxia abierta al diálogo.

Al proceder la Ortodoxia al tercer milenio, teniendo confianza en su autoconciencia y su identidad, no se angustia ni tiene temor, no ataca ni tampoco desprecia a las personas de otras creencias religiosas; está abierta

---

3   A. Yannoulatos, *Facing the World, Orthodox Christian Essays on Global Concerns*, New York, 2003.

4   Sobre este tema, el pensador Francés René Girard, Profesor en la Universidad Stanford de California, en una entrevista con Christos Makarian (*L'Express*, y publicada nuevamente en el periódico Ἡ Καθημερινή, 20, 2, 2000, p. 50), observó: "el sistema de valores creados (por el cristianismo) estos últimos dos mil años no cesará de ser válido, independientemente de si se adentran más personas a esta religión. [...] A final de cuentas, todos participan del sistema cristiano de valores. ¿Qué más pueden significar los derechos humanos, si no es la defensa de las víctimas inocentes? El cristianismo en su forma secular ha llegado a ser tan predominante, que ya no se le reconoce más como una religión en medio de las demás. ¡La verdadera globalización es el cristianismo!"

al diálogo. Sus palabras son palabras positivas. Los Primados de las Iglesias Ortodoxas, en su mensaje durante la festividad litúrgica en Belén del 7 de enero del 2000, enfatizaron incondicionalmente: "tenemos nuestras miradas sobre las otras grandes religiones, en especial las monoteístas del Judaísmo y del Islam, teniendo la intención de construir todavía más las condiciones de diálogo con ellas, teniendo como objetivo la convivencia pacífica de todos los pueblos… La Iglesia Ortodoxa rechaza la intolerancia religiosa, y condena el fanatismo religioso, en cualquier lugar o momento en que un fenómeno como este se pueda manifestar"[5]. Apoya de manera general la convivencia armoniosa de las comunidades religiosas y de las minorías, como también la libertad de consciencia de cada ser humano y de cada pueblo.

Debemos avanzar en el diálogo interreligioso con respeto, con discernimiento, con amor y esperanza, tratando de comprender el punto vital de los demás, y evitando las tendencias que nos confinan a tener una estéril colección de diferentes puntos de vista. Los seguidores de otras religiones tienen el derecho de explicar ellos mismos, cómo, a la luz de los nuevos retos de nuestros tiempos, interpretan sus creencias religiosas con nuevos términos. Con un diálogo sincero, surgen nuevas interpretaciones para ambas partes.

No tenemos el derecho de subestimar el significado de problemas difíciles, sólo por el hacho de aparecer corteses. Nadie desea un diálogo interreligioso superficial. A fin de cuentas, la esencia del problema religioso consiste en la búsqueda de la más alta Verdad. Nadie tiene el derecho ni el interés de castrar esta fuerza de la existencia humana, con el fin de lograr un simple consentimiento pacífico a nombre de un acuerdo convencional, que posiblemente pueda contribuir a algún compromiso ideológico.

Bajo una perspectiva como esta, la contribución esencial de los ortodoxos no consiste en silenciar, sino que puedan descubrir sus propias particularidades y sus más profundas certezas y experiencias espirituales. Y aquí llegamos al delicado tema de la misión ortodoxa, o como había propuesto hace treinta años, del "testimonio ortodoxo".

B. Derecho y obligación de dar el testimonio Ortodoxo

1. Declaración de experiencias.

---

5   «Μήνημα ἀγάπης χωρίς διακρίσεις στέλνουν οἱ Προκαθήμενοι τῶν Ὀρθοδόξων Ἐκκλησιῶν ἀπό τά Ἱεροσόλυμα» (Mensaje de amor y sin discriminaciones envían desde Jerusalén los Primados de las Iglesias Ortodoxas), Periódico *Ἡ Καθημερινή*, 8 de enero de 2000; periódico *Ἐλευθεροτυπία*, 8 de enero de 2000; y otros periódicos de ese día.

En cada auténtica comunicación espiritual llegará siempre un momento crucial, cuando tocamos el verdadero problema que crea la diferencia. Durante su encuentro con los atenienses en el Areópago, el Apóstol Pablo después de su diálogo (Hch. 17:17), procede a dar un testimonio directo (Hch. 17:22-31). En su discurso, habiendo mencionado un fondo religioso común, continúa con la parte crítica y esencial del Evangelio: el significado de la persona y de la obra de Cristo. Su mensaje estaba completamente fuera de la antigua cosmovisión griega, y opuesto no solamente al complejo politeísmo popular, sino también al refinado ateísmo de los filósofos Epicúreos y al panteísmo de los Estoicos.

Haciendo tambalear el entendimiento de un sistema cósmico cerrado y autosuficiente, autónomo e impersonal, el Apóstol Pablo les estaba llevando el mensaje de las acciones de un Dios personal, el cual creó el universo de la nada, el cual provee por el mundo e interviene decisivamente en la historia. Contrariamente al concepto de un individuo que funcione autónomamente, el énfasis está ahora puesto en la libertad y el amor, las cuales son activadas en una comunión entre Dios y el hombre. Con esta paradoja, que para los atenienses pasaba ya los límites de lo absurdo, Pablo introduce una nueva forma de razonamiento. Propone una revisión radical de la sabiduría helénica, con la aceptación de Cristo como centro de la creación, como la entelequia del mundo[6].

Hasta entonces, el raciocinio griego se había basado y replegado en la percepción de que el hombre es un ser pensante, que tiene conciencia de sí mismo y de su medio ambiente, a través del desarrollo de su lógica. Para Pablo, el giro básico, el "arrepentimiento" (μετάνοια)[7] de la humanidad, debe hacerse en dirección del amor de Dios, inaccesible para la mente humana, el cual reveló en el crucificado y resucitado Cristo.

Aquí tenemos un ejemplo claro del entendimiento y del respeto por las antiguas creencias religiosas, pero también al mismo tiempo de cómo pueden ser superadas con la verdad y el poder de la revelación cristiana. El "testimonio" (o la misión) ortodoxa significa precisamente eso, una *declaración de experiencia* y de certeza. Confesamos nuestra fe, no como un descubrimiento intelectual, sino como un don de la gracia de Dios. Subestimar o aplazar este deber de dar un testimonio personal, significaría

---

6   A. Yannoulatos, «Ἀθήνα, πόλη συνεχοῦς θεολογικῆς και πολιτιστικῆς συμβολῆς» (Atenas, ciudad de continuo aporte teológico y cultural), conferencia en el Simposio (del mismo nombre), de la Escuela Teológica de la Universidad Nacional de Atenas, Ἐπίσημοι Λόγοι, vol. 28, Atenas, 1988, pp. 361-369.

7   La palabra metánoia, que en español equivale a "arrepentimiento", quiere decir literalmente "cambiar de forma de pensar" (N. del T.).

negación del Evangelio.

La experiencia personal con el "conocer el amor de Cristo, que excede a todo conocimiento" (Ef. 3:19), sigue siendo la más profunda experiencia cristiana, y está relacionada absolutamente con la auténtica misión y evangelización cristiana. El amor libera fuerzas internas y abre para la vida nuevos horizontes, imposibles de ser imaginados por la mente. El sentimiento que tiene el creyente, de estar unido con toda la humanidad, y su amor por cada ser humano lo motivan para interesarse de informar a cada uno de sus prójimos, sobre el más grande bien que ha descubierto. No es posible guardarse los dones de Dios para uno mismo de forma egoísta. Tienen que estar puestos a disposición de todos. Las actividades particulares de Dios, aunque hagan alusión a un solo pueblo o a una sola persona, tienen que ver con toda la humanidad. Si estamos convencidos que el más alto derecho del hombre es el derecho de transcender la simple existencia biológica e intelectual del ser humano, al participar en una relación de amor con el Dios Trinitario, entonces no podremos guardarnos esta certeza solamente para nosotros mismos. Hacer eso sería la peor injusticia.

Esto no quiere decir que hay que aportar a los demás de manera obligada, y mucho menos encubriendo otras finalidades, ya sean políticas o económicas. No se trata de una imposición, sino de ofrecer una convicción, una experiencia personal. Es definitivamente verdadero que durante los primero siglos los cristianos hablaban de "testimonio" (μαρτυρία - *martiría*) y "martirio" (μαρτύριο – *martirio*), que significaba el ofrecimiento de un testimonio de un testigo ocular o de oídas, lo cual sucedía frecuentemente con el costo de la vida misma, con martirio. La más profunda inquietud espiritual, la cual inflama al ser humano, no puede ser ignorada. Cada cosa que pueda tener el género humano, debe ser utilizada, y cada ser humano debe permanecer absolutamente libre de tomar una decisión final. El respeto hacia la libertad de cada persona humana permanecerá siempre como un principio básico de la Ortodoxia.

2. Participar en el proceso de la transformación del mundo.

La Iglesia, siendo la "señal", el misterio del reino de Dios, los primeros frutos de la nueva humanidad transfigurada por el Espíritu Santo, debe ser ofrecida a todo el mundo. No puede ser una comunidad cerrada. Todo lo que ella tiene y todo lo que vive es para toda la humanidad.

El "testimonio" ortodoxo, comenzando por el silencio, participando en el dolor y el sufrimiento de los demás, continua con la alegría de la proclamación del Evangelio, y llega a su cumbre con el culto litúrgico. Su meta continúa siendo la creación de nuevas comunidades eucarísticas en nuevos lugares, donde la gente podrá celebrar los misterios (*sacramentos*)

del reino de Dios, en su ambiente cultural propio, irradiando Su presencia y Su gloria en un área determinada. El testimonio ortodoxo constituye una participación personal en el proceso de la transformación del mundo, la cual ya ha comenzado "en Cristo" y que culminará al final de los tiempos (ἔσχατα)[8].

Para la reevangelización del mundo, la Iglesia Ortodoxa no tiene necesidad de recurrir a métodos autoritarios e insinceros, como los que han traumatizado de vez en cuando la integridad de algunas "misiones cristianas". Respeta la particularidad de la persona y de su cultura, y trabaja con sus propios medios: su vida litúrgica, el ofrecimiento de sus santos misterios (sacramentos) y su genuino amor. La misión ortodoxa no se puede limitar al ofrecimiento de una educación, a la atención de la salud y a los medios de desarrollo externo. Lo que debe hacer es ofrecer a cada persona, en especial a los pobres y a los oprimidos, que cada uno tiene un valor único; que debido a que cada persona está creada a "imagen y semejanza" de Dios, está predestinada al bien más alto posible: a llegar a ser "semejante a Cristo" (χριστοειδής), a participar en la gloria divina, a alcanzar la deificación (θέωσις). Esta es la base para cualquier otra expresión de la dignidad humana. La fe cristiana ofrece la más digna antropología, aquella que trasciende todo tipo de ilusión humanista. Si la gente termina aceptándolo o no, es cuestión de su libre escogencia y responsabilidad.

Los seguidores de otras religiones hacen una fuerte crítica en contra de algunos misioneros cristianos, cuando los ven asociándose con arrogancia, con egoísmo, con el poder gubernamental y con otros intereses no religiosos. No es correcto, sin embargo, identificar la misión cristiana con los errores de una parte del cristianismo occidental, de un determinado período histórico, como por ejemplo el de la colonización.

La crítica austera va en contra de los "cristianos", pero no en contra de Cristo. El gran cambio en el mundo sucederá cuando los cristianos vivamos, cuando practiquemos, cuando respondamos a nuestra misión, caminando tras los pasos de Cristo. El poder de Dios se expresa frecuentemente en la paradoja de la ausencia del poder mundano, y puede ser vivido solamente en el misterio del amor, con una sencillez externa.

Necesitamos una continua y sincera autocrítica y arrepentimiento.

---

8   Para una visión Ortodoxa sobre misiones, ver capítulos 3 y 14 de este presente volumen, además de A. Yannoulatos, "All of Us Are in a Missionary Situation", *International Review of Mission* 71 (1982), pp. 452-454. Idem, "Understanding the Witnessing of Christ in a Pluralistic World, from an Orthodox Perspective", *From Baar I to Baar II, Current Dialogue*, Geneva, No. 26, June, 1994, pp. 43-49. Idem., "Understanding Mission", *Orthodox Christian Mission Center* 18 (2002), No. 1, pp. 5-7.

Esto no significa una limitación del testimonio para poder alcanzar un diálogo incoloro, sino una libre aceptación de la lógica del amor, de la siempre revolucionaria lógica de Cristo, quien "se vació a sí mismo", para poder entrar y morar dentro de una específica realidad de la humanidad. También significa una aceptación de Su forma de vida y de muerte, con una continua transformación, llegando a ser "cada vez más gloriosos" (2 Cor. 3:18). Lo que se espera de los ortodoxos, no es que limitemos o reduzcamos nuestro "testimonio", sino que vivamos nuestra misión tras los pasos de Cristo.

13

El Sueño Global
de la Proclamación del Evangelio

(1995)

Conferencia principal en el International Conference on Mission and Evangelism, Brookline, Boston, USA, Agosto 6-11, 1995. • "The Global Vision of Proclaiming the Gospel", *The Greek Orthodox Theological Review* 42 (1997), pp. 401-417. • Ἱεραποστολή στα ἴχνη τοῦ Χριστοῦ. Θεολογικές μελέτες καί ὁμιλίες, (Apostolado, hacer misión tras los pasos de Cristo. Estudios y conferencias teológicas), Atenas, 2007, cap. 13, pp. 277-302. • "Mission in Christ´s Way, An Orthodox Understanding of Mission", Holy Cross Orthodox Press, Brookline, 2010, cap. 13, pp. 233-256.

"ue Dios tenga piedad y nos bendiga, que nos muestre su rostro radiante!" (Sal. 67:2 [66:2]). Este verso de los salmos es repetido por los cristianos ortodoxos en los oficios diarios de la Iglesia; resume nuestros anhelos y peticiones. Este verso bíblico continúa y es seguido por otros dos versos críticos, cuyo significado nos es usualmente desconocido. Es verdad que necesitamos absolutamente que Dios nos tenga compasión, que nos bendiga y que nos tenga misericordia; anhelamos también que nos revele su rostro. Y sin embargo, todas estas cosas no terminan en "nosotros". Estas bendiciones no deben estar confinadas a nuestro propio círculo, por muy grande que sea. Existe un objetivo claro, uno más amplio, que debe cumplirse como continuación y como consecuencia de las bendiciones que recibimos. Y este objetivo consiste en que el camino de la salvación debe darse a conocer en toda la tierra, para que todas los pueblos puedan compartir en la glorificación de Dios. "Conozca así la tierra su proceder, y todas las naciones su salvación. ¡Que los pueblos te den gracias, oh Dios, que todos los pueblos te den gracias!" (Sal. 67:3-4 [66:3-4])[1].

Esta escondida dimensión de la universalidad, que debe acompañar toda petición para una bendición y una salvación personal o grupal, es revelada brillantemente en la vigilia de la resurrección del Domingo de Pascua, y es repetido durante toda la Semana Brillante[2]. En el segundo antífono de la Liturgia Pascual, el Salmo 67 [66] está enteramente entretejido con la oración "Sálvanos, Hijo de Dios, que resucitaste de entre los muertos". Es dentro de la luz de la resurrección donde se manifiesta especialmente la perspectiva universal y el significado del Evangelio de la Salvación.

La dimensión de la universalidad no es algo complementario, no es un complemento al pensamiento y a la conciencia ortodoxa, algo que si quieres lo tomas en consideración, y si no, entonces lo haces a un lado. Al contrario, esta dimensión es un elemento básico de a) la enseñanza ortodoxa, b) del culto litúrgico ortodoxo, y c) debe determinar la vida y el funcionamiento eclesiástico.

---

1   En el texto de la Biblia de Jerusalén está escrito "te den gracias", pero en el texto griego de la Septuaginta, el texto es "¡Que los pueblos te alaben, oh Dios, que todos los pueblos te alaben!" (N. del T.).

2   Conocida también como Semana de la Restauración, es la semana que sigue el día de la Pascua (N. del T.).

A. Marco constante de trabajo y clara perspectiva del Evangelio

1. Antiguo Testamento.

Tal como lo hemos recalcado en otro contexto, la visión universal aparece en el pensamiento bíblico desde el primer verso del Antiguo Testamento, "En el principio creó Dios el cielo y la tierra" (Gn. 1:1), y continua penetrando la Escritura, apoderándose de ella y sellando el último capítulo del Nuevo Testamento, con la visión de un nuevo cielo y una nueva tierra (Ap. 21:1). La Sagrada Escritura se refiere a la aventura de toda la humanidad, a la salvación universal. Está dedicada a la implicación de la libertad y de la existencia humana con el proceso de la muerte y de la corrupción del mundo entero; esta especialmente interesada con la transcendencia de este proceso a través de la redentora intervención del Dios-hombre ($\Theta\varepsilon\acute{\alpha}\nu\theta\rho\omega\pi o\varsigma$) y Su Segunda Venida. La Biblia mantiene una firme perspectiva y dimensión universal, aun en las páginas que se refieren extensivamente a asuntos específicos, pueblos y personas. Por ejemplo, la aventura del pueblo de Israel que se extiende a través de los siglos, de la cual se refieren los libros del Antiguo Testamento, pronostica la venida del Mesías y conduce a la salvación de todas las naciones. La historia de Israel es el camino para la realización del plan de Dios para todo el mundo.

Especialmente uno puede encontrar muy frecuentemente la visión ecuménica en los libros proféticos del Antiguo Testamento y en los Salmos. Además de los versos de los Salmos con los cuales comenzamos, quiero recordarles algunos más, también frecuentemente repetidos: "Del Señor es la tierra y cuanto la llena, el orbe y cuantos lo habitan" (Sal. 24:1 [23:1]). "Se acordarán, volverán al Señor todos los confines de la tierra; se postrarán en su presencia todas las familias de los pueblos. Porque del Señor es el reino, es quien gobierna a los pueblos" ((Sal. 22:28-29 [21:28-29]). "¡Alabad al Señor, todas las naciones, ensalzadlo, pueblos todos!" (Sal. 117:1 [116:1])[3].

2. El horizonte del Nuevo Testamento.

Existe desde el principio del Nuevo Testamento un mensaje y un sentido global. La encarnación del Verbo de Dios se lleva a cabo en un lugar y tiempo determinado, y en medio de un específico pueblo; abraza, sin embargo, a todo el género humano. Jesús invita a Su reino a todos sin excepción,

---

3   Ver también los siguientes: "¡Pueblos todos, tocad palmas, aclamad a Dios con gritos de alegría! Porque Yahvé, el Altísimo, es terrible, el gran Rey de toda la tierra" (Sal. 47:2-3 [46:2-3]). En el Nuevo Testamento, algunos versos de los Salmos adquieren un nuevo matiz apostólico: "Por toda la tierra se ha difundido su voz, hasta los confines de la tierra sus palabras" (Sal. 19:5 [18:5]; Rom. 10:18).

mostrando un afecto especial hacia los más insignificantes, hacia los que sufren y los que son perseguidos. Esta gran alegría debe ser transmitida y debe dar nueva vida a cada pueblo, sin distinción de raza, lengua u origen. El anciano Simeón, recibiendo en sus brazos a Jesús a los cuarenta días de haber nacido, bendijo a Dios porque sus ojos habían visto al Salvador que Dios había "preparado a la vista de todos los pueblos, luz para iluminar a las gentes" (Lc. 2:31-32). El Verbo de Dios, con Su encarnación, asume todo lo referente al ser humano (*ὅλο τό ἀνθρώπινο*), lo más profundo de la esencia de la naturaleza humana, y no solamente el cascarón externo. De esta manera, asumiendo el inaccesible Dios la naturaleza humana, le dio un valor especial a la persona humana, incluyendo también su cuerpo –Su obra maestra de la creación–, le dio valor también a la creación entera, de la cual participa orgánicamente el hombre. La materia, el mundo, no forma algo que exista fuera, paralelamente o independientemente del Creador. A final de cuentas, la universalidad del Evangelio de Jesús Cristo va más allá de incluso el significado de la "humanidad total" (*πανανθρώπινο*); se extiende a toda la creación.

La doctrina de Cristo se desplegó en un lugar y tiempo determinado, pero siempre ha tenido un carácter universal y escatológico. El Señor declara con una excepcional claridad que "se proclamará esta Buena Nueva del reino en el mundo entero, para dar testimonio a todas las naciones. Y entonces vendrá el fin" (Mt. 24:14). Y cuando se refería al juicio final de la humanidad, nos indicó cuál sería su marco universal: "cuando el Hijo del hombre venga en su gloria acompañado de todos sus ángeles, entonces se sentará en Su trono de gloria. Serán congregadas delante de Él todas las naciones" (Mt. 25:31-32).

Cristo, el Sol espiritual, ilumina y da vida al mundo entero; es "la luz verdadera que ilumina a todo hombre, viniendo a este mundo" (Jn. 1:9). El Evangelista Juan proclama repetidamente que Jesús vino, "para que el mundo se salve por Él" (Jn. 3:17); "que nosotros hemos oído y sabemos que este es verdaderamente el Salvador del mundo" (Jn. 4:42). Su sacrificio en la Cruz, a pesar de realizarse en un lugar y tiempo específico, es ofrecido para la salvación de todo el género humano, para la salvación del mundo entero. Su resurrección trae a toda la naturaleza humana una definitiva liberación de las ataduras del pecado y de la muerte. El mensaje esencial de la Iglesia no es solamente que Cristo resucitó, sino que su victoria tiene una importancia general para todo el género humano, para toda la naturaleza humana, la cual asumió como el segundo Adán. Así que la desobediencia, el pecado del primer Adán, condujo a la muerte a toda la humanidad, de igual manera, la amorosa sumisión hasta el sacrificio en la cruz del segundo Adán, de Cristo, conduce a la resurrección a toda la humanidad. "Cristo resucitó de entre los muertos como primicia de los que murieron… Pues del mismo modo de que por Adán mueren todos, así también todos revivirán en Cristo" (1 Cor. 15:20, 22). Esta luz, por consiguiente, que es emitida por la resurrección del

Salvador, no está destinada ni limitada exclusivamente para un grupo selecto de personas o naciones. Esta luz debe abrazar a todos, sin discriminaciones de nacionalidad, raza, color y origen.

El resucitado de entre los muertos transforma todas las cosas, toda forma de vida, de relaciones y de desarrollo. Con su resurrección, Cristo "levantó desde las profundidades del Hades a toda la humanidad y la elevó al Cielo". Todos los seres humanos, todos los pueblos tienen el derecho a participar en la victoria, en el amor, en el gozo de la resurrección. Con la resurrección de Cristo, todo el mundo "visible e invisible" es renovado, y Cristo recibe "todo poder en el cielo y en la tierra" (Mt. 28:18). [...] Después de la resurrección, el horizonte se convirtió en el mundo entero.

El marco en el que se desenvuelve el envío de los discípulos fue definido con absoluta claridad antes de la ascensión del Señor (Hch. 1:8). El testimonio tiene darse "tanto" en el lugar específico donde nacieron y vivieron hasta entonces los Apóstoles, "y" hasta los confines de la tierra. Para poder hacer este enorme salto de lo local a lo universal, los Apóstoles necesitaron recibir "poder desde lo alto". La venida del Espíritu, el cual constituye de ahí en adelante a la Iglesia, les confiere poder a los discípulos, suprime las barreras que dividen a las gentes, las fronteras de idiomas y razas, y les abre un horizonte mundial para que puedan transmitir el Evangelio de la salvación "hasta los confines de la tierra". Los Apóstoles anduvieron en diversas y específicas direcciones, pero el sueño apostólico permanece firmemente universal.

Dentro de la providencia de Dios, el idioma griego y la cultura griega fueron utilizados para la escritura del Evangelio y para esta primera fase de su transmisión en el mundo. Una de las principales características de la cultura griega fue su ecumenicidad[4].

En las cartas del Apóstol Pablo, la dimensión ecuménica y la universalidad están repetidamente enfatizadas en relación con el misterio de la Iglesia. Dios, "sometió todo bajos sus pies (de Cristo) y le constituyó cabeza suprema de la Iglesia, que es su cuerpo" (Ef. 1:22-23; cf. Col. 2:10: "...la cabeza de todo principado y toda potestad" y Col. 1:18, "la cabeza del cuerpo, de la Iglesia"). Cristo reina sobre todo el universo, ya que "todo fue creado por Él y para Él, Él existe con anterioridad a todo, y todo tiene en Él su consistencia" (Col. 1:16-17). Las palabras "todas las cosas" ($\tau \grave{\alpha}$ $\pi \acute{\alpha} \nu \tau \alpha$),

---

4   La ecumenicidad de la cultura helénica se cultivó de muchas maneras con la filosofía helénica, la ciencia, el arte, el idioma, con la utilización de la palabra, del argumento y del diálogo, las cuales dieron lugar al pensamiento dialéctico; se caracterizó también por la continua búsqueda, el excepcional florecimiento de la creación y de la innovación en todos los campos, como también una comunicación dinámica entre las personas y los pueblos.

"todas las gentes" (πᾶς) y "todo" (πάντα), son usadas repetidamente en las epístolas de Pablo, en especial en aquellas que escribió cuando estaba bajo cautiverio. La vida y la obra del Apóstol se mueve bajo este sentido, de que el Evangelio abraza "todas las cosas", y con la certeza de que el Evangelio está predestinado a ser predicado "a toda criatura bajo el cielo" (Col. 1:23). Predica a Cristo, que "es también la cabeza del cuerpo de la Iglesia: es el Principio, el Primogénito de entre los muertos, para que sea Él el primero en todo" (Col. 1:18). Y al "proclamarlo", San Pablo exhorta y enseña "a todo hombre", de presentarse a sí mismos, "perfectos en Cristo Jesús" (Col. 1:28). La "gracia" que le fue dada a Pablo fue "la de anunciar a los gentiles la insondable riqueza de Cristo, y esclarecer cómo se ha dispensado el misterio escondido desde los siglos en Dios, creador del universo" (Ef. 3:8-9). La obra del apóstol es entonces, la propagación del "misterio" que consiste en la salvación de toda la humanidad en Cristo, dentro de la Iglesia, de la cual Él es la cabeza.

3. La eclesiología ortodoxa y universalidad.

La eclesiología ortodoxa se desarrolla firmemente en esa perspectiva de la universalidad. Nuestra Iglesia, siendo "Iglesia de Dios", estando arraigada en la vida de la Santa Trinidad, abraza con su oración y su interés todo lo que Él creó, y todas las cosas hacia las cuales Él provee. El cuidado de la Iglesia abraza el universo, "todas las cosas". Cada Iglesia local, siendo una congregación en un determinado lugar de fieles que creen en Cristo, da testimonio y manifiesta la catolicidad de la Iglesia en ese lugar, y constituye una escatológica "señal del reino de Dios", que reina en el universo y que se culminará al final de los tiempos (ἔσχατα).

De acuerdo a San Cirilo de Jerusalén, "a la Iglesia se le ha dado el nombre de *ecclesia*, porque ella llama a la gente a reunirse en un mismo lugar y para una causa común"[5]. Dentro del significado de la catolicidad de la Iglesia, San Cirilo incluye las dimensiones tanto ecuménicas como cualitativas. Escribe,

> "La Iglesia es llamada católica: (a) porque existe dentro del mundo, desde un extremo de la tierra hasta el otro; (b) porque ella enseña de manera integral y completa todos los dogmas que tienen que darse a conocer a toda la gente; (c) porque ella somete a toda raza humana a la piedad [y agrega] independientemente de su rango social o de su educación (gobernantes y gobernados, eruditos e iletrados); (d) porque ella sana y cura toda clase de pecado… ; (e) porque ella posee en su interior todo lo que es llamado virtud, en palabras y obras, y en toda clase de dones espirituales"[6].

---

5   San Cirilo de Jerusalén, *Catequesis* 18, 24 PG 33:1048B

6   Ibid., 18, 23 *PG* 33:1044B.

La visión apostólica global alcanza su culminación en la referencia que hace Pablo de la secreta voluntad de Dios, del "misterio de su voluntad", el cual se realizará "en la plenitud de los tiempos: hacer que todo tenga a Cristo por cabeza, lo que está en los cielos y lo que está en la tierra" (Ef. 1:9-10). "Todas las cosas" deberán ser recreadas, deberán ser transformadas en Cristo. Nada puede permanecer afuera de Su resplandor y de Su influencia.

Todos estos aspectos iluminan características particulares de la visión global con respecto a la proclamación del Evangelio en el mundo moderno. Al acercarnos al misterio de la Iglesia como una "comunión" (κοινωνία), teniendo como guía la teología Trinitaria, la Cristología y la Pneumatología (teología del Espíritu Santo), pero también con la firme relación que tiene el misterio con la escatología, tendremos siempre enfrente de nosotros una indisputable visión global de la universalidad. La Iglesia fue, es y permanecerá "Su cuerpo (de Cristo), la plenitud del que lo llena todo en todo" (Ef. 1:23).

B. El sueño global de una vivencia litúrgica del Evangelio

Toda la vida litúrgica ortodoxa se mueve constantemente dentro de esta perspectiva que abarca a toda la humanidad, que sobresale en la doctrina cristiana con una clara visión global.

1. Ritmo de oración diario y semanal.

El ritmo diario y semanal de la vida litúrgica ortodoxa, junto con el ascesis personal, palpita también por el elemento de una salvación a nivel ecuménico. Primero que todo, este elemento se encuentra sumamente vivo en el eje de la oración y de la vida espiritual ortodoxa, en la oración que nos entregó el Señor, donde suplicamos diaria y seguidamente: "venga Tu reino, hágase Tu voluntad, así como en el cielo también sobre la tierra". No decimos simplemente que se haga Su voluntad "en mí" o "en nosotros", sino "sobre la tierra". El corazón del cristiano, antes de mencionar los problemas diarios del pan cotidiano, debe enfocarse en este fijo horizonte universal. Los asuntos inmediatos y personales no deben impedirle en pensar en lo universal, así como lo universal tampoco lo conduce a un escape utópico de la realidad.

En cada Divina Liturgia, la cual es un resumen del misterio de la salvación, comenzamos nuestras peticiones "por la paz del mundo entero", para después culminar en la anáfora con nuestra ofrenda de los Santos Dones, la cual se realiza "en todo y por todo". Este culto razonable y espiritual (λογική λατρεία) es ofrecido "por el mundo entero y por la Iglesia católica y apostólica" (Divina Liturgia de San Juan Crisóstomo), que "se

extiende desde un extremo de la ecúmene hasta el otro" (Divina Liturgia de San Basilio Magno). Después de la Santa Comunión, el sacerdote, al incensar, expresa el anhelo mundial de la Iglesia con el verso "seas exaltado, oh Dios, sobre los cielos, y sea Tu gloria sobre toda la tierra". La Divina Liturgia, al liberarnos de estar absorbidos en los problemas de nuestro pequeño ego, nos abre el horizonte y nos ayuda a vivir existencialmente la universalidad de la salvación en Cristo. La renovación litúrgica que se ha visto en muchas Iglesias Ortodoxas locales durante el siglo XX, ha contribuido enormemente en adquirir de nuevo la conciencia de esta visión ecuménica. Se necesitará, sin embargo, una iluminación todavía más viva durante nuestras congregaciones eucarísticas, y experimentar esta visión con mayor consistencia durante nuestra vida cotidiana después de la Liturgia, para que el testimonio ortodoxo y la misión se puedan desarrollar en lo que llamamos *liturgia después de la Liturgia*.

De igual manera, los oficios cotidianos (Vísperas, Completas, Medianoche, Maitines, Horas), están de acuerdo con la antigua tradición basados en el Salterio, en el cual, como ya habíamos mencionado, la visión global es obvia. Pero también en el *Paraklitikí*[7], el texto básico de himnos de nuestra Iglesia, el tema de la visión global de la salvación en Cristo regresa una y otra vez en sus *troparios*[8], para que se pueda fijar firmemente en la conciencia de la feligresía. Esta visión se acentúa tanto en los troparios de los miércoles y los viernes, los cuales están dedicados a la crucifixión, en los del jueves dedicados a los apóstoles pero, sobre todo, en los que están dedicados a la resurrección, que se cantan durante las vísperas de los sábados y los maitines de los domingos: "tu resurrección Señor, portadora de vida, iluminó al mundo entero", "...alegraste al universo con la luz de Tu resurrección", "alégrense los celestiales, regocíjense los terrenales..." (Tono III, Vísperas del sábado). "Tu resurrección, Cristo Salvador, iluminó al mundo entero" (Tono II, Vísperas del sábado)[9]

---

7   Libro litúrgico de la Iglesia Ortodoxa, con los ciclos semanales de himnos, distribuidos de acuerdo a los ocho tonos musicales (N. del T.).

8   Himnos escritos en pequeños párrafos de pocos renglones, con un ritmo musical determinado (N. del T.).

9   Este es un tema que se repiten una y otra vez en los troparios del Paraklitikí. Existen frases relacionadas con el mundo entero que se repiten frecuentemente, como: "concediendo al mundo la gran misericordia", "dando la vida al mundo", "para salvar al mundo", "para salvar, Cristo, nuestro género de la muerte", "por el Espíritu Santo toda la creación es renovada", (Tono I, Maitines del domingo). "Tu Señor, has traído todas las cosas a la existencia, a través de Tu Verbo y del Espíritu" (Tono I, Vísperas del domingo). De manera más particular nos recuerdan los troparios de la crucifixión: "Extendiste tus manos, oh Compasivo, sobre la cruz, reuniste a las naciones que estaban lejos de Ti, para que glorificaran Tu inmensa bondad" (Tono I, Maitines del miércoles). "En Tu resurrección, llenaste todas las cosas de alegría" (Tono IV, Maitines del domingo). "Vengan todas las naciones,

Todas las grandes festividades ortodoxas a lo largo del año, nos dan la oportunidad de recordar la ecumenicidad y la universalidad del Evangelio. Primero que todo los textos bíblicos que son leídos en estas ocasiones, acentúan las verdades de las que hablamos en la primera parte de esta ponencia. Después vienen los himnos relacionados que comentan y desarrollan el significado de las festividades, que regresan una y otra vez al significado global de cada festividad. Por ejemplo, en la festividad de la Transfiguración, cantamos: "Luz inalterable, Verbo, luz del Padre no engendrado, vimos hoy en Tabor la iluminación de Tu luz, vimos al Padre como luz, luz también al Espíritu, iluminando a toda la creación" (Exapostilárion)[10].

2. El *Triodion* y el *Penticostarion*[11].

La perspectiva universal existe intensamente en los troparios del Triodion, para iluminar de manera especial en el Penticostarion (en el cual se incorporan muchos troparios del Paraclitikí). La importancia global de la cruz y de la resurrección esta entretejida en la himnología ortodoxa. "Vengan todos los creyentes, veneremos la santa resurrección de Cristo; ya que a través de la cruz vino el regocijo al mundo entero". Los himnos pascuales hacen una firme referencia de la visión global del Evangelio. La Iglesia, extasiada frente a las dimensiones universales del evento de la resurrección, canta: "Hoy toda la creación, el cielo, la tierra y el mundo subterráneo se llenan de luz. Que toda la creación celebre la resurrección, a través de la cual ha sido consolidada" (Canon de la resurrección, Oda III). La creación entera adquiere nueva luz.

"Tu resurrección Señor, iluminó el universo, y el Paraíso fue de nuevo abierto; toda la creación te alaba, ofreciéndote himnos diariamente" (Tono

---

conozcan el imponente poder del misterio; porque Cristo nuestro Salvador, el Verbo desde el principio, fue crucificado por nosotros y voluntariamente fue sepultado; y resucitó de entre los muertos, para salvar al universo, a Él es que veneramos". "Todas las cosas quedaron llenas de alegría, cuando recibieron la experiencia de Tu resurrección". "Resucitaste de entre los muertos, concediendo la salvación al género humano, y por eso la creación entera te glorifica" (Tono III, Maitines del domingo). Ángeles y humanos, oh Salvador, alaban tu resurrección al tercer día; a través de la cual iluminaste los extremos de la ecúmene" (Tono IV, Vísperas del domingo).

10   Cf. "Te vestiste enteramente de Adán, Cristo, cambiando la naturaleza oscurecida en tiempos pasados, la has llenado de gloria y la has hecho semejante a Dios por la transfiguración de tu rostro" (Maitines de la Transfiguración). "Hoy en Tu transfiguración, toda la naturaleza de mortales recibe la primera luz de la deificación" (Kontakion de la ante-fiesta de la Transfiguración).

11   El Triodion es el libro litúrgico para el periodo de la Gran Cuaresma y la Semana Santa; el Penticostarion es el libro litúrgico para el periodo entre la Pascua y hasta el domingo después de Pentecostés (N. del T.).

III, Vísperas del lunes de la semana Pascual)[12]. La tradición de cantar el himno, "Cristo resucitó de entre los muertos, con muerte, pisoteó la muerte, y otorgando vida a los que yacían en las tumbas,"[13] en varios idiomas, proclama la gran verdad que el Evangelio de Cristo está intencionado para todas las gentes, razas y lenguas, y que la Iglesia tiene el deber de predicarlo en todas partes. Esto concilia disputas y contradicciones, hace hermanar a los pueblos y a convertirlos en una comunidad mundial de paz, de respeto mutuo y de solidaridad.

El carácter ecuménico de la Iglesia también se ve reflejado jubilosamente en la festividad de Pentecostés. Los discípulos reciben al Espíritu Santo para poder cumplir el mandamiento de Cristo de ser Sus testigos "hasta los confines de la tierra", y para poder "pescar al mundo" (Apolitíkion)[14]. El Espíritu Santo permanecerá para siempre; el que "está presente en todas partes y que todo lo llena". Nada puede quedar por fuera de su gracia iluminadora, purificadora y santificadora. "Y a través de Él toda la creación es iluminada y guiada a adorar a la Santa Trinidad" (Exapostelarion)[15]. El Espíritu Santo, quien "constituye enteramente la institución de la Iglesia", incesantemente otorga todo lo necesario para que se predique el misterio de la salvación a toda la creación. Por eso los creyentes cantan: "Renovador del universo, bendito eres" (Canon yámbico, Oda 7). "Alabemos piadosamente

---

12   Cf. también: "Habiendo iluminado al mundo Señor, en Tu resurrección al tercer día, libra a Tu pueblo de las mano de Tus enemigos, amante de la humanidad" (Tono III, Vísperas del sábado). "Oh Señor, dador de luz, has mostrado la luz de la resurrección a las naciones" (Tono V, Vísperas del sábado).

13   El canto más representativo de la resurrección, que se canta repetidas veces durante todos los oficios del periodo pascual (N. del T.).

14   Desde entonces, la antigua profecía de Profeta Joel se viene cumpliendo ininterrumpidamente: "Yo derramaré mi espíritu sobre todo mortal" (Joel 3:1). Y el santo compositor de himnos comenta: "Como prometiste Señor, derramaste abundantemente Tu Espíritu sobre toda carne, y todos fueron colmados de Tu conocimiento" (Canon del domingo de Pentecostés, Oda 6). "La luz del Paráclito ha venido para iluminar al mundo" (Himno del Kathisma de Maitines de Pentecostés).

15   Con la venida del Espíritu Santo, la tragedia de la confusión que había comenzado con la torre de Babel encuentra su solución, y la tendencia centrífuga de la humanidad dirigida a la separación es corregida: "Cuando (el Altísimo) distribuyó las lenguas de fuego, llamó a todos a la unidad" (Kontakio de Pentecostés). En las Antífonas y en el Prokímeno de la Epístola de Pentecostés predomina el nuevo significado semántico del versículo del salmo "sus voces han salido por todo la tierra, y sus palabras hasta los confines del mundo". El Espíritu Santo "ahora ha llenado a los Apóstoles con sabiduría para predicar por todo el mundo" (Maitines del martes después de Pentecostés). "A través de los Apóstoles, hasta los confines de la tierra han sido llenados de vigor celestial y de la bondad de Dios" (Vísperas del jueves después de Pentecostés). A través del Espíritu Santo, "todas las cosas han sido creadas y preservadas, y la vida es afectada para que viva, para que permanezca y para que sea salvada" (Vísperas del jueves después de Pentecostés).

al Espíritu Santo, quien santifica al universo" (Vísperas del jueves después de Pentecostés)[16].

Y, por terminar, la festividad de todos los Santos proclama que todos los que reciben el Espíritu Santo y se santifican, pertenecen a toda la ecúmene. Su testimonio y su martirio adornan a la Iglesia. "La Iglesia está adornada como de púrpura y carmesí, con la sangre de los Mártires de todo el mundo" (Vísperas del domingo de todos los Santos). "Como primicia de la naturaleza, el mundo te ofrece Señor, que eres el sembrador de la creación, a los Mártires portadores de Dios (Kontakion de todos los Santos). Desde la primera generación apostólica, el Evangelio fue predicado en todas las direcciones. "Los discípulos del Salvador, quienes hablaron a través del Espíritu, y que por la fe se convirtieron en instrumentos del Espíritu, se dispersaron hasta los confines de la tierra, sembrando de manera ortodoxa su venerable predicación" (Vísperas del domingo de todos los Santos).

La conclusión inmediata de esta corta recapitulación es que el pulso apostólico hace vibrar a la vida litúrgica ortodoxa, y que la visión global sigue siendo su dinámica perspectiva.

C. El sueño global de la acción y vida eclesiástica

Mientras la visión global predomina tanto en la doctrina como en el culto litúrgico de la Iglesia Ortodoxa no tiene, sin embargo, una influencia correspondiente en su espiritualidad cotidiana. Si queremos ser sinceros en nuestra autocrítica, debemos aceptar que entre los inmediatos intereses eclesiásticos ortodoxos prevalecen los asuntos nacionales de las diferentes Iglesias Autocéfalas, mientras la visión global de la predicación del Evangelio permanece tenue y débil. Es verdad que las razones históricas que nos condujeron a esta situación han sido significantes, pero no las mencionaremos por ahora. No obstante, la realidad actual nos impone el volver a avaluar lo que la teología ortodoxa nos revela, y que forma un firme marco del culto litúrgico ortodoxo.

---

16   Esta visión global de las energías de la Santísima Trinidad está presente también en las oraciones que leemos arrodillados en Pentecostés: "El que hizo el cielo, la tierra y el mar, y todas las cosas creadas en ellos" (Primera oración). Y continúan recordándonos de las lenguas de fuego del Espíritu, con las cuales se armaron los labios de los Apóstoles, "a través de la cual cada raza humana escuchó con sus oídos en su propio dialecto y recibió el conocimiento de Dios" (Segunda oración). El Padre, el Santo Dios, "que todo lo creó a través del Hijo, con la cooperación del Espíritu Santo". "Bendice como beneficiario al único Salvador y Creador de íntegra la creación". (Canon yámbico, Oda 8).

1. Internacionalización: una nueva problemática global.

La generación más antigua vivió tanto la "guerra caliente" (1940-45), como la "guerra fría" (1945-90), debido a la competencia entre las dos superpotencias. Con el colapso de los regímenes socialistas termino la segunda guerra, y se crearon en la humanidad grandes expectativas para una época de paz en el mundo. Desafortunadamente, en lugar de un "Nuevo orden" que esperábamos, nos encontramos enfrentados a un "Nuevo desorden", con muchos nuevos problemas prevaleciendo sobre la humanidad que, en muchas ocasiones, crean un verdadero caos. Hay nuevas guerras en varios lugares de nuestro planeta, hay movilizaciones de grandes masas de poblaciones, hay una nueva proliferación de armas nucleares, hay nuevos regímenes recientemente formados que necesitan orientación y asistencia en el proceso de establecer una estable democracia. Paralelamente, existe un creciente abismo tipo "Norte y Sur" entre ricos y pobres, y el terrorismo, el aumento del uso de narcóticos y la destrucción del medio ambiente constituyen nuevas amenazas para la humanidad. Pero la característica más básica de nuestros tiempos es el hecho de que estos problemas se han convertido en problemas de la humanidad entera.

Continuamente y de muchas maneras, se constata hoy en día que estamos avanzando hacia una comunidad mundial. La ciencia, la tecnología, los medios de difusión, el arte, el comercio, la economía, se mueven en estos tiempos dentro de marcos de niveles mundiales, que están dando forma a una nueva cultura económica. Un determinante rol juegan también, en la escena internacional, las dos mil empresas multinacionales y las redes internacionales de difusión. Es más intensa hoy la influencia mutua entre las tradiciones nacionales y las culturas locales, las cuales, claro está, no estaban ausentes en el pasado. Han aparecido nuevos problemas que han presentado dimensiones económicas globales desde el primer momento de su creación, tales como el tema ecológico, con sus muchas inmediatas utilidades y facetas; los temas que surgen de la bioética y la eugenesia, que se encuentran en continuo desarrollo. Las condiciones que se crean con la invasión de una multiplicidad de productos y de aplicaciones para computadores y para el uso en Internet, los cuales alteran nuestra vida social y privada. Todas estas cosas tienden a cambiar no solamente nuestras relaciones humanas, sino también la misma naturaleza de la vida humana.

Al mismo tiempo, los antiguos problemas como la explotación social, la injusticia y el crimen, han ido adquiriendo nuevas formas y dimensiones a niveles multinacionales e interculturales. La globalización de estos problemas tiene que ser abordado, tanto por los gobiernos nacionales como también por la "opinión pública", los cuales lamentablemente siguen absortos en sus asuntos internos y no se han dado cuenta de su tamaño multidimensional. Los grandes problemas contemporáneos tienen que ser enfrentados de una manera holística. Son nuevos retos para la teología y para la conciencia y para la actividad eclesiástica. Constituyen una nueva cultura mundial y multiforme, dentro de la cual estamos llamados a predicar el mensaje cristiano. Es una cultura en la cual el Evangelio debe orientar a la gente y transformarla.

Nosotros los creyentes no nos sorprendemos de estas nuevas situaciones globales. La doctrina y el culto litúrgico de la Iglesia ya nos ha abierto nuestro campo visual y la percepción de nuestros corazones a las dimensiones de la ecúmene. Existen nuevas posibilidades de enfrentar de manera conjunta estos problemas mundiales, con personas de otras culturas y que están basados en otras creencias religiosas. Se nos dan nuevas posibilidades de dar testimonio del Evangelio, en nuevas situaciones y de nuevas maneras, penetrando entornos e influenciando mentalidades que estaban hasta ahora cerradas al cristianismo. Porque el Evangelio de Jesús Cristo no es proclamado solamente por las formas clásicas de enseñar y de predicar, sino también proponiendo sus principios, enfrentando los nuevos problemas con la lógica del divino Verbo, transmitiendo su contenido a la manera de una vivencia personal de parte de los que lo han recibido de todo corazón y que viven en Cristo. En este sentido es que se presenta intensamente necesario el crear nuevos códigos de comunicación con el entorno mundial, y es un deber para el clero y para el pueblo el pensar y actuar dentro de esta perspectiva "católica" y escatológica.

2. Hacia nuevos códigos de comunicación.

En el proceso de transmitir el Evangelio al mundo moderno, es necesario estudiar cuidadosamente la relación entre transmisor y receptor, como también la relación entre el mensaje, el código de transmisión y el receptor. Cada civilización tiene sus propios "códigos de comunicación", los cuales se basan y están definidos principalmente por los receptores, por sus formas de vida, por su manera de pensar, por los problemas que presenta cada sociedad. El problema que nos interesa en este momento es la nueva sociedad mundial que se está formando. Estos códigos de comunicación no deben ser enfrentados enigmáticamente o como amenazas, sino como una nueva lengua para transmitir los eternos mensajes del Evangelio.

Para poder enfrentar este tema correctamente será necesario que nos concienticemos más profundamente que el centro de nuestro mensaje es "Aquel que es, que era y que va a venir, el Todopoderoso" (Ap. 1:8). En muchas ocasiones, la orientación ortodoxa para la transmisión del mensaje evangélico se voltea hacia el pasado, hacia la descripción de los milagros que Dios ha hecho a favor de la humanidad. Paralelamente a esta referencia del pasado, el Evangelio siempre hace referencia al hoy de cada día, y finalmente también a lo que está por venir, al final de los tiempos ($\check{\varepsilon}\sigma\chi\alpha\tau\alpha$). Sin esta clara perspectiva escatológica, la predicación del Evangelio pierde su calor, su efecto y su verdad. El reino de Dios que ya ha venido, que viene y que se espera que venga definitivamente, sigue siendo el eje central del mensaje cristiano.

Para un correcto entendimiento y acercamiento a los receptores contemporáneos, quienes darán forma al nuevo código de comunicación, juegan un papel básico y principal los concientizados miembros laicos de la Iglesia, quienes están ocupados directamente con la contemporánea problemática científica, económica y social. Es una verdadera bendición de Dios, que entre los más avanzados puestos de la ciencia contemporánea, se encuentren laicos con una profunda y verdadera vida cristiana. Sus experiencias, sus pensamientos, sus métodos, sus intuiciones, constituyen un precioso material para la formación de nuevos códigos de comunicación en el mundo moderno. Lo mismo es válido para personas con una sensibilidad artística, políticos, periodistas y los que trabajan con los medios de comunicación. Todos ellos, hombres y mujeres que se encuentran en el corazón de las discusiones y que articulan sobre los nuevos problemas, son preciosos colaboradores y transmisores del Evangelio. Y deben ser invitados a que participen en esto. Su contribución en la formación de nuevos códigos de comunicación, en esta nueva civilización mundial y, claro está, en el hacer un correcto uso de ellos, será decisiva y muy valiosa.

El Evangelio de la salvación, que está dirigido a todos, y que todo lo transforma, no puede ser predicado únicamente por el clero. Todos los creyentes, quienes participan a través del bautismo y la Divina Eucaristía en la crucifixión y resurrección de Cristo, están llamados y deben participar en la transmisión del mensaje evangélico al mundo contemporáneo. Lo que sucede en la vigilia pascual constituye un simbolismo básico de lo que es la transmisión del mensaje cristiano. Canta primero el obispo (o el sacerdote): "Vengan y reciban luz de la luz sin ocaso"[17], todos vienen enseguida a recibir en sus velas y a pasarle a los demás la luz de la resurrección; vienen hombres y mujeres, de todas las edades y de todos niveles de educación y de espiritualidad. En última instancia, este mundo contemporáneo, tan frecuentemente agobiado por la locura y el olor de la muerte, está a la espera de escuchar y de aprender como la certeza de la resurrección puede traspasar las tinieblas de sus angustias, y darle nuevo sentido a la existencia humana, darle esperanza, abundancia de amor y fortaleza de vida.

---

17   Con este canto comienza la parte inicial de la ceremonia Pascual, cuando todos los fieles en la Iglesia encienden sus velas con el fuego de la vela del sacerdote (N. del T.).

La actividad misionera esta directamente conectada a la nueva problemática. Antiguamente, cuando el Evangelio ingresaba a una nueva civilización y creaba una Iglesia local, esta misma Iglesia, durante su proceso de formación, adoptaba ciertos elementos culturales, rechazaba otros y transformaba otros[18]. De manera similar, en esta nueva civilización que se está formando, la Iglesia en algunas ocasiones, tiene que moverse frente al mundo, teniendo una disposición de "comunión"; en otras debe estar con una postura en contra o tratando de darle una nueva orientación.

3. Armonizando obligaciones locales y globales.

Lo que se ha dicho, es fácilmente aceptado por el mundo ortodoxo contemporáneo. Pero casi siempre, nuestros intereses están limitados dentro de un nivel local, dentro de las fronteras nacionales. Una asombrosa depresión surge cuando estamos llamados a vivir con esta visión global en nuevos escenarios, transcendiendo las clásicas fronteras de países y pueblos tradicionalmente ortodoxos.

Durante las pasadas décadas, se han hecho serios intentos y se ha logrado un significativo progreso de tomar conciencia de la dimensión ecuménica y de la responsabilidad apostólica de la Iglesia Ortodoxa. El título del primer manifiesto misionero "Indiferencia por la misión significa negación de la Ortodoxia", ya no se oye tan raro ni herético. El deber de una misión para el mundo entero ya se ha justificado teológicamente. Ese "pero" sin embargo, tan duro como el granito, y esa absorción en las necesidades locales, en "nuestras necesidades", paraliza la actividad misionera ecuménica de la Iglesia Ortodoxa. Una de las más peligrosas suspensiones para hacer la apertura a la responsabilidad ortodoxa de misiones ecuménicas es creado cada vez que se pone en práctica el dicho popular: "cuando tu jardín está sediento, no riegues el agua fuera de él". De esta manera es que todas nuestras fuerzas son absorbidas por "nuestro jardín", el cual prácticamente casi siempre está determinado por criterios nacionales o locales. Solamente algunas pocas gotas, y estas seguramente por la acción de evaporación, terminarán rociando otros "jardines". Esta lógica secularizada es una de las escondidas debilidades y pecados de la Ortodoxia moderna. Prevalece en varios niveles: el de la parroquia, del monasterio, del obispado, de la Iglesia independiente (αὐτοκέφαλης - *autocéfala*) local. Hemos intentado en otras ocasiones de confrontar este argumento que, como un invencible "virus", enferma al cuerpo de la Iglesia con infecciones crónicas de localismo, las cuales conducen a una gran parte de la Iglesia a sufrir insuficiencia respiratoria e inercia[19].

---

18   A. Yannoulatos, *Παγκοσμιότητα καί Ὀρθοδοξία (Universalidad y Ortodoxia)*, Akritas, Atenas 2004, pp. 109-136.

19   Ver el capítulo 2 de este volumen.

El correcto entendimiento e implementación de nuestro deber apostólico, tanto en el marco local como en el global, es una petición primordial de la vida ortodoxa contemporánea. Cada forma de polarización entre lo local y lo universal, creo que conduce a una falsa espiritualidad que finalmente termina negando la manera ortodoxa de pensar. Esto no quiere decir que todos tenemos que salir corriendo apresuradamente hacia nuevas fronteras misioneras. Pero sí es necesario, cada vez más, que jóvenes y adultos tomen una decisión como esta. Sobre todo lo que se busca es, ¿cómo hacer para que la visión global de la predicación del Evangelio nos inspire para cumplir nuestro deber misionero, desde el mismo lugar donde la voluntad de Dios nos ha conducido? ¿Cómo participar energéticamente, con nuestro pensamiento, con nuestra oración, con una aportación práctica? ¿Cómo hacer para que en nuestras Iglesias pueda haber y se pueda vivir una concientización de esta visión ecuménica?

Incluso desde la quietud absoluta de la vida ascética en el desierto, uno de los santos de nuestro siglo, San Silouan oraba: "Señor, concede que todos los pueblos de la tierra conozcan Tu amor y la dulzura del Espíritu Santo, para que puedan olvidar el dolor que hay en la tierra, para que abandonen todo mal, para que se adhieran a Ti con amor y para que vivan en paz, haciendo Tu voluntad para gloria Tuya". Y otra oración: "Señor, hazme digno de llorar por mí y por todo el mundo. Para que te conozcan todos los pueblos y que vivan eternamente contigo". […]

Es necesario que haya en cada Iglesia Ortodoxa local una organización que se encargue de la cooperación, soporte y asistencia de las Iglesias Ortodoxas más débiles. De acuerdo con los carismas de cada Iglesia, una Iglesia puede ayudar a otra. El Patriarcado Ecuménico de Constantinopla y el Patriarcado de Alejandría han incluido la misión en sus actividades. En las Iglesias de Grecia y de Finlandia, se han desarrollado en las últimas décadas considerables iniciativas para la misión en el exterior. El Centro de Misiones de la Arquidiócesis Ortodoxa Griega de Norte y Suramérica, el cual fue reorganizado como una entidad inter-ortodoxa llamada Orthodox Christian Mission Center, forma una bendición especial en la realización de la visión y del propósito que fue comunicado y desarrollado por primera vez, en el marco de las iniciativas juveniles de *Syndesmos* y de *Porefthendes*, al principio de la década de 1960. Una oficina similar debería formarse en cada Iglesia Ortodoxa, para la ayuda de otras Iglesias Ortodoxas que están en mayor necesidad. […]

Esta propuesta parece a primera vista como muy "modernizada"; pertenece, sin embargo, a un muy antiguo mandamiento patrístico: según San Juan Crisóstomo, "el dirigente de una Iglesia debería tener el cuidado, no solamente de la Iglesia que le fue encomendada por el Espíritu, sino de toda la Iglesia existente por toda la ecúmene… Si él debe orar por la Iglesia *católica* que existe de un extremo a otro de la ecúmene, entonces, con mayor razón, también debe mostrar cuidado por la Iglesia entera, y atender a todas"[20].

Y ahora permítanme hacer un apunte personal. La experiencia que he tenido estos últimos años en Albania, me ha revelado qué clase de sorpresas tiene Dios reservadas para nosotros en nuestro esfuerzo de vivir la visión global de la propagación del Evangelio. En la primera fase de mi búsqueda y de mi servicio misionero, las palabras de la frase "hasta los confines de la tierra", estaban coloreadas en un sentido geográfico, algo así como en las profundidades de África o de Asia. Nunca había pensado que el "final de la tierra" estuviera tan cerca geográficamente. En Albania, donde reinaba el aliento del Hades, ahí donde habían crucificado y sepultado nuevamente a Cristo. Donde la segunda mitad del siglo XX, el gobierno de Albania proclamó —con declaraciones festivas en conferencias y con artículos en la Constitución del país— que Dios había muerto definitivamente. Ahí, donde junto a Dios también habían asesinado al hombre, distorsionando las consciencias humanas y disolviendo hasta el final la libertad humana y la sociedad.

Creo yo, que Albania es hoy un microcosmo dentro de un más amplio macrocosmo del mundo contemporáneo, en el cual los ortodoxos están llamados a dar su mensaje. Antes del régimen comunista, la mayoría de la población perteneció tradicionalmente a familias musulmanas. Este hecho crea una situación similar a la de los antiguos Patriarcados Ortodoxos. La mayoría de la gente, incluyendo la nueva generación, están todavía impregnados con las teorías del ateísmo que, por casi cincuenta años, dominaron el país; hecho que hace que Albania se asemeje a otras regiones que fueron influidas por el socialismo irreligioso. Debido a los recientes cambios democráticos y económicos, se está llevando a cabo una rápida secularización, creando problemas y condiciones similares a las que enfrentan las Iglesias Ortodoxas que viven en países de cultura occidental. Las condiciones económicas son, sin embargo, tan bajas que se presentan fenómenos conocidos primordialmente en países tercermundistas.

Las actividades de las varias comunidades religiosas que operan en Albania, muestran la debilidad de la Ortodoxia del mundo entero, por su falta de venir a ayudar, como debería, en las inmensas necesidades de una Iglesia que había sido completamente disuelta y que hasta ahora se estaba

---

20   San Juan Crisóstomo, *Elogio a nuestro Padre entre los Santos, Eustaquio, Arzobispo de Antioquía, PG* 50:602, 26-35.

reconstituyendo, desde las cenizas de una persecución de cincuenta años. Déjenme decirles de una manera esclarecedora, cómo la Iglesia Católica Romana, que representa más o menos el 10% de la población y menos de la mitad de los ortodoxos en ese país, está siendo ayudada en su reorganización por 300 sacerdotes extranjeros, monjes y monjas, y centenares de laicos. Los protestantes que no alcanzan ni el 1%, tienen 450 misioneros extranjeros. Los musulmanes están siendo asistidos por miles de extranjeros. La Iglesia Ortodoxa, en cambio, tiene solamente 6 sacerdotes, 3 monjas, 3 laicos y 3 mujeres laicas, todos extranjeros. Menciono estos números, porque reflejan simbólicamente cómo las otras comunidades cristianas acuden apresuradamente a una región con necesidades, y cuán grande aparece ser la inercia de muchas Iglesias Ortodoxas locales. Claro está que la gracia divina, la que siempre "sana lo débil y suple lo deficiente", ha proporcionado de otras maneras una asombrosa bendición en la reconstrucción desde las ruinas y el desarrollo de la Iglesia Ortodoxa de Albania.

Hagamos un resumen: la visión global es el correcto marco para cada cosa que hagamos o que transmitamos a nivel local y parroquial. No existe una verdadera entrega del Evangelio si no se tiene como perspectiva esta visión ecuménica. No se trata de una visión que observamos como espectadores, sino de un campo donde existimos, pensamos, estamos activos, un campo en el que vivimos. Quienquiera que observe doxológicamente el misterio de la Santísima Trinidad, del "Dios todopoderoso, del creador y conservador de todo", esa persona se interesa por "todo". Quienquiera que se haya hecho un solo cuerpo con Cristo, piensa y siente como Él. Quienquiera que recibe al Espíritu Santo, es inspirado por la universalidad de Sus energías. Al principio de cada oficio litúrgico ortodoxo, nos dirigimos al Espíritu Santo y le pedimos que venga y que haga su morada "en nosotros". Esto quiere decir, a fin de cuentas, que estamos preparados para estar coordinados y al alcance de Su presencia y Su actividad. El hombre portador del Espíritu Santo ($\pi\nu\varepsilon\nu\mu\alpha\tau o\varphi\acute{o}\rho o\varsigma$) piensa, siente y actúa con una perspectiva universal. Su reflexión, su oración, sus intereses, sus intenciones tienen un horizonte que abarca a toda la humanidad. El Espíritu Santo, como "una impetuosa ráfaga de viento" se lleva por delante las partes herméticas de nuestro pequeño ser, y nos abre el alma hacia la ecúmene. Todos los que han sido portadores del Espíritu Santo, hombres y mujeres, comenzando por los Apóstoles, vivieron de esta manera la presencia del Espíritu en sus vidas. El Espíritu Santo no es ofrecido para ser posesionado o disfrutado individualmente. Una inmediata consecuencia de la vida espiritual es el testimonio misionero.

Un resumen y un recordatorio del tema que estamos tratando podría ser el Salmo con el cual comenzamos. "¡Que Dios tenga piedad y que nos bendiga, que nos muestre su rostro radiante!" (Sal. 67:1 [66:1]), suplicamos in-

sistentemente en nuestras oraciones diarias. Sin embargo, una vida espiritual ortodoxa genuina es realizada y completada dentro de un contexto global más amplio, el cual es determinado por los versos que siguen en este Salmo. Nuestro objetivo y perspectiva continua siendo "conozca así la tierra su proceder, y todas las naciones su salvación. ¡Que los pueblos te den gracias, oh Dios, que todos los pueblos te den gracias!" (Sal. 67:2-3 [66:2-3]). Agreguemos estos versos al terminar nuestras oraciones diarias, y entendámoslos en la luz que les han sido dados, por el evento de la resurrección de Cristo y por el descenso del Espíritu Santo en Pentecostés, y también con el testimonio de veinte siglos de Santos que vivieron el Evangelio. "¡Que los pueblos te den gracias, oh Dios, que todos los pueblos te den gracias!"

14

Redescubriendo Nuestra Identidad Apostólica en el Siglo XXI

(2003)

Ponencia en el Symposium on Missions, St. Vladimir´s Seminary, febrero, 2003. • "Rediscovering Our Apostolic Identity in the 21st Century", *St. Vladimir´s Theological Quarterly* 48:1 (2004), pp. 3-20. • Ἱεραποστολή στα ἴχνη τοῦ Χριστοῦ. Θεολογικές μελέτες καί ὁμιλίες, (Apostolado, hacer misión tras los pasos de Cristo. Estudios y conferencias teológicas), Atenas, 2007, cap. 14, pp. 303-322. • "Mission in Christ´s Way, An Orthodox Understanding of Mission", Holy Cross Orthodox Press, Brookline, 2010, cap. 14, pp. 257-275.

eóricamente nadie se lo cuestiona. Al contrario, lo confesamos solemnemente y lo repetimos prácticamente cada vez que nos reunimos para el culto litúrgico. Profesamos nuestra creencia en "la Iglesia, una, santa, católica y apostólica", y proclamamos nuestra membresía en ella. En la práctica, sin embargo, parecería que muchos creyentes ortodoxos, e incluso muchas Iglesias Ortodoxas locales, comúnmente abrazan una definición algo limitada de la apostolicidad. Por lo general, la mayoría de manuales de teología dogmática, con los cuales son educados generaciones de clérigos de la Iglesia Ortodoxa, enfatizan primordialmente tres cosas: a) que la Iglesia es apostólica, ya que fue instituida por Cristo y cimentada por los apóstoles; b) que la Iglesia preserva intacta y sin cambios la enseñanza de los apóstoles, la fe y la tradición apostólica; c) que la Iglesia ha sido erigida firmemente sobre la ininterrumpida sucesión de los obispos partiendo desde los apóstoles.

Estas son verdades incontrovertibles que ya han sido descritas vívidamente. Existe, sin embargo, otra dimensión fundamental, otra tonalidad esencial, en este colorido retrato de la apostolicidad en el cual me gustaría que nos concentráramos. Nuestro guía en el entendimiento más profundo de este tema será el Nuevo Testamento.

A. Las palabras "ἀποστέλλω" (enviar), "ἀποστολή" (misión) y "ἀπόστολος" (apóstol) en el Nuevo Testamento

1. Discípulos y apóstoles simultáneamente.

La idea de una misión divina existe también en otras religiones (por ejemplo, Zoroastro, Mahoma, Nának, y en el mundo griego: Epictetus y Hermetismo). En la revelación bíblica, sin embargo, esta idea está directamente relacionada con la salvación del mundo entero, y es expresada en el lenguaje que tiene como eje central el verbo "envío" (ἀποστέλλω – apostélo), y sus palabras derivadas.

La conciencia que tiene Cristo de que Él *ha sido enviado* por el Padre está vivamente plasmada en los Evangelios. Él es "Aquel a quien el Padre ha santificado y enviado al mundo" (Jn. 10:36; 5:36 "el Padre me ha enviado"; 5:38; 6:29; 6:57; "pero yo no he venido por mi cuenta; sino que es veraz el que me ha enviado... Él es el que me ha enviado" Jn. 7:28-29; 8:42).

En especial en el Evangelio de Juan, encontramos esta verdad cuarenta veces, y es como si se tratara de un imponente estribillo de frases dichas por Cristo. La absoluta unidad entre el Padre y el Hijo es tal, que la actitud

que uno tome hacia Jesús, hace referencia directamente al Padre (Jn. 5:23; 12:44).

Este testimonio constituyó el eje básico de la predicación de los Apóstoles: "Y nosotros hemos visto y damos testimonio de que el Padre ha enviado a Su Hijo como Salvador del mundo" (1 Jn. 4:14). "En esto se manifestó entre nosotros el amor de Dios; en que Dios envió al mundo a Su Hijo único para que vivamos por medio de Él (…) Él nos amó y nos envió a Su Hijo como víctima de expiación por nuestros pecados" (1 Jn. 4:9-10; Gál. 4:4). "Por tanto, hermanos santos, partícipes de una vocación celestial, considerad al apóstol y sumo sacerdote de nuestra confesión, a Jesús" (Heb. 3:1).

Otros también fueron llamados desde el principio a participar en el trabajo de la anunciación de la salvación que fue completada en Cristo. En tiempos de Jesús, había varias percepciones acerca de la perfección del hombre, como también varios grupos de gente piadosa que buscaba esta perfección. Recordemos la muy interesante comunidad de los Esenios, y también el círculo de discípulos de Juan el Bautista. Grupos como estos se centralizaban por lo general en un lugar. La característica del nuevo grupo que se congregó alrededor de Jesús es que, desde el primer año de su discipulado, Él los envía en misión: "Instituyó Doce, para que estuvieran con Él, y para enviarlos a predicar con poder de expulsar los demonios" (Mr. 3:14-15). El mismo Jesús Cristo dio a Sus discípulos el nombre de apóstoles, "llamó a Sus discípulos y eligió doce de entre ellos, a los que llamó también apóstoles" (Lc. 6:13). Jesús no fundó una comunidad estática que se separó del mundo. Tampoco se estableció en un lugar específico. Se movilizó de ciudad en ciudad, de pueblo en pueblo, se encontraba constantemente en movimiento. Envía a Sus discípulos, aun siendo ellos todavía imperfectos, con sus debilidades y carencias. Sus seguidores eran al mismo tiempo "discípulos" y "apóstoles". La comunidad que forma a Su alrededor tiene como dinámica interna la misión (ἀποστολή - apostolí). La obra de ellos tendría un movimiento centrífugo, partiendo del Señor, del Maestro, hacia los demás. Pero al mismo tiempo teniendo una fija atracción centrípeta hacia una persona, la persona de Cristo.

A medida que se acercaba el momento de llevar a término Su obra en este mundo, Cristo asoció Su propia misión con la misión de Sus Apóstoles. En Su oración de Sumo Sacerdote insiste en este tema: "como Tú me has enviado al mundo, yo también los he enviado al mundo" (Jn. 17:18).

Después de haber terminado Su obra salvífica con el sacrificio de la cruz y Su resurrección, la misión de Sus discípulos se hace definitiva de la manera más solemne. El resucitado Señor, al aparecerse a Sus discípulos que

estaban todavía asustados y temblando por todos los trágicos eventos, les encomienda que continúen Su obra. "Como el Padre me envió, también Yo os envío. Dicho esto sopló y les dijo: Recibid el Espíritu Santo" (Jn. 20:21-22). Les manifestó claramente que su misión se llevaría a cabo continuamente por el poder del Espíritu Santo. Durante Su ascensión, volvió una vez más a reafirmarlos diciéndoles: "recibiréis una fuerza, cuando el Espíritu Santo venga sobre vosotros..." (Hch. 1:8).

2. El trabajo apostólico continúa en el tiempo.

Se ha formulado una opinión que la identidad apostólica estaba limitada exclusivamente a los doce, quienes fueron testigos oculares y de oídas de la vida, muerte y resurrección de Jesús Cristo. Naturalmente que los doce tienen una posición única en la vida de la Iglesia. Son los cimientos del Nuevo Israel, y serán sus jueces en el último día (Mt. 19:28). La elección de un doceavo discípulo, como reemplazo de Judas, se hizo con el objetivo de mantener fijo el tipo del Nuevo Israel que estaba naciendo (Hch. 1:15-26). Pero al mismo tiempo, durante la elección de Matías se reconoce el hecho que otros también tienen los atributos de ser testigos oculares y de oídas del sacrificio y de la resurrección de Cristo. Los doce serán para siempre los cimientos de la Iglesia. "La muralla de la ciudad se asienta sobre doce piedras, que llevan los nombres de los doce apóstoles del Cordero" (Ap. 21:14). El deber apostólico, sin embargo, no estaba limitado a las actividades de los doce; ellos pasaron a su vez a otros el ejercicio de su trabajo apostólico.

Ya en el Evangelio de Lucas encontramos la tradición según la cual Jesús designó "a otros setenta y dos y los envió por delante, de dos en dos" (Lc. 10:1). El propósito de enviarlos al mundo, es el mismo propósito que había asignado a los doce; ambos tienen el mismo carácter. "Quien a vosotros os escucha, a mí me escucha; y quien a vosotros os rechaza, a mí me rechaza; y quien me rechaza a mí, rechaza al que me ha enviado" (Lc. 10:16; cf. Mt. 10:40). La obra apostólica, por consiguiente, no está limitada solamente al apostolado de los doce.

Además de los doce y de los setenta, el resucitado Señor también envía a Pablo, a quien llamó con un llamado especial desde el cielo. La vocación de Pablo amplió el círculo apostólico y la naturaleza del trabajo apostólico. Pablo insiste una y otra vez que es "siervo de Cristo Jesús, apóstol por vocación, escogido para el Evangelio de Dios" (Rom. 1:1 cf. Ef. 1:1; 1 Tim. 1:1; Tit. 1:1; "por ser yo verdaderamente apóstol de los gentiles" Rom. 11:13). La manera como Pablo entendía su propio apostolado, revela que es posible que el Señor confiara un apostolado particular a nuevas personas. En el Nuevo Testamento, el nombre de apóstol es dado también a otras personalidades menos prominentes: Barnabás, Sóstenes, Epafrodito, Timoteo, Tito. Las

Iglesias de Antioquía y de Roma ya existían cuando llegaron allí los líderes de la Iglesia[1]. Hablando más ampliamente, la actividad apostólica es el trabajo de cada discípulo que ha llegado a ser "luz del mundo y sal de la tierra" (Mt. 5:13-14).

Claro está, que la tradición apostólica está basada en el testimonio de los apóstoles por excelencia. Pero la obra apostólica no se terminó con la generación de los doce; *continúa en el tiempo.* El último mandamiento del Señor hacia los once (Judas ya se había separado definitivamente del círculo de los apóstoles), no concernía solamente a esos discípulos. De la misma manera que las enseñanzas de Cristo y los demás mandamientos que dio al más amplio o más estrecho ciclo de Sus discípulos, no concernía exclusivamente a esas audiencias en particular, sino que estaban dirigidos a la Iglesia entera.

Consideremos lo absurdo que sería interpretar de manera exclusiva las palabras del Señor en la Última Cena, cuando les dijo a Sus discípulos: "haced esto en recuerdo mío" (Lc. 22:19). ¿Sería acaso posible el sustentar que este mandamiento concernía solamente el ciclo de los doce? Entonces, no existiría la Iglesia. Este mandamiento determina la vida entera de la Iglesia. De igual manera, el último mandamiento dado a los once es determinante no sólo para ellos, sino para todos los que han creído en el mensaje evangélico, para todo el cuerpo de la Iglesia que se crearía con las semillas de sus palabras y obras. El apostolado es un elemento básico, permítanme expresarlo de esta manera, del código genético de la Iglesia.

3. Alcance y característica de la misión de los discípulos de Cristo.

El último mandamiento del Señor, tal como fue preservado por el evangelista Mateo, define la envergadura y el carácter de la Iglesia. En las estremecedoras palabras que el resucitado Señor dirige a Sus discípulos (Mt. 28:18-20), todas las frases constituyen una unidad orgánica. [...]

Muchos prefieren concentrar su atención a la última frase, "y he aquí que yo estoy con vosotros todos los días", la cual fortalece intelectual y sentimentalmente la certeza de la presencia de Cristo en la vida cotidiana.

No existe ninguna duda, sin embargo, de que tanto los primeros versos como los últimos, conciernen a toda la feligresía de la Iglesia, a todos los fieles sin excepción. Es por lo tanto extraño y contradictorio que el vínculo intermedio, es decir, el verso "id, pues, y haced discípulos a todas las gentes", se considere que hace referencia exclusivamente a los doce. Si retiramos

---

1   Ver Xavier Léon-Dufour et al., eds. *Vocabulaire de théologie biblique,* Paris 1974, 3ª ed., s.v. "apôtres".

las conjunciones "pues" (οὖν) y "he aquí" (ἰδού), se pierde la conexión lógica del texto. La revelación de que se le ha otorgado a Cristo "todo poder en el cielo y en la tierra", presupone una obligación específica que deben cumplir los apóstoles y sus sucesores. Esta obligación es consecuencia de la gran verdad descrita en el primer verso. Al estar ejecutando este deber apostólico, tendrán como garantía la presencia de Cristo. Sin esta "y" (καί), la cual conecta la última frase con las anteriores, la promesa concerniente a la continua presencia de Cristo queda en el aire.

El deber tiene que ver con todo el cuerpo de la Iglesia. La Iglesia, como comunidad eucarística de la resurrección, tiene el deber de predicar el misterio de Dios Trino, la divina redención (οἰκονομία) en Cristo, a través del Espíritu Santo.

Característica básica de la apostolicidad es que los apóstoles tienen que "ir". Sus vidas se desarrollarán en un horizonte abierto, con retos, con peligros, con éxitos y fracasos; en un continuo movimiento. No deben ser limitados u obstruidos por ninguna frontera. Deben ir y enseñar a "todas las naciones", sin ninguna excepción. Desde el puro principio, el carácter universal de la misión de la Iglesia está claramente definido.

La llegada del Espíritu Santo en Pentecostés constituyó dinámicamente a la nueva comunidad de discípulos, y la fortaleció para su apostolado a "todas las naciones". El mandamiento se encuentra inseparablemente enlazado con la promesa que Cristo había dado sobre la llegada del Espíritu Santo. Y el Espíritu Santo vino para dar comienzo al apostolado mundial. El don de las lenguas no se dio, claro está, para hacer una ostentosa exhibición de destrezas lingüísticas, sino como una herramienta para poder comunicarse en el apostolado y en el trabajo en pueblos extranjeros.

Cristo completó su obra redentora, pero no hizo Él mismo la transmisión de su mensaje a todo el mundo. Dejó esta responsabilidad a Sus apóstoles (a la Iglesia que Él fundó). Los apóstoles a su vez, encomendaron esta obra a sus sucesores. Esta espiritual carrera de relevos es continuada de ahí en adelante por la Iglesia entera, "hasta que vuelva". Este carácter de apostolicidad es indeleble en la Iglesia, y debe ser vivido en cada época. La apostolicidad es un elemento innato de la Iglesia. Si me permiten la comparación, se encuentra de manera permanente en el DNA de la Iglesia. Se trata de un don de gracia orgánicamente incorporado en la Iglesia, alimentado por la comunidad Eucarística, a la cual renueva continuamente. Y se llevará a cabo con la ininterrumpida presencia y energía del Espíritu Santo, dentro de una perspectiva escatológica. La apostolicidad es un proceso de dimensiones tanto históricas como escatológicas.

Creo que la perpetuación de la dinámica apostólica en tiempo histórico,

o sea la preservación del espíritu y de la llama de los apóstoles, es una característica primordial de toda la Iglesia. La concientización de esta dimensión de la apostolicidad es absolutamente necesaria para entender la naturaleza de la Iglesia.

B. Vivencia de la apostolicidad de la Iglesia en nuestros tiempos

Las condiciones del mundo ahora en el alba del tercer milenio d.C., no son, claro está, las mismas a aquellas del primero o segundo. Durante este intervalo han sucedido tantos acontecimientos y se han formado y consolidado tantas situaciones... ¿cómo, entonces, se puede vivir la apostolicidad de la Iglesia en nuestra época?

1. Reforzar la conciencia de que pertenecemos a la Iglesia que es "apostólica".

Por empezar, es necesario fortalecer nuestra conciencia dormida para que entienda que pertenecemos a la Iglesia que es "apostólica", tal como lo analizamos anteriormente. También que este apostolado pertenece a la Iglesia entera; que cada uno de nosotros es personalmente una célula viva en este conjunto total, y que tiene su porción de responsabilidad. El interés apostólico y misionero no es una particularidad de ciertos grupos o de algunos individuos, sino es un determinante de la misma Iglesia. Es de las cosas que no pueden faltar en su vida.

Por la gracia de Dios, estas últimas décadas se ha hecho un significante progreso en esta dirección. […]

Muchos ortodoxos creen que la Iglesia local a la cual pertenecen cumple su obligación con respecto al último mandamiento de Cristo, cuando trabaja pastoralmente para el fortalecimiento de los ya creyentes, o tal vez incluso en el esfuerzo de trabajar por el regreso de los compatriotas que se habían alejado de la Iglesia. Con demasiada facilidad esta actividad se ha llamado "misión interna" (sin que la mayoría sospeche que esta terminología proviene claramente del protestantismo). El estar absorto a lo inmediato y lo local, tiene como consecuencia la indiferencia a la porción de responsabilidad que nos toca de lo que está sucediendo a nivel mundial. Detengámonos un momento para hacer una hipótesis de trabajo. Si la humanidad hubiera esperado para que solamente los ortodoxos se movilizaran para evangelizar a los pueblos, muchas regiones, como por ejemplo África, se hubieran perdido del todo para el cristianismo. El gran beneficiado sería el Islam.

Multitudinarias Iglesias Ortodoxas locales, con miles de clérigos y monjes, se limitan a estar simplemente en su espacio nacional. No se atreven ni siquiera a pensar de enviar aunque sean pocos —preparados, claro está, y

con una correcta consciencia eclesiástica— para que trabajen en las misiones de otros lugares y para que refuercen los ya existentes núcleos de pequeñas misiones ortodoxas. Este hecho de limitarse exclusivamente al interior de un país o una nación, no concuerda con el significado de apostolicidad, tal como lo define el Nuevo Testamento.

En América del Norte, el testimonio ortodoxo se está dando de una manera especial, dentro de una comunidad dinámica y con intereses universales. En esa comunidad, la Ortodoxia se encuentra en un estado de misión. No le sería correcto, claro está, sentirse suficiente simplemente por estar preservando, como si fuera un museo, el glorioso pasado ortodoxo de sus lejanas tierras patrias. Algo esencialmente nuevo e importante ha de surgir de esta situación. Vivimos en una era de extraordinaria creatividad humana, que se expresa impresionantemente sobre todo en los avances científicos. Creo que una característica básica de nuestra naturaleza humana creada a imagen de Dios, además de la libertad, de la razón y del amor, es la *creatividad*. En cada generación tenemos el apostolado de dar el tesoro eterno que la Iglesia posee, con pensamiento y actividad creativa, teniendo una relación orgánica con lo original, con la tradición apostólica.

Lo que se busca no puede ser algunas fragmentadas actividades en países lejanos. Repitámoslo una vez más: sería un gran error el limitar este despertar misionero que se está dando en nuestra generación, a simplemente unas historias exóticas de algunos entusiastas y demás, como si fuera un capricho marginal de algunas personas románticas con sed de aventuras. Tampoco sería correcto continuar el latente rumor que el interés por la misión proviene de una influencia protestante, siendo que el carácter ($\tilde{\eta}\theta o\varsigma$) ortodoxo se expresa principalmente con el ascetismo monástico. Será necesario colocar fundamentos firmes: a) con un serio trabajo teológico; b) haciendo una profundización al significado dinámico de la apostolicidad de la Iglesia; c) informando más ampliamente a la feligresía eclesiástica, clarificando y vigorizando la consciencia misionera de los fieles; d) con una honesta autocrítica sobre el rumbo de nuestra Ortodoxia, y teniendo una verdadera disposición de arrepentimiento; y e) con un permanente estudio del mundo contemporáneo, con sus nuevas contrariedades e inclinaciones.

El mundo que está por fuera y alejado de la Iglesia, es decir la región por excelencia de misión, es inconcebiblemente complejo. Se requiere estar dibujando nuevos mapas y tener un permanente seguimiento de su desarrollo. Se necesita tener también un pensamiento creativo para poder enfrentarlo correctamente, y para vivir la apostolicidad en medio de nuevas condiciones y nuevos retos.

2. Algunas características de nuestros tiempos.

Quisiera recordarles algunas de las características de nuestros tiempos: la sorprendente velocidad en que se mueve la información alrededor del mundo. La revolución electrónica y los continuos avances que aceleran a la velocidad de la luz la difusión de las noticias. La búsqueda, pero al mismo tiempo el sabotaje de la unión cristiana. La convivencia obligatoria a nivel político, social y educativo, con personas de otras creencias religiosas, o con personas de ninguna fe. La infiltración de la religiosidad de la India al mundo occidental. El regreso de varias comunidades religiosas a un riguroso aislamiento, en las que sus dirigentes hacen un llamado a la seguridad, a la preservación de su autoconsciencia étnica, a la identidad cultural, etc. Podría uno incluir también el multifacético renacimiento del Islam, con su presencia dinámica que está adquiriendo un papel central en el escenario mundial. Este renacimiento tiene como característica básica una intención expansionista con tácticas proselitistas, y una movilización de métodos violentos de resistencia contra el llamado mundo cristiano. La gente está tomando consciencia a nivel mundial de la tragedia en que vive la mayoría de los habitantes del planeta debido a la pobreza, a las enfermedades que toman la forma de epidemias, como por ejemplo el SIDA.

En medio de estos continuos cambios en el panorama mundial, ¿cómo podríamos entender cuál sería el camino hacia "todas las naciones"? Es claro que no sería basados en las representaciones geográficas de los siglos XIX y XX, en las que se suponía la existencia de una "ecúmene cristiana", de la cual se podía mandar heraldos del Evangelio hacia las otras naciones. Ya no se puede definir las fronteras geográficamente, entre los mundos cristianos y no cristianos. Así como las fronteras entre el bien y el mal no se encuentran fuera de nosotros, sino que están trazadas a través del corazón de cada uno de nosotros, y estas fronteras son desplazables, de igual manera, entonces, las fronteras entre cristianos y no cristianos se encuentra en el interior de muchos pueblos denominados cristianos. En muchas naciones tradicionalmente cristianas, grandes masas de la población tienen una total ignorancia de la religión, o son indiferentes a ella. Estas gentes se encuentran "en la región externa" respecto de la Iglesia. Existen pequeños islotes cristianos en medio de naciones que pertenecen a otras religiones, los cuales necesitan ser apoyados y fortalecidos.

El apostolado de la Iglesia tiene que tener como horizonte claro a "todas las naciones", sin excepción alguna. Los que están "fuera" de la Iglesia pueden estar geográficamente muy cerca o muy lejos. No se pueden excluir, por razones de facilidad, ni los unos ni los otros. El apostolado es un deber de la "totalidad" ($\kappa\alpha\theta\delta\lambda o\upsilon$) de la Iglesia, y no existe justificación alguna de limitarse solamente en aquellos que pertenecen a nuestra misma nación o raza. El campo de acción y de responsabilidad es el mundo entero. El

mandamiento es "id por todo el mundo y proclamad la Buena Nueva a toda la creación" (Mc. 16:15).

Debemos comprender que los que están "afuera", *nos incumbe a todos*. Para los fieles no puede haber extranjero o desinteresado. Le interesa de manera inmediata a la Iglesia apostólica a la cual pertenecemos. Para aquellos que están por "fuera", la Iglesia tiene el deber de estar continuamente "presente" a través de sus emisarios.

3. Éxodo hacia nuevas fronteras.

La apostolicidad obliga a la Iglesia, y quiero enfatizarlo, a la Iglesia en su totalidad, de que no se limite simplemente en el cuidado pastoral de los que están adentro, en la belleza de sus tradiciones, en la comodidad y en la devoción de los que están "adentro". La Iglesia está llamada a hacer continuamente *un éxodo, un camino.* […]

Estamos llamados a salir de nuestras cerradas y atrincheradas comunidades, a superar nuestros prejuicios, nuestras dudas, nuestros temores, y de dar conjuntamente el testimonio del resucitado Señor lo más que podamos. Estamos llamados a encontrarnos con nuestros contemporáneos en el lugar donde estén forcejeando con sus abrumadores problemas. No para acomodarnos al mundo presente (Rom. 12:2), sino para ayudarlo que se pueda orientar correctamente con la gracia sacramental de la Iglesia y con el poder de su verdad. Debemos tener un sincero respeto hacia la particularidad de cada pueblo y cada cultura, hacia la libertad y la dignidad de cada ser humano, y un genuino amor por la integridad de cada persona. Se trata de tener un interés espiritual en las personas, no uno político.

Lo que se busca no es que la Iglesia conquiste a "todas las naciones", sino que les enseñe; transmitirles el conocimiento, la salvación y la experiencia que tiene. Cada ser humano y cada pueblo es libre de aceptar o de rechazar en mensaje evangélico. Tienen, sin embargo, el derecho de ser informados responsablemente. No de manera y de fuentes dudosas, sino de la Iglesia apostólica.

4. Presentes en el entorno de "los que están afuera", ofreciendo lo que Dios nos ha donado.

Quisiera subrayar solamente dos formas de nuestra responsabilidad apostólica contemporánea.

a) Como personas, debemos estar presentes y ser miembros conscientes de la Iglesia, y donde sea posible, ser una comunidad eucarística donde de manera pacífica proclame el reino de Dios. Debemos estar presentes en los países, en las ciudades y en las congregaciones de los que están "afuera".

Estar presentes como vivos miembros de la Iglesia en conferencias, en congresos inter-cristianos e interreligiosos, como también científicos, económicos y políticos, dando de manera calmada y humilde nuestra opinión y nuestro testimonio, colaborando en esclarecer confusiones y en la toma de correctas decisiones. La providencia de Dios ha abierto a la Ortodoxia hoy día, puertas e instancias que en otros tiempos estaban cerradas. El testimonio ortodoxo tiene que darse obligatoriamente también a ellas.

b) Tenemos que compartir con los demás todo lo que tenemos, todo lo que Dios nos conceda en bienes, tanto materiales como espirituales: el conocimiento espiritual y profano, los medios, las posibilidades, las alegrías y las esperanzas, la experiencia y la fuerza del amor y de la paz de Dios, la "que supera toda inteligencia" (Flp. 4:7). En esta "repartición" pertenecen también las ideas innovadoras y los programas para el desarrollo de regiones dominadas por miseria absoluta.

La presencia de cada miembro vivo de la Iglesia irradia no solamente pensamientos e ideas, sino también algo de la gracia de Dios que cada creyente tiene dentro de sí. El servicio apostólico es un deber de la comunidad eucarística. Tiene que incorporarse en ella, y ser experimentado por ella. Para que la comunidad eclesiástica sea fiel a su autoconsciencia apostólica, no tiene el derecho de dejarse absorber solamente por sus problemas internos. En cada generación debemos buscar las personas adecuadas para ser enviadas a los que están "afuera" geográfica o socialmente, a los que están lejos y a los que están cerca.

Además de los que ya están dedicados a este apostolado, todos deberían, debido a las circunstancias contemporáneas, estar preparados para dar un testimonio a los que están "afuera", con los cuales se encuentran en sus múltiples ocupaciones, ya sean científicas, empresariales, culturales, artísticas. Todos los vivos miembros de la Iglesia deben participar, tanto clérigos como laicos, hombres y mujeres, de diferentes especializaciones, empleos y edades.

Los que están por "fuera", lo están de manera geográfica, social o ideológica. Los que se dediquen a esta específica misión hacia los de "afuera", sería bueno que trataran de evitar las simplificaciones por un lado, y un romanticismo ingenuo por el otro. Es necesario que se reconcilien oportunamente con la idea de *estar en el extranjero*. Su suerte será que frecuentemente andarán como extranjeros, como pertenecientes a una minoría, envueltos en una nube de sospechas y desconfianzas. Pero también, todos debemos liberarnos de la inquietud por la espera de resultados grandes e inmediatos.

En el intento de que se impusiera el ideal cristiano, hemos visto en la historia dos soluciones opuestas: "el retiro al desierto y la creación de un imperio cristiano", como dijo el padre Georges Florovsky. "Sabemos bien que estas dos soluciones salieron infructuosas, porque no fue posible que todos se fueran al desierto, y en cuanto al cristianismo de los emperadores, nunca se dio, sino solamente de nombre"[2]. No obstante, la Iglesia continuará transmitiendo el mensaje de la salvación y su gracia sacramental a todas las naciones; continuará dando significado a la vida y a la muerte, y a la misma historia del mundo. Su apostolado preserva tanto la dimensión histórica como la escatológica. "Se proclamará esta Buena Nueva del Reino en el mundo entero, para dar testimonio a todas las naciones. Y entonces vendrá el fin" (Mt. 24: 14). "El fracaso de todas las esperanzas utópicas no puede ensombrecer el mensaje cristiano y la esperanza cristiana. El Rey ya *vino*, el Señor Jesús, y Su Reino *vendrá*[3].

La Iglesia Ortodoxa está llamada a ser un pueblo apostólico, a ser la luz y la sal del mundo, que ofrecerá un incesante y vivo testimonio de Dios vivo.

C. Renovando la consciencia apostólica

Una completa renovación de la consciencia apostólica significa redescubrir y vivir por parte del clero y el pueblo ortodoxo: 1) la visión apostólica, 2) el fervor apostólico, y 3) el carácter ($\mathring{\eta}\theta o\varsigma$) apostólico.

1. La visión apostólica.

La visión apostólica abraza a todo el mundo, con el celo y el anhelo que determinó el resucitado Señor con su último mandamiento. Es una visión ecuménica. Esta visión, sin embargo, no tiene ninguna relación con la globalización económica de hoy. El envío de los discípulos de Cristo hacia "todas las naciones" tenía que ver con la universalización del amor, la cual eleva al hombre hacia el Dios-hombre ($\Theta\varepsilon\acute{\alpha}\nu\theta\rho\omega\pi o\varsigma$), convirtiéndolo en una nueva creación. Esto continúa siendo el objetivo de la comunidad eucarística, la cual los fieles en Cristo constituyen en cualquier lugar, por la gracia del Espíritu Santo. Su misión es crear una comunidad de solidaridad, una comunidad de personas libres y llenas de amor los unos por los otros. El apóstol Pablo

---

2   G. Florovsky, «Τὸ Σῶμα τοῦ ζῶντος Χριστοῦ. Μία Ὀρθόδοξη ἑρμηνεία τῆς Ἐκκλησίας» (El cuerpo de Cristo vivo. Una interpretación Ortodoxa de la Iglesia), en *Tres ensayos teológicos*, trad. I. K. Papadopoulos, Thessaloniki 1972, pp. 92-93. Cf. Idem., "Antinomies of Christian History: Empire and Desert", en *Christianity and Culture. The Collected Works of Georges Florovsky*, vol. 2, Belmont, MA, 1974, pp. 67-100.

3   Ibid., p. 94.

hace referencia al honor, la gloria y el poder que le fueron concedidos al resucitado Señor, y enfatiza que "todas las cosas" se encuentran bajo Su autoridad (Col. 1:16-21; Ef. 1:21-22). Esta visión se extiende por toda la ecúmene y se proyecta hasta el final de los tiempos, preparando el camino para la plenitud de los tiempos, haciendo "que todo tenga a Cristo por cabeza" (Ef. 1:10). La doctrina y el culto litúrgico de la Iglesia católica, apostólica y ortodoxa amplían el campo óptico y el radio de acción de nuestros corazones a las dimensiones de la ecúmene, y hasta el final de los tiempos.

2. El fervor apostólico.

El fervor apostólico que caracteriza la obra dinámica de los apóstoles no es algo externo, no es una simple actividad, un rutinario cumplimiento de un deber. Es más bien algo que emana incesantemente desde lo profundo de nuestro ser. Es una necesidad interna. "Predicar el Evangelio no es para mí ningún motivo de gloria", nos dice el Apóstol Pablo, "es más bien un deber que me incumbe. ¡Ay de mí si no predico en Evangelio!" (1 Cor. 9:16). Este deber tiene que ver con la Iglesia entera. El amor fogoso hacia Dios y hacia la humanidad, que arde en el corazón, busca la manera de expresarse. Desea compartir con los demás los dones que recibió de Dios. Compartirlos, mas no imponerlos. El don de la gracia de Dios, el cual fue dado "por la fuerza de su poder" a Pablo, es "la de anunciar a los gentiles la insondable riqueza de Cristo, y esclarecer cómo se ha dispensado el misterio escondido desde siglos en Dios, creador del universo" (Ef. 3:7-9). Este amor es la llama que se nutre del fuego de Pentecostés, y la cual debe ser pasada a otras almas.

3. El carácter apostólico.

El carácter apostólico está descrito en términos asombrosos en las cartas del apóstol Pablo. Es un carácter de abnegación, lleno de amor sincero, de alegría espontánea y de esperanza vigorosa.

El servicio apostólico está basado en el sentimiento que tenían los apóstoles por el hecho de poseer ese tesoro único, tesoro que obtuvieron por obra de gracia, y no por un valor o fortaleza personal en particular. "Pero llevamos este tesoro en recipientes de barro", escribe Pablo, "para que aparezca que una fuerza tan extraordinaria es de Dios y no de nosotros" (2 Cor. 4:7). Pablo aborda con franqueza el delicado tema del desprecio que tuvieron los apóstoles por parte de algunos poderosos de su época. "Nosotros locos a causa de Cristo; vosotros sabios en Cristo. Débiles nosotros; vosotros fuertes. Vosotros, estimados; nosotros despreciados… Si nos insultan, bendecimos. Si nos persiguen, lo soportamos. Si nos difaman, respondemos con bondad" (1 Cor. 4:10-13).

El valor y la fortaleza del apóstol no provienen de su propia virtud o

conocimiento. "Mas, por la gracia de Dios, soy lo que soy; y la gracia de Dios no ha sido estéril en mí. Antes bien, he trabajado más que todos ellos. Pero no yo, sino la gracia de Dios conmigo" (1 Cor. 15:10). Esta gracia es vivida bajo el sentimiento de ser personalmente muy pecador, y más aún por la sensación de haber llegado a la extrema debilidad.

Es hacia esta espiritualidad apostólica que el apóstol Pablo empuja a los miembros de la comunidad eucarística de Corinto, espiritualidad que conserva cristalina su pureza interna, incluso bajo las condiciones externas más difíciles. Hace un extraordinario resumen del carácter apostólico en la segunda carta a los Corintios:

> "Y como cooperadores suyos que somos, os exhortamos a que no recibáis en vano la gracia de Dios (…) antes bien, nos recomendamos en todo como ministros de Dios (…) con pureza, ciencia, paciencia, bondad; con el Espíritu Santo, con caridad sincera, con palabras verdaderas, con el poder de Dios (…) como castigados, aunque no condenados a muerte; como tristes, pero siempre alegres; como pobres, aunque enriquecemos a muchos; como quienes nada tienen, aunque todo lo poseemos" (2 Cor. 6:1-10).

Durante todo el recorrido del trabajo apostólico, prevalece un fuerte sentimiento de la continua presencia de Cristo. Las palabras "y he aquí que yo estoy con vosotros todos los días" (Mt. 28:20), iluminan la existencia del apóstol, sean cuales sean las dificultades y las situaciones delicadas que cada día pueda traer. Todo se puede lograr con Su poder, en el Espíritu Santo. Este sentimiento fortalece a los apóstoles de todas las épocas, incluso en los momentos más dolorosos. Los consuela y les concede paz, hasta en los más escarpados caminos en que caminan, en las horas de tribulación y de martirio. Los llena de gozo y de una luz serena. No se trata de un proceso mental, de algo que se lleva a cabo en la espera del intelecto, sino de la irradiación de la gracia del Espíritu Santo, que atraviesa e ilumina toda su existencia. Se trata más bien de vivir y de obrar en Cristo. Consiste en eso que vivió hasta el extremo el Apóstol Pablo, "ya no vivo yo, sino que Cristo vive en mí" (Gál. 2:20).

Termino haciendo un resumen de varias opiniones de la apostolicidad de la Iglesia Ortodoxa. Nuestra Iglesia es apostólica, porque: a) Fue establecida por el enviado por excelencia de parte de Dios, Su Hijo Jesús Cristo, y fue fundada sobre los apóstoles. b) Se ve a sí misma como inmediatamente identificada con la comunidad apostólica como esta descrita en el Nuevo Testamento y en la Sagrada Tradición, la cual es una matriz que dio a luz el Canon del Nuevo Testamento. c) Preserva intacta y sin cambios la doctrina de los

apóstoles, con una inquebrantable consciencia de su ininterrumpida continuación a través de la historia, tal como fue comprendida en la era apostólica y fue preservada a través de los siglos, con la orientación del Espíritu Santo. d) Fundamenta su vida con la celebración de los misterios (*sacramentos*), tal como fueron establecidos por Cristo y transmitidos por los apóstoles. e) Es apostólica, porque está inquebrantablemente estructurada en la ininterrumpida sucesión apostólica de sus obispos y de todo el clero por el misterio (*sacramento*) de la ordenación.

Existe, sin embargo, un aspecto más de la apostolicidad, el cual intentamos enfatizar en lo que ya expusimos anteriormente: f) Nuestra Iglesia es apostólica, porque 1) se encuentra en un continuo apostolado; 2) debe continuar, con un fervor apostólico y siguiendo el ejemplo de los apóstoles, de proclamar el Evangelio a toda la humanidad, hasta que finalice el mundo; y 3) tenemos el deber —como Iglesias locales, pero también cada uno de nosotros como miembros de la "Iglesia, una, santa, católica y apostólica"— de responder a esta responsabilidad apostólica consecuentemente, con pensamiento y trabajo creativo. Continuando el servicio de la palabra ($\delta\iota\alpha\kappa\text{ov}\acute{\iota}\alpha$ $\tau\text{o}\tilde{\text{v}}$ $\lambda\acute{o}\gamma\text{ov}$), de los misterios (*sacramentos*) y de la reconciliación, teniendo una visión, con el fervor y el carácter de los apóstoles, dentro de todo el espacio de la ecúmene, y dentro de todo el tiempo que reste de la historia, "hasta que el Señor regrese".

15

En Lugar de Epílogo:
"Y he Aquí que Yo Estoy con Vosotros"
(Mt. 28:20)

(2002)

Conferencia dada en francés durante la celebración del 75° aniversario del movimiento inter-cristiano "Faith and Order", Lausanne, Francia, Agosto 25, 2002. • «Καὶ ἰδοὺ ἐγώ μεθ᾽ὑμῶν εἰμι πάσας τὰς ἡμέρας ἕως τῆς συντελείας τοῦ αἰῶνος» (Y he aquí que yo estoy con vosotros todos los días hasta el fin del mundo) (Mt. 28:20), *Asamblea de acción de gracias*, en honor al Abad Emiliano, Indictos, Atenas, 2003, pp. 111-118. • Ἱεραποστολή στα ἴχνη τοῦ Χριστοῦ. Θεολογικές μελέτες καί ὁμιλίες, (Apostolado, hacer misión tras los pasos de Cristo. Estudios y conferencias teológicas), Atenas, 2007, cap. 15, pp. 323-332. • "Mission in Christ´s Way, An Orthodox Understanding of Mission", Holy Cross Orthodox Press, Brookline, 2010, cap. 15, pp. 277-286.

n las últimas estremecedoras palabras que el resucitado Cristo dirigió a sus discípulos, prevalecen tres temas que constituyen una inquebrantable unidad orgánica: primero, una afirmación de significado universal: "Me ha sido dado todo poder en el cielo y en la tierra"; segundo, un asombroso mandamiento: "Id, pues, y haced discípulos a todas las gentes"; y tercero, una promesa que sigue como consecuencia del mandamiento y lo garantiza: "y he aquí que yo estoy con vosotros todos los días". Estas tres proposiciones son interdependientes, de la misma manera que en los tres sistemas de nuestros cuerpos, el muscular, el circulatorio y el nervioso.

A. Autoridad en el universo

El hecho de significancia universal, el cual sella el Evangelio de Mateo, es que después de la crucifixión y resurrección de Cristo, le fue dada todo poder sobre el universo entero (Mt. 28:18). El maestro, el profeta, el Mesías, es ahora "el Señor". Este desarrollo cambia el ritmo y el sentido de la historia humana. La esencia de todo lo que sucede desde entonces, es diferente a lo que parece. El verdadero poder no se encuentra ya más en las manos del emperador ni en la maquinaria administrativa romana. El curso del mundo no depende ya del conocimiento acumulado por los eruditos y los sabios de la tierra. El poder fue dado por el Todopoderoso y Omnipotente Padre, el Dios del amor, al Hijo, quien es el amor encarnado en su forma más extrema, por haber aceptado la cruz. Esta verdad constituye el eje central de la fe cristiana. La verdadera fuerza y la influencia de los cristianos dependen de cuánto viven y predican esta realidad.

La Iglesia continúa predicando el misterio de Dios Trinitario, y del divino plan de salvación, a través de Cristo, por el Espíritu Santo. La Iglesia, como "Cuerpo místico de Cristo", irradia la gloria del vivo Señor por todo el mundo. Ella vive a través de los siglos, teniendo una intensa esperanza escatológica, que "el misterio de la voluntad" de Dios es "hacer que todo tenga a Cristo por cabeza, lo que está en los cielos y lo que está en la tierra" (Ef. 1:10).

A medida que avanzamos hacia el siglo XXI, con los muchos estudios y proclamaciones relacionados con el tema crítico de la unión de los cristianos, y de poder dar un convincente testimonio al mundo contemporáneo, será necesario señalar, una vez más, lo que es primario y esencial: nuestra fe en Aquel a quien se le ha "dado todo poder en el cielo y en la tierra", y también en nuestra fe que la Iglesia es Su Cuerpo, "la plenitud del que lo llena todo en todo" (Ef. 1:23; Col. 1:16-21).

B. Caminando hacia todas las naciones

De la afirmación "me ha sido dado todo poder", emana como consecuencia –la conjunción "pues" lo acentúa– el mandamiento "Id, pues, y haced discípulos a todas las gentes". La primera visión de globalización fue establecida por el Señor resucitado. Esta globalización, sin embargo, no tiene nada que ver con la globalización de ahora de los mercados económicos. La famosa globalización, de la cual se habla tanto hoy día, trae consigo el escondido peligro que el hombre regrese a una competitividad carente de moralidad y ética. El hombre, en su búsqueda de llegar a ser superhumano, puede terminar siendo subhumano. El envío de los discípulos de Cristo hacia "todas las naciones", tiene como objetivo la globalización del amor, la cual eleva al hombre hacia el Dios-hombre ($\Theta\varepsilon\acute{\alpha}\nu\theta\rho\omega\pi o\varsigma$), haciendo de él una "nueva creación". El objetivo de la comunidad eucarística, la que los creyentes en Cristo constituyen en el Espíritu Santo en todas partes, es la creación de una comunidad de solidaridad, una comunidad de seres humanos libres que se aman unos a otros.

Antiguamente, muchos europeos y norteamericanos entendían este último mandamiento del Señor en términos geográficos, destinado a las profundidades de África y Asia, a lugares donde no se había predicado el Evangelio. Pero hoy se sabe perfectamente que la más peligrosa alienación, incluso más peligrosa que la ignorancia religiosa, es la indiferencia religiosa que predomina en muchos países tradicionalmente cristianos. De esta manera, el mandamiento de Cristo resucitado adquiere en el siglo XXI una dinámica más amplia: "Id, pues, y haced discípulos a *todas* las naciones", las que poco han conocido a Cristo, como también a las de Norteamérica y Europa, muchas de las cuales persiguieron a Cristo durante décadas en el siglo XX. También a las naciones que con su soberbia e indiferencia rechazaron al margen a Dios, y pusieron en Su lugar el culto a sus propias "deidades": el dinero, el sexo y el confort.

El trabajo de los apóstoles de Cristo tiene una dinámica definida por dos componentes: el sacramental, "bautizándolas", y el didáctico "enseñándoles". El sacramental, así como es definido por la consciencia de la Iglesia desde los primeros siglos, adquiere su forma trinitaria completa, "en el nombre del Padre y del Hijo y del Espíritu Santo", la cual resume el inaccesible misterio de la Divinidad, y enfatiza que la "enseñanza" se lleva a cabo con la gracia de Dios. Mientras que el didáctico, hace el énfasis no solo en el conocimiento, sino en el cumplimiento de todos los mandamientos, "enseñándoles a guardar todo lo que yo os he mandado".

La tentación que frecuentemente enfrentamos las Iglesias locales, es que con diferentes excusas echamos a un lado muchos importantes mandamientos,

como por ejemplo el amor a los enemigos, la pureza, la humildad, el perdón, la abstinencia, la temperancia, la abnegación. Pero la vida cristiana es un conjunto orgánico entero, y la insistencia en el cumplimiento de todos los mandamientos no consiste en una especie de "moralización" a la que solamente personas conservadoras pueden ajustarse. Es la liberación más fundamental de cada forma de convencionalismo. El cumplimiento de los mandamientos esta además indisolublemente conectado con el amor por Cristo y la "vida en Cristo". "El que tiene mis mandamientos y los guarda, ése es el que me ama; y el que me ame, será amado de mi Padre; y yo le amaré y me manifestaré a él" (Jn. 14:21).

Es necesario que tengamos cuidado en poder coordinar el pensamiento teológico con una vida diaria de acuerdo con los mandamientos de Cristo. No podemos permitirnos el dejarnos arrastrar por una teología *in abstracto*, que no tiene ninguna relación con la vida de la Iglesia, como también por una moralidad cortada de la verdad teológica.

En el siglo de las sorpresas al cual ya hemos ingresado, para poder cumplir todas estas cosas va a ser necesario trazar un nuevo rumbo y nuevos lugares, como también será necesario salir de establecidos sistemas de organización y de maneras de pensar. La exhortación "id, pues" especifica el abandonar un lugar en el cual nos encontramos, en el cual nos sentimos cómodos. Cada traslado a regiones desconocidas, tiene en sí peligros escondidos. Y más aún, un movimiento hacia "todas las naciones" es natural que esté entrelazado con inesperadas tribulaciones y aventuras.

En nuestros días se ha realizado una nueva distribución del conocimiento tecnológico, del poder político, de la riqueza, pero también existen nuevas formas de pobreza, de carencias, de injusticia, de violencia, las cuales no se limitan, claro está, solamente al terrorismo, –que en los últimos tiempos coincide con ideologías religiosas–, pero incluye cada forma de violencia. En estas condiciones, los cristianos debemos ver nuevamente nuestro deber y nuestras posibilidades de tener un acercamiento cristiano y una movilización creativa dentro de la realidad mundial. [...]

Existen personas que pretenden limitar la enseñanza de la teología y las actividades de la Iglesia exclusivamente en la llamada esfera religiosa. Pero el horizonte de la Iglesia abraza todo lo humano y toda la creación. Lo que nos ocupa ahora son las condiciones determinantes de lo dicho por el Señor: "*todo*", "*todas*", "*todos*". "Se me ha dado *todo* poder... *todas* las naciones... *todo* lo que yo os he mandado... *todos* los días".

C. "Todos los días"

"Y he aquí que yo estoy con vosotros". Yo, el Verbo, la sabiduría del Padre, el principio y el fin, el Alfa y la Omega. Estoy con vosotros "todos los días"; tanto en los días despejados, en los que todo se desarrolla con normalidad, como en los días nublados y cubiertos con la neblina de la incertidumbre, y también en los días de las dudas y debilidades, cuando la tormenta está en su furia. También estaré en la hora de su cobardía en la tempestad, para decirles como a Pedro: "hombre de poca fe, ¿por qué dudaste?" (Mt. 14:31). Estaré en la hora de vuestra involuntaria traición, para conducirlos al arrepentimiento. En la hora que tengan que dar testimonio, la del martirio que sufren por amor a Mí, durante vuestro choque con los poderes demoniacos del odio, de la injusticia y del engaño.

El tener la consciencia de la presencia del "Amado", quien es la plenitud del amor, constituye el elemento más esencial de la experiencia cristiana. Este sentimiento nos fortalece incluso en los momentos más dolorosos. Consuela y calma nuestra existencia, cuando los torrentes de la iniquidad nos perturban y "los lazos del Seol" nos tienen rodeados (Sal. 18:5-6 [17:5-6]). Nos fortalece y nos inspira, en especial en los momentos que nos esforzamos en actividades creativas. Esta presencia nos llena de gozo constante y de una luz serena.

No se trata de un proceso mental, de algo que se lleva a cabo en la esfera intelectual, sino de un resplandor de la gracia del Espíritu Santo, que traspasa e ilumina todo nuestro ser. Se trata de una vida "en Cristo". Experimentamos este sentimiento de Su presencia en la hora de la oración, cuando meditamos en la palabra de Dios, pero sobre todo, durante la hora del culto litúrgico. Es durante el misterio de la Divina Eucaristía donde vivimos una unión mística con el Señor resucitado. El avance en la vida espiritual consiste en un continuo incremento de experimentar esta relación personal; en la extensión de nuestra vivencia litúrgica, continuando la liturgia después de la Divina Liturgia, en cada momento de nuestra vida cotidiana. Entre más conscientes estemos de la presencia del resucitado Señor en nuestras vidas, más pacífico, poderoso y creativo será cada uno de nuestros días.

Lo que caracterizó a los pioneros del movimiento teológico "Fe y Orden", fue el entusiasmo de luchar para poder superar las enemistades e incomprensiones acumuladas desde el pasado y que todavía mantienen separadas a las Iglesias cristianas y a las comunidades. Sin duda alguna, se lograron pasos importantes en estos últimos setenta y cinco años que pasaron; y estamos agradecidos con los eminentes teólogos que contribuyeron en la investigación de importantes temas que unen a los cristianos, y otros que continúan manteniéndolos separados. Ayudaron de esta manera a una convivencia realista, con la aceptación del "otro", del que es diferente. Los hechos han demostrado, sin embargo, que las oposiciones a la visión de la unidad son todavía muy resistentes y difíciles de resolver. Hoy tenemos que enfrentar, además de los demás problemas, numerosos reproches que provienen de los llamados "nuestros". Lo que tiene importancia es que, a pesar de todo esto, continuamos dialogando y reflexionando juntos; seguimos encontrándonos, con fe, amor y esperanza. Nadie está dispuesto, claro está, de hacer concesiones en cuestiones de fe. Pero de ninguna manera tenemos el derecho de regresar a las fortalezas cerradas de tiempos pasados, e ignorar la responsabilidad que tenemos hacia el mundo entero y hacia la ferviente oración de Cristo hacia Su Padre, "que ellos también sean uno en nosotros, para que el mundo crea que Tú me has enviado" (Jn. 17:21).

Preservando lo más valioso que se nos ha dado, sin ingenuas simplificaciones y adornamientos, continuemos nuestras intenciones para un acercamiento, y para poder dar testimonio conjuntamente, teniendo "fijos los ojos en Jesús, el que inicia y consuma la fe" (Heb. 12:2); "hasta el final de los tiempos", en cualquier fase en la que se encuentre la humanidad, con el desarrollo de la ciencia, de la tecnología, y con los descubrimientos y logros del hombre.

* * *

Permítanme terminar relatando una experiencia personal. Era el mes de agosto, hace doce años, en Uganda. Llegamos ya de noche a la capital Kampala, regresando de un campamento misionero en un pueblo de tierra adentro. En la densa oscuridad, nuestro viejo carro se chocó con algo. El parabrisas delantero se rompió en miles de pedazos y me cayó encima. Muchos pedacitos de vidrio se entraron a mis ojos, y me era imposible abrirlos. Nuestra desesperación creció cuando llegamos al casi abandonado hospital africano al cual fuimos. No había ni un médico, ni enfermera, ni agua destilada, ni siquiera había agua. Parecía seguro que perdería mi vista. No veía nada. En la tragedia de ese momento, me llegó a la mente una pregunta vital, con la cual había comenzado mi servicio misionero: "¿es Dios suficiente para usted?" Una inexplicable paz se esparció por toda mi alma. Era el sentimiento de la presencia de Aquel que había asegurado a Sus discípulos, "y he aquí, que yo estoy con vosotros". A la medianoche llegó finalmente un joven oftalmólogo llamado Crisóstomo Magibi, que nosotros habíamos ayudado a que estudiara en Atenas. Usando una lámpara especial, se esforzó en retirarme todas las partículas de vidrio que habían entrado en mis dos ojos. Pudo retirar en total veinticuatro. Al día siguiente regresamos a Nairobi, y de ahí a Europa, para continuar los exámenes médicos y la

cicatrización. La sanación estuvo acompañada por el resplandor de la seguridad de "que Yo estoy con vosotros todos los días". Y aunque parecía que este suceso había terminado con toda una intención de vida misionera, se convirtió, por el contrario, en motivo para un nuevo servicio, con una renovada fe, y en un campo de misión más exigente: en Albania.

Estoy seguro de que muchos de los presentes han tenido experiencias parecidas en momentos críticos de sus vidas. Mi pequeña historia puede que les ayude a traerlas de nuevo a su memoria. Las promesas de Cristo resucitado son revividas en las vidas de cada generación, en miles de circunstancias. La presencia de Cristo resucitado vivifica nuestras almas con su calor místico, no solo en los días nublados y tormentosos, sino también en los días más espectaculares de nuestra vida, en los más creativos, fueron aquellos en que la presencia del Amado más se hizo sentir. Él permanece presente en nuestro camino, de la misma manera que el sol apoya la vida sobre la tierra, de día y de noche, en el verano y en el invierno. Continuamos entonces teniendo esperanza, y dando nuestro testimonio cristiano en diferentes entornos, no basándonos en nuestras propias capacidades, conocimientos o inteligencia, sino en la certeza de que no estamos solos en esta intención, de que estamos obedeciendo la voluntad de Cristo. Continuamos nuestro camino teniendo una completa confianza en Él, a quien le fue dado "todo poder en el cielo y en la tierra", y con la alegre certeza que Su promesa concede, "y he aquí que yo estoy con vosotros todos los días hasta el fin del mundo".

Biografía
del Autor

ANASTASIO YANNOULATOS, Arzobispo de Tirana, Durrës y toda Albania (desde 1992 en adelante), ejerció como Profesor de Historia de las Religiones en la Universidad Nacional de Kapodístria de Atenas (1972-1992). Hoy es Profesor Emérito de la misma Universidad y Miembro Honorario de la Academia de Atenas

Nació en Pireo, Grecia, el 4 de noviembre de 1929. Estudió Teología en la Universidad de Atenas, y Religión, Misión y Etnología en las universidades de Hamburgo y Marburgo en Alemania, con una beca de la Fundación Alexander von Humboldt. Habla griego, inglés, francés y alemán; puede leer en griego antiguo, latín, italiano, español y albanés; ha trabajado también con dos idiomas Africanos.

- Fue ordenado diácono el 7 de agosto de 1960, sacerdote el 24 de mayo de 1964, y ascendido al episcopado como Obispo de Androussa el 19 de noviembre de 1972, para ser el Director General de la "Apostolikí Diaconía de la Iglesia de Grecia" (1972-1991).

- Estudió y llegó a conocer varias religiones –Hinduismo, Budismo, Taoísmo, Confusionismo, Islam, religiones africanas– en los países donde estas prosperan (India, Tailandia, Sri Lanka, Corea, Japón, China, Kenia, Uganda, Tanzania, Nigeria, México, el Caribe y otros).

- Fue galardonado como Doctor de la Escuela Teológica de la Universidad de Atenas (1970); funcionó como decano de la misma Escuela (1983-1986), y Miembro Correspondiente de la Academia de Atenas (1993-2005). Ha sido condecorado con doctorados honorarios en Teología y Filosofía en diecinueve Universidades, Escuelas Universitarias y Departamentos. Es Senador Honorario de la Academia Europea de Ciencias y Artes, Expresidente del Consejo Mundial de Iglesias, Vice Moderador de la Conference of European Churches y Vicepresidente de Religions for Peace.

Ministerios Misioneros

- Como teólogo laico (1954-1960), trabajó como predicador y catequista (Colegio Catequético Superior de San Constantino, en Omonoia, Atenas); como responsable de los círculos cristianos de estudiantes de bachillerato y de universidad, de los grupos de estudios bíblicos y las academias para los jóvenes directivos eclesiásticos; como dirigente de los campamentos de verano para jóvenes y estudiantes universitarios del movimiento cristiano "Zoé" (del cual se retiró en 1963). Atendió como sacerdote, durante sus estudios de maestría en Alemania (1965-1969), a los inmigrantes griegos y a los estudiantes.

• Protagonizó el reavivamiento contemporáneo del interés por la Misión ortodoxa en el Exterior (desde 1958 en adelante). Funcionó como Secretario General del Comité Ejecutivo de la Misión en el Exterior de la organización "Syndesmos" (1958-1961); también como fundador y Presidente del Centro Misionero Inter-Ortodoxo "Porefthendes" (desde 1961 en adelante). Fue miembro del Comité Internacional para Estudios Misioneros, del Consejo Mundial de Iglesias, CMI (1963-1969); Secretario para la Investigación Misionera y las Relaciones con las Iglesias Ortodoxas en el CMI (Génova 1969-1971); Moderador–Presidente del Comité Mundial de Misión y Evangelización (1984-1991), y de la Conferencia sobre Misión Mundial y Evangelización, en San Antonio, Texas (1989). Es miembro de la Sociedad Alemana para la Misión, y de la Sociedad Internacional para Estudios Misioneros. Organizó y dirigió el Centro de Estudios Misioneros en la Universidad de Atenas (1971-1976) y del Centro Inter-Ortodoxo de Atenas de la Iglesia de Grecia (1971-1975). Como Director General del Apostolikí Diaconía, promovió varios programas teológicos, educativos, edificantes y de publicaciones de la Iglesia; de manera especial desarrolló el sector de Misiones en el Exterior, con el apoyo de las regiones de misión en África, Corea e India, y con la organización de la "Semana de la Misión en el Exterior".

• Viajó a África oriental en mayo de 1964, un día después de su ordenación al sacerdocio. Le tocó regresar a Europa, debido a un serio ataque de malaria. Visitó África repetidas veces, en 1967, 1968, 1974 y 1978, y durante la década de 1981-1990, tomó el cargo de Obispo Vicario de la Santa Metrópoli de Eirinoupóleos (África oriental: Kenia, Uganda, Tanzania), para la organización y el desarrollo de la misión ortodoxa. Ahí fundó y organizó la Escuela Patriarcal "Macario III Arzobispo de Chipre", la cual dirigió durante una década. Ordenó a 62 sacerdotes africanos y consagró a 42 lectores-catequistas, provenientes de ocho tribus africanas. Al mismo tiempo promovió la traducción de la Divina Liturgia a cuatro idiomas africanos; trabajó en la estabilización de más o menos 150 parroquias y ejes misioneros, y en la construcción de decenas de templos. Erigió 7 estaciones misioneras; se ocupó por la creación de escuelas y de centros médicos.

• Como Arzobispo de Albania (desde 1992 hasta el presente), en circunstancias excesivamente difíciles, ha logrado restablecer y

reconstruir la Autocéfala Iglesia Ortodoxa de Albania, la cual llevaba veintitrés años de estar totalmente disuelta. Fundó la Academia Teológica Ortodoxa "Anastasis" (Resurrección); educó y ordenó a 145 clérigos jóvenes; fundó un orfanatorio y hospicio residencial para jóvenes, 3 escuelas primarias y 17 jardines infantiles; 2 Liceos Eclesiásticos con internado, 1 Liceo Técnico, 2 Institutos para entrenamiento profesional y la Universidad "Logos", como también 50 Centros para Jóvenes en diferentes ciudades; dirigió el esfuerzo para la traducción y publicación de libros litúrgicos y espirituales. Ha liderado el esfuerzo para la construcción de 150 nuevas iglesias, la restauración de 60 iglesias antiguas y la reparación de 160 iglesias averiadas; también ha levantado 45 Centros Eclesiásticos (son en total 450 edificaciones). Adicionalmente, ha promovido el trabajo de construcción de edificios, reparación de carreteras, acueductos, puentes, clínicas, hostales y colegios. Ha desarrollado un trabajo de la Iglesia para la beneficencia, a través del cual se han distribuido centenares de toneladas de comida, ropa y medicinas. Ha promovido la publicación de periódicos, revistas y libros. Ha organizado una imprenta, una fábrica de velas, una carpintería y un estudio de iconografía, para la pintura y restauración de íconos. Junto con el trabajo de revitalizar a la Iglesia Ortodoxa, también ha desarrollado programas innovadores en el área de la salud (como el Centro Médico Diagnóstico de la Anunciación), el bienestar social, la educación, desarrollos de agricultura, la cultura y la ecología. Al mismo tiempo, ha luchado incansablemente en aliviar las muchas tensiones en los Balcanes. En el año 2000, después de la propuesta de treinta y tres miembros de la Academia de Atenas y de muchas personalidades de Albania, fue nominado para el Premio Nobel de Paz.

* * *

- Sus estudios y artículos han sido traducidos a doce idiomas.

- Su contribución a la teología, al testimonio cristiano contemporáneo, al acercamiento y al diálogo inter-cristiano y a la coexistencia pacífica entre los pueblos ha sido reconocida internacionalmente. Ha sido repetidamente elegido a posiciones distinguidas de liderazgo en organizaciones internacionales. Ha sido Vicepresidente de la Conferencia Europea de Iglesias (2003-2009). Ha sido honrado con medallas y condecoraciones de muchas Iglesias Ortodoxas y numerosos países (24), incluyendo la medalla de plata de la Academia de Atenas "como inspirador y pionero de la teología y la actividad misionera" (1989), la Gran Cruz de la Orden de

Honor de la República Griega (1997), el Premio Atenágoras de los Derechos Humanos para el año 2001 (en Nueva York), y el Premio por las "distinguidas actividades en pro de la unidad de las naciones ortodoxas" para el año 2005 (en Moscú); la Gran Cruz del Apóstol Marcos, del Patriarcado de Alejandría y de toda África (2009); y la medalla *Gjergj Kastrioti Skënderbeu* por el Presidente de Albania (2010), por su contribución para la armonía religiosa y la coexistencia pacífica en Albania. Es Presidente del Consejo Mundial de Iglesias (desde 2006) y Presidente Honorario de la Conferencia Mundial de Religiones por la Paz (desde 2006).